U0484645

“十二五”
国家重点图书出版规划项目

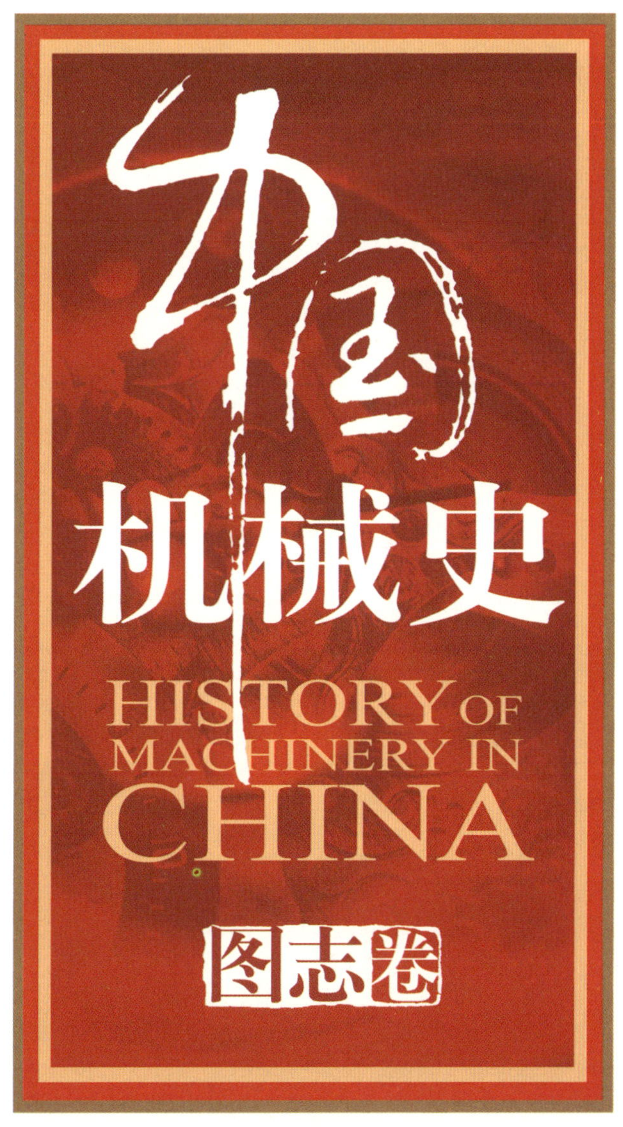

编著

中国科学技术出版社
·北 京·

图书在版编目（CIP）数据

中国机械史．图志卷／中国机械工程学会编．—北京：中国科学技术出版社，2014.11

ISBN 978-7-5046-6225-5

Ⅰ．①中… Ⅱ．①中… Ⅲ．①机械工业－工业史－中国－图集 Ⅳ．①F426.4

中国版本图书馆CIP数据核字（2012）第237219号

策划编辑 吕建华 许 英 赵 晖
责任编辑 许 英 赵 晖 夏凤金 赵 佳
装帧设计 中文天地
责任校对 孟华英
责任印制 李春利 徐 飞

出　　版 中国科学技术出版社
发　　行 科学普及出版社发行部
地　　址 北京市海淀区中关村南大街16号
邮　　编 100081
发行电话 010-62173865
传　　真 010-62179148
网　　址 http://www.cspbooks.com.cn

开　　本 889mm × 1194mm 1/16
字　　数 799千字
印　　张 22.75
版　　次 2014年11月第1版
印　　次 2014年11月第1次印刷
印　　刷 北京华联印刷有限公司

书　　号 ISBN 978-7-5046-6225-5/F · 754
定　　价 268.00元

中国机械史

顾　　问	路甬祥　何光远　陆燕荪
主　　编	黄开亮　郭可谦
策　　划	宋天虎　陈超志
编　　审	柳乃复
责任编辑	陈秀敏
特约编辑	黄　慧

图志卷 编撰人员

主　编　黄开亮

撰　文　黄开亮

资料图片收集整理　黄　慧　陈秀敏

审　稿　柳乃复

总序

中国是世界上使用与发展机械最早的国家之一。中国古代机械的发明与应用，曾长时间领先世界。在机械原理、结构设计、材料开发、动力应用和工艺技术等方面都取得了极高成就；许多古代机械制品的先进构思、精湛工艺至今尤令西方人折服；许多重要发明创造曾引领世界文明的进程。但由于种种原因，明、清两代 300 年以来，中国的机械制造停滞不前；在中华人民共和国成立时，已经远远落后于时代。针对中国机械工业的落后，毛泽东同志在 1954 年有过一段形象的描述：“现在我们能制造什么？能造桌子、椅子，能造茶壶、茶碗，能种粮食还能磨成面粉，还能造纸，但是一辆汽车、一架飞机、一辆坦克、一辆拖拉机都不能制造。”

中华人民共和国成立后，特别是 21 世纪以来，中国机械工业的高速发展震惊世界。2009 年，中国机械工业总量居世界第一位，汽车、机床、发电设备、拖拉机、船舶、轨道车辆等许多重要机械产品产量已居世界第一位。不仅研制了三峡 700MW 水电机组、超超临界 1000MW 火电机组、1000kV 交流和 ±800kV 直流等特高压输变电设备、大型液化天然气运输船、350km/h 动车组等世界领先机械装备，还有卫星上天、神舟飞船等尖端技术装备系统的自主研制并发射成功。中国正由机械大国向世界机械强国奋进。

几千年来，中国机械制造的发展，经历了领先于世界—落后于时代—再度崛起这一兴衰过程，其中的成败教训和复兴历程，对中国机械现在与未来的发展，极富历史借鉴价值和现实意义。中国机械工业的历史还在继续，为了中国机械工业的未来，中国机械工程学会义不容辞地为中国机械制造的发展历程编撰一部较为完整的《中国机械史》。《中国机械史》还可能是中国工业界的第一部行业史，不仅开工业行业史之先河，而且对促进中国机械工业新的跨越发展也极富意义。

在中国古代、近代机械的发展过程中，已产生了不少专著。在此基础上，《中国机械史》传承已有研究成果，重点放在对现代机械史的研究上，为此，约请了一批知名的专家、学者撰稿，比较全面地介绍中国现代机械工业发展的全过程，记录了机械工业不同时期的体制改革、技术进步、产品发展、经济社会效益、时代背景等，图文并茂。回顾历史，发人深省，催人奋进；以史为鉴，指导现实，开创未来。

《中国机械史》的编撰构思始于 21 世纪初，2003 年开始部署，2013 年全部完成。全书共分：图志卷、通史卷、技术卷和行业卷 4 卷。

我们相信，《中国机械史》将对 21 世纪中国加快工业化进程，以信息化推动工业化，自主创新，促进以绿色、智能为特征的机械产品的研发、设计、制造和应用发挥积极的影响。

《中国机械史》是百余位长期从事机械工业各方面工作的著名专家、学者、教授辛勤劳动的成果，谨向撰稿、编辑出版者表示衷心感谢！

是为序。

2013年5月

前言

《中国机械史》记载着中国机械从石器时代的简单工具，发展到现代化复杂机器的全过程，是记载中国古代、近代和现代机械发展的全书。编撰构思始于 2003 年，全部完成于 2013 年，历时 10 年。

中国是世界上使用与发展机械最早的国家之一。几千年来，中国机械经济与技术成就很多，为人类文明和社会进步做出了重要贡献。长期以来，对于古代机械，众多专家、学者通过众多古籍及考古发现进行了深入细致的研究，积累了大量有关信息和数据，其中也包括许多外国学者的出色工作成果；本书古代机械史部分的撰写，作者们已经尽力而为，虽未敢轻言超越，但已足以彰显中华的古代文明。从 1840 年鸦片战争开始到 1949 年中华人民共和国成立是中国近代机械工业诞生和发展时期；1949 年以后开创了中国现代机械工业。这两个时期是中国机械工业发展史实最丰富的时期。但随着时代的远去，20 世纪的渐行渐远，搜求这百余年的机械工业发展相关史料，也是十分繁细和浩瀚的工程；触其尾，仿佛就在昨天，而望其首，已感遥不可及。担负此次撰稿的作者，大多是亲身经历过 20 世纪机械工业发展，且做出过贡献的专家、学者，他们多数已属高龄。这些阅历丰富的老专家、老学者，听说过洋务运动，经历过旧中国近代机械工业的艰难困顿；更多的是在新中国的建设事业中，施展了他们的才华、奉献了青春岁月。由他们来撰写近现代机械工业史最为合适。这是本书的重大特点，更可以说是一部中华人民共和国成立以来最真实最详尽的现代机械工业史。

中华人民共和国成立 60 余年来，机械工业经历了曲折发展的过程。本书作者用大量事实说明到 21 世纪初，我国机械工业已取得了巨大成就，已能基本满足国民经济生产和人民生活提出的各种要求；机械工业中的不少产品，如机床、发电设备、汽车、工程机械等在产量上已居世界前列，已可称为机械大国，给了我们自豪感，增强了我们的民族自信心。但同时，本书作者也明确指出了我们的差距，包括关键技术上的落后、现代管理上的不足、政策法规上的缺失等，这又给了我们紧迫感，要我们更加发奋图强。本书集成了中国机械工业古今发展方方面面的史实。总体看，本书的编著，具有四大特色：一是不仅汇集了大量古代史、近代史的史实，而且用了大量的篇幅，更多地着眼于现代机械工业的发展史实；二是突破了行业、学科界线，既有民用机械，也有军用武器；既有资本货物类机械装备，也有轻工日用机械和文化机械；既讲制造技术，也说产品成就；三是主要叙说中国的机械工业，也有港台地区的有关资料；四是突破了经济、技术的界线，全方位地记载了中国机械的发展。本书是研究中国机械发展的重要参考书籍。《中国机械史》，全书约 800 万字，分卷出版。除《图志卷》是以图片直观和文字提要互补的缩写本外，其他按内容分三卷，即《通史卷》、《技术卷》、《行业卷》。为方便国外读者阅读，《图志卷》还以中英文双语形式出版，已于 2011 年问世。

《通史卷》，以技术领域为分章，以年代为序，勾画出中国机械发展的脉络和发展概貌，翔实阐述有关的人、事、物。包括机械产品和机械技术，以及影响其发展的因素。根据具体的情况，按时期、按时代或按阶段叙述。文字力求做到时代背景与机械学科的融合，展现了当时的人文哲理思想，提高著作的思想性。按顺序分为古代、近代、现代三篇机械发展史，还设专题篇，专文介绍台湾、香港机械发展情况。内容上除产品、技术外，还包括经济建设、体制改革、对外开放，以及机械工程教育发展等情况。《技术卷》，重点介绍机械制造技术的发展，还包括制造工艺、冷热加工、标准化、机械设计、工厂设计、企业管理、机器人等内容。《行业卷》，涉及机械工业的各个行业、门类。按照《国民经济行业分类与代码》的分类，中国机械工业拥有包括金属制品业，普通机械制造业，专用设备制造业，交通运输设备制造业，电气机械及器材制造业，仪器仪表及文化、办公用机械制造业等 6 个大类、37 个中类和 159 个小类；联合国产业分类中所列的全部机械工业门类，中国都有。

由于《中国机械史》涵盖的内容多，时间跨度长，编写工作量大，虽然参与编纂人员已竭力而为，但因水平有限，难免存在错误和不妥之处，诚望读者不吝指正。

编　者

2013年12月

目录
CONTENTS

目录
CONTENTS

目录
CONTENTS

目录
CONTENTS

第一篇

中国古代机械史

■ 原始社会时期（史前时期，距今约200多万年）至鸦片战争（1840年）

引言

第一节　中国古代对“机械”的定义

《庄子》（成书于战国时代）说：“子贡南游于楚，反于晋，过汉阴，见一丈人方将为圃畦，凿隧而入井，抱瓮而出灌，搰搰然用力甚多而见功寡。子贡曰：‘有械于此，一日浸百畦，用力甚寡而见功多，夫子不欲乎？’为圃者仰而视之曰：‘奈何？’曰：‘凿木为机，后重前轻，挈水若抽，数如泆汤，其名曰槔。’”

《韩非子》（约成书于战国末年）说：“舟车机械之利，用力小，致功大，则入多。”

以上记载表明，生活在公元前5世纪的子贡和公元前3世纪的韩非子，就已给“机械”下了定义，是“用力甚寡而见功多”，即能使人用力少而创造多的机械，为后人留下了关于“机械”的最早定义。表明我国早在两千多年前就对“机械”提出了定义，比西方早了4个世纪①。

第二节　古代中国机械发明

中国是世界上发明与利用机械最早的国家之一。春秋时期（前770—前476年）即出现“机械”一词。

古代中国机械的发明、应用，曾长时间居于世界前列。在机械原理、结构设计、材料利用、动力应用和工艺技术等方面都取得了较高成就。铜、铁的应用都早于西方国家千年以上；商代（前16—前11世纪）就发明了蕴涵杠杆原理的桔槔；自东汉始，形状用途各异的齿轮广泛应用于指南车、记里鼓车、水转连磨等机械上；失蜡铸造、球

---

① 西方第一位对机械提出定义的人，是恺撒时代（前1世纪）古罗马的一位建筑工程师维多维斯（Vitruvius）。他的定义是“机械是由木材制造，且由具有相互联系的几部分所组成的一个系统，它具有强大的推动物体的力量。”［摘自刘仙洲编著《中国机械工程发明史》（第一编）］

山东嘉祥汉武梁祠画石上的桔槔图

墨铸铁等现代铸造技术工艺早在两千年前即在中国出现；在原动力方面，逐步从人力、畜力向利用水力、风力的方向发展；原始的机械自动化在汉代即已出现。中国古代许多机械制品的巧妙构思、精湛工艺，至今令世人折服。

中国先人对机械的大量发明、创造，推动了生产力的发展和社会进步，对人类进步产生了重大影响。大量的优秀机械发明，不但在国内产生了深远的影响，更是远播国外，改变世界，推动世界文明的进程。李约瑟在他的巨著 *Science and Civilization in China* 中，以英文字母为标号，列举了26种传到欧洲、影响巨大的中国古代杰出发明，其中机械产品19种；国内一些研究中国古代机械史的学者，曾研究确定中国古代十大机械发明，都是中国古代文明进步的里程碑、标志。研究、探讨中国古代机械的成就、规律，将可以起到借鉴历史、启发今天、激励未来的作用。

李约瑟提到的26种中国古代发明、发现

(a) ★龙骨水车；
(b) ★石碾和水力在石碾上的应用；
(c) ★水排；
(d) ★风扇车和簸扬机；
(e) ★活塞风箱；
(f) ★平纺机和提花机；
(g) ★缫丝、纺织和调丝机；
(h) ★独轮车；
(i) ★加帆手推车；
(j) ★磨车；
(k) ★高效马具；
(l) ★弓弩；
(m) ★风筝；
(n) ★竹蜻蜓和走马灯；
(o) 深钻技术；
(p) ★铸铁；
(q) ★游动常平稳吊器；
(r) 拱桥；
(s) 铁索吊桥；
(t) 河渠闸门；
(u) ★造船和航运；
(v) ★船尾方向舵；
(w) 火药；
(x) ★罗盘；
(y) 纸和印刷术；
(z) 瓷器。

其中带“★”者为机械产品

中国古代科技曾长期居于世界先进行列，其中机械发明占有较大比重。在众多的优秀机械发明中，许多历史学家评选出在国内产生深远影响、还远播世界的古代十大机械发明。以出现先后为序：①秦陵铜车马；②皇帝出行的仪仗车——指南车；③三行条播机械——三脚耧；④水力驱动的多头碓——连机水碓；⑤连续提水的龙骨水车；⑥水力驱动的冶金鼓风设备——水排；⑦栈道运粮用的独轮车——木牛流马；⑧风帆——船帆、可自动调节以适应风向的立轴式大风车；⑨天文仪器及机械——水运仪象台；⑩高效的水力大纺车。此外还有备选的：取暖及熏香用的被中香炉；皇帝出行的另一种仪仗车——记里鼓车；舂车和磨车；可同时磨面、舂米、车水的水轮三事等。

第一章

中国古代机械的发展进程与各时期发展概况

社会分期	朝　代		发展概述
原始社会（史前时期，距今约 200 多万年前—前 21 世纪）	石器时代		揭开了中国机械史的序幕，这一时期主要是原始工具时期。简单机械、原始机械如腰机、陶轮已经出现
		旧石器时代（约 200 多万年前—1 万年前）	粗石器制作，打制石器，制成砍砸器、刮削器等原始工具，以及骨器、木棒、蚌壳等；进行原始采集和狩猎活动。这一时期已出现了较一般工具复杂的原始弓箭、经过磨制的骨针；旧石器时代晚期至新石器时代早期出现原始制陶（陶轮）
		新石器时代（约 1 万年前—前 21 世纪）	细石器制作，制作和使用磨制石器；原始农业，出现了石质犁形器等石制农具。机械开始萌芽，如狩猎用弓箭（是机械方面最早的一项发明）、缫丝纺织（踞织机），出现了独木舟和桨，已有了车等原始交通工具 新石器时代的晚期，距今约 5000 年，相当于传说中的炎黄、尧舜时代。出现中国最早的青铜器（甘肃马家窑出土铜刀，距今已有 4800 年左右）
奴隶社会（前 21 世纪—前 476 年）	夏商周三代（前 21 世纪—前 221 年）		夏商周三代，是中国古代机械迅速发展阶段。冶铜技术成熟，创造了灿烂的青铜文化；开始了铁的使用，大大提高了生产工具的效率；机械技术知识的积累，为后世机械的发展提供了条件
		夏（前 21—前 17 世纪）	冶铜技术趋于成熟，开始进入青铜时代；出现了古车、加工粮食的杵臼等重要生产工具
		商（前 17—前 11 世纪）	青铜铸造鼎盛时期，创造了灿烂的青铜文化，著名后母戊鼎、四羊方尊都是在这一时期出现的。利用天然陨铁制造了铁刃铜钺；开始牛耕，应用桔槔汲水，出现风帆

（续表）

社会分期	朝代				发展概述
奴隶社会（前21世纪—前221年）	夏商周三代（前21世纪—前221年）	周（前11世纪—前221年）	西周（前11世纪—前771年）		延续和发展商代的青铜工艺；开始冶铁；应用辘轳提水；广泛使用马拉战车和车战用长柄格斗兵器，如戈、矛、戟、钺等
			东周（前770—前256年）	春秋（前770—前476年）	诸子百家争鸣，促进了古代机械技术的较快发展；铁器和生铁冶铸技术开始出现，黑心可锻铸铁、白心可锻铸铁和钢的出现，加速了铜器向铁器的过渡，铁器开始被少量应用；失蜡铸造已经成熟，叠铸工艺，错金、包金、鎏金和铸镶工艺相继出现；合金配方（六齐）定制，吴王夫差矛、越王勾践剑表明了春秋时期高超和精细的冶金工艺；出现弩，控制射击的弩机已是比较灵巧的机械装置；纺织技术得到发展，出现斜织机等手工业机械
				战国（前475—前221年）	青铜器仍有发展，制造了曾侯乙编钟、曾侯乙尊盘等称为天下奇观的青铜器；铸铁柔化技术成熟，铁制农具开始普遍使用，进入铁器时代；出现最早的磁性指向器“司南”；多踪多蹑提花机开始应用；造船技术达一定水平，已经制造了大型双体船“方舟”、“舫船”
封建社会（前221—1846年）	秦汉（前221—220年）	承接春秋战国的技术积累，机械技术趋于成熟，大量创新发明，取得领先世界的辉煌成就			
		秦（前221—前206年）			统一全国度量衡；秦始皇陵铜车马表明铸造技术、金属加工和组装工艺等机械制造工艺技术达到很高水平
		汉（前206—220年）	西汉（前206—公元8年）		铸铁技术继续发展，出现球墨铸铁；已有金属齿轮出现；已经广泛使用风力、水力，西汉出现了连机水碓等；开始使用绳轮传动的手摇纺车；出现了世界上最早应用常平支架的“被中香炉”、透光铜镜等先进工艺机械产品；首创领先世界的橹、舵
			[新]王莽（公元9—23年）		制造了铜卡尺，“铜嘉量”等重要量具
			东汉（25—220年）		水排鼓风设备用于冶铸生铁；创制了先进的农机具，如耧车、龙骨水车、扇风车等；创制了一些先进的手工业装备，如脚踏纺车、手织机，提花机开始应用；张衡制造了地动仪（被称为世界地震仪之祖）、水运浑象仪，制造了三四层舱室的大型船舶“楼船”，装备了艉舵和高效推进工具橹
	三国、两晋、南北朝（220—589年）	秦汉的统一局面结束，至此又进入割据纷争，推动了古代机械的充实与提高			
		三国（220—280年）	魏（220—265年） 蜀（221—263年） 吴（222—280年）		发明机械式指南车、记里鼓车，具有减速运输和自动离合装置，说明传动机构齿轮系已发展到较高水平；马钧改进了提花机；发明木牛流马（现代学者考证，多数认为是一种独轮车）；改进弩机；大型战船出现
		两晋（265—420年）	西晋（265—316年） 东晋（317—420年）		出现低硅灰口铁；制造水密舱船舶；大型铜铁铸件和大型机械结构在两晋开始出现

（续表）

<table>
<tr><th>社会分期</th><th colspan="3">朝　代</th><th>发展概述</th></tr>
<tr><td rowspan="11">封建社会（前476—1846年）</td><td></td><td colspan="2">南北朝（420—589年）</td><td>灌钢工艺炼制优质钢；出现春车、磨车；发明轮船</td></tr>
<tr><td rowspan="4">隋唐五代（581—960年）</td><td colspan="3">唐代实行对外开放政策，重视经济发展，机械技术继续发展，但与强盛的帝国声威相比仍有差距</td></tr>
<tr><td colspan="2">隋（581—618年）</td><td>发明雕版印刷术</td></tr>
<tr><td colspan="2">唐（618—907年）</td><td>发明黑色火药，制作了浑天黄道仪（浑仪）</td></tr>
<tr><td colspan="2">五代（907—960年）</td><td>沧州铁狮子重约40t</td></tr>
<tr><td rowspan="4">宋元时期（960—1368年）</td><td colspan="3">此时的科学技术水平达到中国古代的顶峰，形成古代机械科技发展高潮，众多科学发现和技术发明为中国谱写了世界机械史的灿烂篇章</td></tr>
<tr><td rowspan="2">两宋（960—1279年）</td><td>北宋（960—1127年）</td><td>发明指南针、泥活字印刷技术；火药的制造和使用有了很大进步；苏颂制造了水运仪象台，它体现了当时中国机械工程技术水平领先于世界的卓越成就；出现“走马灯”和“喷水鱼洗”；出现活塞风箱；沈括著科学名著《梦溪笔谈》</td></tr>
<tr><td>南宋（1127—1279年）
辽（907—1125年）
金（1115—1234年）</td><td>发明木活字印刷；水罗盘用于航海；纺织技术进一步发展，出现了花本提花机，水转大纺车的出现大大提高了纺纱效率</td></tr>
<tr><td colspan="2">元（1206—1368年）</td><td>机械技术继续发展，研制和装备了许多先进装备和仪器，总体处于当时世界先进水平。出现多色多版木印，发明转轮活字盘，活字印刷趋于完备；出现效率极高的32个纺锭的水轮大纺车；火药技术成熟，制造了火铳、炮，标志着冷兵器向火器过渡的完成；制成支撑式指南仪器，指南针广泛用于航海；制造1200 t的运粮船；制造了简仪；首次应用了滚柱轴承</td></tr>
<tr><td colspan="3">明（1368—1644年）</td><td>西方先进机械制造开始传入中国，但受限制，朝廷采取思想禁锢政策，机械技术发展缓慢。万户进行喷气飞行试验；郑和下西洋，造船和航海技术达到当时世界最高水平；沿海地区广泛使用八面立帆的立轴式风车；火器制作有较高水平；制造了世界最早的二级火箭；铸造了永乐大钟，重46 t；宋应星著《天工开物》</td></tr>
<tr><td colspan="3">清（1644—1911年）
（古代机械史截至1840年）</td><td>制造了不少新奇钟表；西学东渐，西方机械技术开始传入中国</td></tr>
</table>

第二章

原始工具和简单机械

第一节　原始工具

史前时期，人类所制造的工具是经打击而制成的粗糙石器，只是改变原材料的形状，这是最简单的加工方法。人类使用打制石器的时代称为旧石器时代。

中国旧石器时代早期的人类，如距今200万～240万年前繁昌人字洞（1998年发现）人，170万～180万年前的元谋人，50万～60万年前的北京人，已会对石块进行敲击和初步修整，制成各种形状粗糙的刮削器、砍砸器和三棱形尖状器等原始工具。

约在距今4万～5万年前的旧石器时代晚期，资阳人、山顶洞人等已掌握了初步的磨削技术，许多石器都已比较光滑，刃部也较锋利。山顶洞人不仅使用了磨制过的骨针、石珠，稍晚还使用了带孔石珠、兽骨、鹿角等。大约2万～3万年前，人们已会利用材料的弹性，制造比一般工具更为复杂的弓箭。早期的石镞（箭头）与木杆是用绳索捆绑在一起的。

石钺（新石器时代）

长13.8 cm，宽8.2 cm。扁平、弧刃、穿孔，材质颇佳，制作精细，不但有磨制精良的刃部，而且钻出非常规矩的圆孔，反映了石兵器的发展与进步。江苏淮安出土。

石镞

中石器时代的石箭头。中国使用石镞大约起源于2.8万年以前。内蒙古赤峰市林西县出土。

大约1万多年前，人类开始进入了一个新的历史时期——新石器时代。虽然生产工具主要仍是石器，但采取了磨制的加工技术，有较为精细的打磨工艺，能对石器进行雕刻、穿孔、开槽。甘肃省出土了约5000年前的一种精致的石刃骨刀，它以开有细长柄的兽骨为刀体，内装磨制的石刃。这种刀反映了新石器时代综合运用不同材料制造工具的能力，可视为后世组合刀具的先驱。公元前8000—前2800年期间出现了陶轮（制陶用转台）、陶纺轮、踞织机、独木舟等简单的机械；农具大约出现在公元前6000—前5000年，已有石斧、石刀、石锄、石镰和骨耜等。

骨耜、木耜

当时重要的农业工具。距今6000—7000年前，中国人的祖先已进入农业社会。

石凿、石锛

出土于广西桂林甑皮岩洞穴（新石器时代早期）。

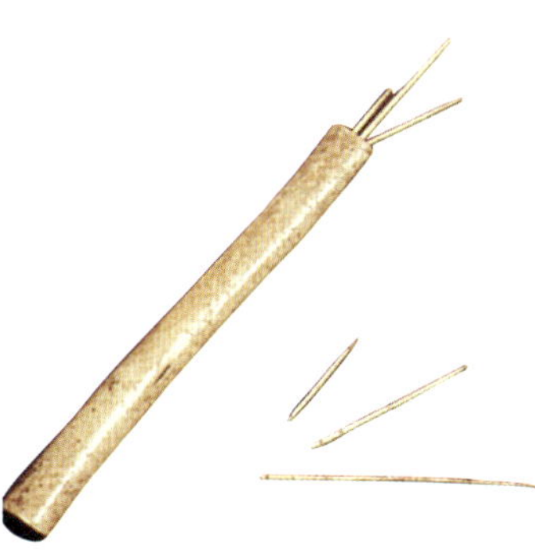

骨针、骨针筒

约为新石器时代文物，包头市东郊阿善遗址出土。

石磨盘与石磨棒

河南新郑裴李岗出土，约为距今7000年前文物。石磨盘状如鞋底，下面有4个柱状足。操作者手持石磨棒，在磨盘上来回碾磨谷物。

石纺轮

石纺轮是距今7000多年前的河姆渡人给纤维加捻的工具。浙江余姚河姆渡出土。

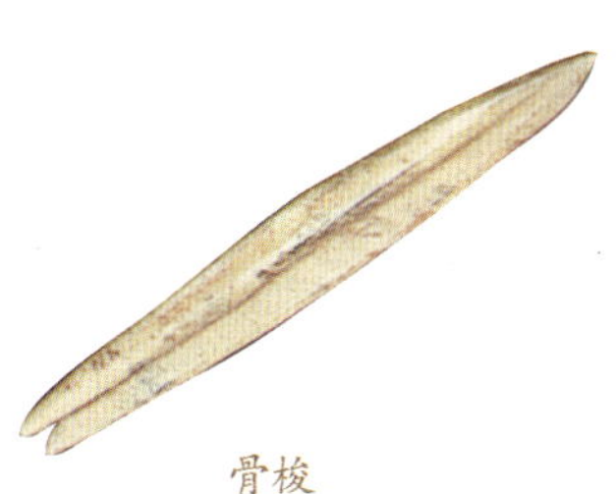

骨梭

新石器时代的骨梭，是原始的引纬工具。山东泰安大汶口出土。

第二节 简单机械

杠杆、滑轮在物理学上被称作简单机械。

杠杆，是中国古代应用最普遍的简单机械。杠杆在中国的典型发展是秤的发明和广泛应用。在一根杠杆上安装吊绳作为支点，一端挂上重物，另一端挂上砝码或秤锤，就可以称量物体的重量。实物发现最多的是在湖南长沙、常德、衡山等古楚墓出土的衡器。它们是公元前4—前3世纪的制品，是等臂称，不等臂称可能早在春秋时期就已经使用了。

桔槔，亦称吊杆，提升机械。王祯著《农书》记载，商初成汤时遇大旱，伊尹发明桔槔，“教民田头凿井灌田”。桔槔的结构简单，利用杠杆原理，在水边竖一立木或就地利用树杈，架上一根横木，一端绑上配重（石块），另一端系上水桶，当把水桶投入水中打满以后，由于杠杆末端的重力作用，便能轻易提上来。桔槔早在春秋时期便被普遍使用，而且沿用几千年，是农村历代通用的旧式提水器具。

辘轳，是轮轴与杠杆原理相结合的简单提水工具。据宋代高承著《事物纪原》记载：“史佚始作辘轳”。史佚是西周史官，实际的运用可能更早。至春秋战国，广泛应用于农田灌溉，也用于矿业开采、工程建筑、军事等方面。辘轳的应用在我国时间较长，新中国成立前在我国北方缺水地区，仍在使用辘轳提水灌溉。至今，一些地下水很深的山区，也还在使用辘轳从深井中提水。

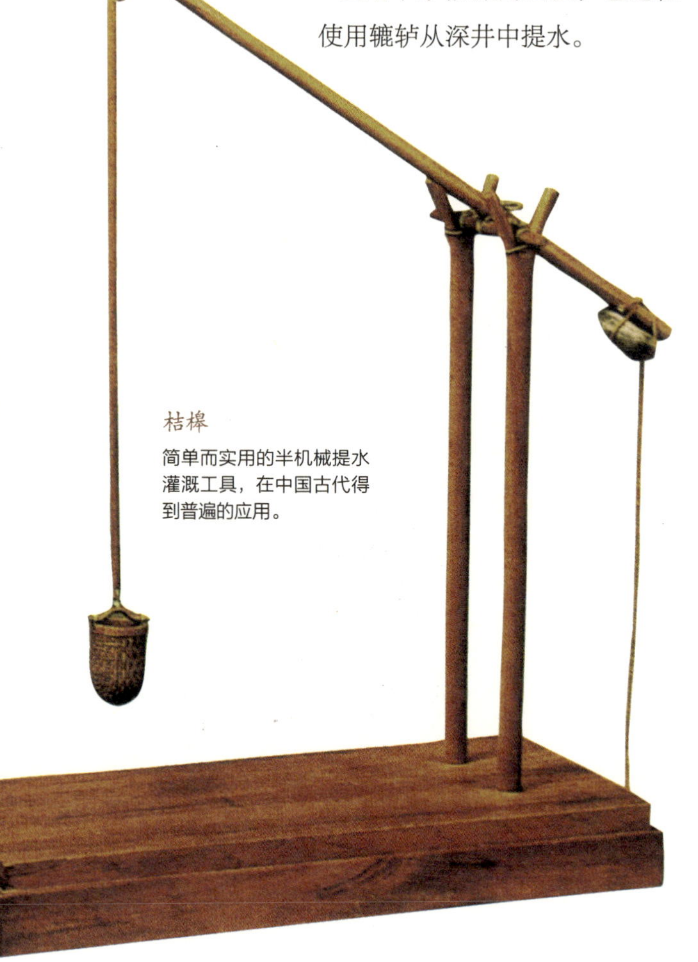

桔槔

简单而实用的半机械提水灌溉工具，在中国古代得到普遍的应用。

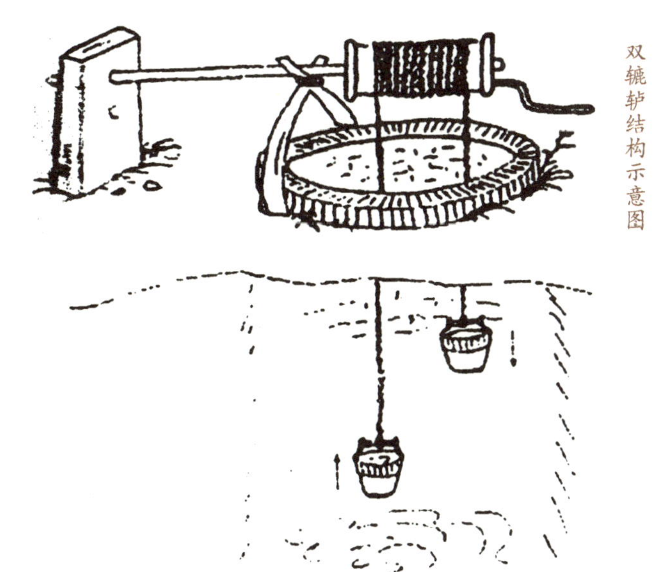

双辘轳结构示意图

单辘轳 （引自《天工开物》）

第三章

青铜器与高超的铸造工艺

第一节　古代铸造技术的发展进步

铸造在我国古代的金属加工工艺中占有突出地位。最初的铸造技术是使用石范，由于石料不易加工，又不耐高温，其后创造了泥范铸造和失蜡铸造两大传统铸造工艺。

泥范铸造

在近代砂型铸造之前的三千多年时间里，泥范铸造一直是最主要的铸造方法之一。泥范铸造的工艺：一是制模；二是翻外范；三是制内范；四是合范；五是浇铸。古人在制作复杂造型的青铜器时，还采用了分铸法，即将复杂的器物分为若干简单的部件，大型部件化为小型部件分别铸造，最后压铸成一体。我国在商代早期就有了泥范铸造，商代中期已达到极高的范铸工艺技巧。后母戊方鼎、四羊方尊、強伯簋、方卣等旷世奇珍都是用这种方法铸造成功的。如西周的強伯簋的铸造共用了36块泥范（包括8块活块范）和5块泥芯，经6次浇铸（包括铸接）而成。

失蜡铸造（又称熔模铸造）

失蜡铸造是以蜡型制模型，然后在模上面多次涂挂泥浆，待泥干后加热铸型，蜡便熔化并流出而成型。失蜡法不存在块范法的分型问题，可以一次铸成形状相当复杂、纹饰特别细致的器物。我国失蜡法至迟起源于春秋时期，河南淅川下寺出土的春秋时代铜禁是迄今得到的最早的失蜡法铸件；战国时期的曾侯乙尊盘，其沿口透空附饰由细小的铜梗组成，重重叠叠，玲珑剔透，如丝瓜络子，即使用现代工艺铸造，也极为困难，可见当时失蜡铸造技术的出神入化，巧夺天工。

中国传统的失蜡铸造技术，对世界的冶金发展有很大影响。现代的熔模精密铸造就是从传统的失蜡法发展而来，虽然其所用蜡料、制模、造型材料、工艺方法等方面，随着时代的进步，都有很大不同，但工艺原理是一致的。20世纪40年代美国工程师奥斯汀创立以他名字命名的现代熔模铸造技术时，曾从中国云南、贵州等地得到启示。1955年奥斯汀提出首创失蜡法发明专利的申请，日本学者鹿取一男以中国和日本历史早已有使用失蜡法的事实表示异议，最后鹿取一男胜诉。

第二节　青铜器

我国在新石器时代晚期，进入了铜、石并用的时代。大约在距今4000年前，即公元前

21世纪的夏代进入青铜时代，历夏、商、西周至春秋早期迎来鼎盛期，冶铜技术、铸造工艺趋于成熟，创造了灿烂的青铜文化。气势雄伟的后母戊鼎、精美绝伦的四羊方尊、大气磅礴的战国编钟、设计巧妙的长信宫灯、姿态优美的铜奔马、巧夺天工的曾侯乙尊盘……这些器物荟萃了工艺技巧与文化艺术，是令人叹为观止的杰作，将中国青铜冶铸技术推向高峰，站在了世界的先进行列。世界冶金学权威克里尔说："即使把美国和欧洲一流的技师集合起来，并使用现代科学技术，也不能做出比殷商时代更好的青铜器。"中国古代所创造的灿烂辉煌的青铜文明，对于推动整个世界金属材料的进步和铸造技术的发展起到了巨大的作用。

后母戊鼎

原名司母戊鼎，为国家博物馆的镇馆之宝。高133 cm，长111 cm，宽79 cm，重832.84 kg，四面腹部都环以饕餮纹、夔龙纹，是中国发现的青铜礼器中最大的一件。后母戊鼎用块范法分铸铸接成形，应是用多个竖炉同时熔炼、浇注而成的。其材质为含铜84.77%、锡11.64%、铅2.79%的青铜。出土于河南安阳。

中国出土和传世的青铜器很多，以用途而言，大致有农具与工具、礼器、兵器、食器、酒器、水器、乐器、杂器（包括生活用具、车马器、货币、度量衡、符印）等；按器形分，有鼎、鬲、甗、簋、簠、盨、豆、卣、尊、觥、盉、罍、壶、彝、斝、盘、匜、洗、钟、镈、鼓、戈、剑、镜等。

后母戊鼎

公元前12世纪，商代后期王文丁为祭祀其母戊而铸造，因鼎内壁有铭文"后母戊"而得名（原称"司母戊鼎""司母戊大方鼎"）。鼎重832.84 kg，结构复杂，身、耳、足分别铸成后，再合铸成一个整体，像这种古而重的青铜器在世界上是绝无仅有的。它造型凝重而优美，纹饰华丽而神秘，显示出商代青铜冶炼工艺的精湛和巧妙，体现了商代辉煌的文化艺术和技术成就，是商代青铜文化顶峰时期的代表作。

四羊方尊、方卣、纵目人面具

青铜器四羊方尊，器型独特，精细复杂，铸造难度很大，制作精美绝伦，是商代铜器艺术创作具有代表性的精品，被誉为臻于极致的青铜典范；青铜方卣，器形复杂，纹饰细腻；青铜纵目人面具，冶铸工艺很高。三者都是商代铸造的，都有极高的工艺水平。分别在湖南宁乡、江西新干和四川广汉三星堆出土，显示高度发达的商代文化，已从中原地区远播至南方地区，其青铜器冶铸工艺水平，与中原地区已难分高下。

四羊方尊

为国家博物馆镇馆之宝。肩之四隅各饰一立雕羊首，通体饰以细密纹饰，做工极为精良。抗日战争时期曾被炸为碎片，中华人民共和国成立后修复完整。羊首用分铸法铸造，再与尊体铸接，表现出极高的范铸工艺技巧。商代铸造，湖南宁乡月山铺出土。

方卣

卣腹为正方形，中央有十字形通孔，镂空圈足有假底。以蛇形片饰连接盖和提梁，提梁与卣肩环耳套接。整个方卣纹饰规整、细腻，是以块范法铸造成形的。器形的复杂对范与芯的组合要求严格，铜芯撑的使用解决了这一困难，这是此卣铸造工艺的关键。出土于江西新干大洋洲。

纵目人面具

此面具双目突出，内部中空，壁厚均匀。具有强烈的非中原文化特色。出土于四川广汉三星堆商代祭祀坑。

弴伯簋、毛公鼎

弴伯簋和毛公鼎都是西周铸造的青铜器。宝鸡弴国墓地出土，弴伯簋代表了西周早期的风格和工艺水平，这件铜器的铸造，共用了 36 块泥范（包括 8 块活块范）和 5 块泥芯，经 6 次浇铸（包括铸接）而成。

毛公鼎是西周晚期的青铜铸件。青铜礼器上多有铭文，商代器物铭文多为族徽和制器者名号，比较简短；西周器物铭文往往较长，或记事功，或书赏赐，以为鉴证并告诸后世。毛公鼎铭文最长，有 495 字，这些铭文是随器物用块范法一次铸成。

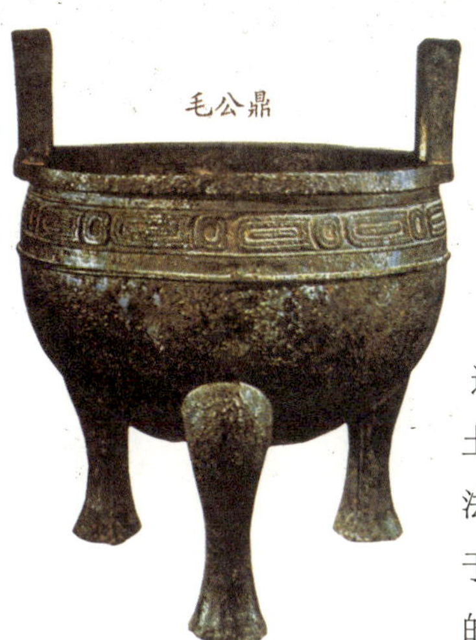
毛公鼎

弴伯簋

双耳，圈足，立于方座上，底有铜铃，饰细密花纹，系块范法分铸铸接成形。出土于陕西省宝鸡弴国墓地。

龙凤方案、十五连盏灯

春秋战国时期，块范法仍然是青铜器制作的主导工艺。河北平山中山王墓出土的龙凤方案共有 40 个铸接点、60 个焊接点，先后用 186 块泥范经过多次铸接和焊接成形。同墓出土的十五连盏灯则分 8 段以块范法铸造，或以块范法分铸后焊接于一体，各段之间则以不同形状的榫卯连接，表现出了高超的执简就繁的范铸工艺技巧。

龙凤方案

高 36.2 cm，长 47.5 cm。案顶为方形铜框，原镶有木板，并为铜斗拱承托，立于四条龙额顶。中间四龙与四凤相间交错纠结，四凤悬空，四龙立于圆盘上，而圆盘为四鹿支持，四鹿二牝二牡。整个方案错以金银，与精巧的造型相映生辉。河北平山中山王墓出土。

十五连盏灯

高 82.9 cm。灯作树形，15 盏灯错落有致地分布于灯树上。干枝间饰有蟠龙和顽猴。底座为轮形，以两具双身兽承负全器。底座采用分铸接成形。而灯树分 17 节铸作，再以榫卯结合。河北平山中山王墓出土。

曾侯乙编钟

湖北随州擂鼓墩出土，系曾侯乙的随葬品。由1件镈钟、45件甬钟和19件钮钟组成，分三层悬挂于曲尺形钟架上，上边长7.48 m，高2.65 m，短边长3.35 m，高2.73 m。每件钟都标有音铭，并且都能发两个音，音高准确，12个半音齐备。整套钟音频在64.8～2329.4 Hz之间，共有5个八度音程。可以旋宫转调。

曾侯乙编钟

曾侯乙编钟是战国时期楚国的乐器，其中中层甬钟是用了12种模具，制作出136块泥范组成铸型一次铸造而成。它融音乐、艺术和青铜工艺于一体，被称为天下奇观。

钟是古代祭祀或宴飨时用的乐器。钟体上部称为“钲”，下部为“鼓”，即发声的部位。钟口呈弧形弯曲，称为“于”。由于钟口弯曲，钟体表面铸有钟乳，形成声音衰减较快，并有双音的特点。用多件频率不同的钟按大小不同依次排列，编成一组，构成合律合奏的音阶，称为编钟。曾侯乙编钟规模恢宏，音律完备，纹饰纤若毫发，音质很好，音阶准确，至今仍可演奏乐曲。

在曾侯乙编钟的钟架和挂钩上有三千多字的乐学律学铭文，内容分为：铭记、标音、乐律关系以及音名、阶名、八度组、各国律名对应关系等乐律知识。可以说是一部先秦时代的乐律全书和珍贵文献。它证明春秋战国时代，中国已经制定并建立了完整的乐律学体系，而且能够在实际操作中实现旋宫转调，融金属工艺与声学技艺于一体，是中国文化史上的经典之作。

曾侯乙尊盘

湖北随州曾侯乙墓出土。战国时期制作的曾侯乙尊盘是采用失蜡铸造的精品。

该件以其工艺之复杂，工艺之精美，冠古来青铜器之首。不但运用了前代已有泥范浑铸、分铸、接铸和焊接等技术，而且娴熟地运用了失蜡铸造工艺。其沿口的透空附饰由细小

曾侯乙尊盘

由尊、盘两件组合成套。尊和盘都是在块范法铸造的主体外，附有众多的附饰和多层透空装饰，造型复杂、华美。透空附饰也是分段分块以失蜡法铸造，再铸接或镴焊于主体之上。湖北随州擂鼓墩曾侯乙墓出土。

的铜梗组成，重重叠叠，如丝瓜络子。即使用现代铸造工艺来铸造也极为困难。经鉴定，铜尊和铜盘颈部透空附饰都是用失蜡法铸成的。如铜尊颈部图案系由 19 种变体蟠虺文构成 12 种花纹单元，再按一定的排列方式与层次汇合成极华丽多姿的整体花环。高低参差与对称排比相结合，制造出玲珑剔透、节奏分明的艺术效果。如此精细优美的铸件铸造成功，充分反映了失蜡铸造技术已发展到了十分成熟的阶段，已达到出神入化、巧夺天工的境界。

夫差矛、勾践剑、铜奔马

春秋战国时期的青铜兵器制作十分发达，自古以来被人们赞不绝口的名剑——“干将”、“莫邪”、“巨阙”、“纯钩”等，都是这个时期制作的，在中国广大地区都有出土。1965 年，在湖北江陵望山一号墓出土的越王勾践剑，制成距今已有 2400 多年，出土时仍宝光四射，锋利无比，可断发丝，表明了春秋时期制剑工艺的高超和精细。1983 年，在湖北江陵又出土了吴王夫差矛，形制精美。它们都是古代兵器中的瑰宝。

铜奔马于 1969 年甘肃武威雷台出土，系东汉晚期制作，通称“马踏飞燕”。马造型雄俊非凡，昂首嘶鸣，如风驰电掣状，三足腾空，一足踏下踏燕，其姿态之优美，在遗存的同时期作品中无与伦比，反映了东汉时期杰出的制作工艺和铸造水平。现已作为我国旅游的标志物。

吴王夫差矛

春秋晚期兵器，长 29.5 cm，宽 3 cm，矛狭，起牛脊，下端作鱼尾形，通体有朱字格暗纹。

越王勾践剑

春秋晚期兵器，长 55.6 cm，宽 4.6 cm，剑身有菱形暗纹，格上花纹嵌蓝琉璃及绿松石。出土时插在素漆木鞘中，茎上缠有丝绳。

东汉铜奔马

吴王夫差矛

越王勾践剑

汉代错金博山炉、“诅盟”贮贝器和北魏释迦立佛像

秦汉时期冶铸技术和工艺继续进步。河北满城刘胜墓出土的错金博山炉是这一时期失蜡铸造的代表作。同期云南晋宁石寨山出土的大批贮贝器或铸有祭祀场面，或铸有战争格斗场面，场景、人物与建筑物皆栩栩如生，表示了在云南发达的失蜡法工艺水平，“诅盟”贮贝器为其代表作。南北朝时期的佛像铸造也多用失蜡法，且多鎏金，北魏正光五年（524 年）的释迦立佛像是这一时期的代表作。

释迦立佛像

北魏正光五年（524 年）造。释迦立于四足方形莲座上，神情温和，背负透雕火焰纹舟形背光，上绕飞天 11 尊，主尊两侧置菩萨 8 尊，方座两侧为力士像，内有神兽一对。河北正定出土。

错金博山炉

炉盖形如多层峰峦，有人物、走兽隐现其间，通体错金，精致华美。河北满城中山王墓出土。

“诅盟”贮贝器

盖面铸杀人祭祀场面；干栏式房屋中央坐一妇女，是主祭者，边缘有拴虎、豹的圆柱，有被捆绑、被枷、被大蛇吞吃的人，当是供牺牲的奴隶。参加祭祀的有击鼓者、杀牛羊者、骑马者、捧食者等。云南晋宁石寨山西汉墓出土。

第四章

铁器时代与冶铁鼓风设备

蕴含着巨大力量的铁器，在春秋战国时期已初露锋芒，在秦汉时期迎来了铁器时代。

铁器时代的奠定，主要有赖于冶炼设备与工艺的进步。战国时期出现的竖式炼铁炉，秦汉时期向大型化发展。在河南郑州古荥镇汉代冶铁遗址发现两座炼铁高炉炉基。其中 1 号炉是已知汉代炼铁炉中最大的一座，炉底面积约 8.4 m^2，高 5～6 m，有效容积约为 50 m^3，日产铁 1 t。按其耐火材料等内部结构分析，炉温可达 1460 ℃；据其炉渣结瘤情况分析，炉温已达 1250～1280 ℃，已达相当高的水平，表明古代中国铁冶炼技术领先于世界。随着炉体的增大，为保证中心温度，必须改革炉内结构，提高送风量。鼓风技术的改进与提高是钢铁冶炼向大型化发展的基础。山东滕县宏道院出土的汉画像石冶铁图反映了汉代的鼓风皮橐应用情况。此画左边画有一鼓风大皮囊，皮囊上方排列有 4 根吊杆，右方则是接炼炉的风管，左方还有许多人在运作。

人类早期的鼓风器大都是皮囊，古代又叫橐。一个炉子用好几个橐，放在一起，排成一排，就叫“排囊”或排橐。其动力从人力鼓风发展到应用畜力鼓风，有“牛排”、“马排”；随后应用水力鼓风，叫“水排”。东汉初年，南阳太守杜诗（？—38 年）发明水排，因为它“用力少，见功多，百姓便之”。

三国时期的韩暨把它推广到魏国官营冶炼作坊，用水排代替人排、马排。水力鼓风有十分重要的意义，它加大了风量，提高了风压，增加了风力在炉里的穿透能力，从而能扩大炉缸，加高炉身，增大有效容积。足够大的鼓风能力，才能有足够大的高炉，才可以炼出更多生铁，促进了冶铁业的发展，直到 20 世纪 70 年代，中国一些地方还在使用。欧洲人能在 14 世纪炼出生铁来，和水力鼓风的应用有一定关系。水排的发明是人类利用自然力的一次伟大发明。

汉画像石冶铁图

汉代水排的具体构造现在已经很难了解，由同一时期的水碓结构推测，大约也是一种轮轴拉杆传动装置。中国古代水排构造的详细记述最早见于元代王祯的《农书》，依水轮放置方式的不同，分成立轮式和卧轮式两种。它们都是通过轮轴，拉杆以及绳索把圆周运动变成直线往复运动，以此达到关闭风扇和鼓风的目的。

鼓风器最早是皮囊，后来是风扇，再后是风箱。风扇大约发明于10世纪以前。北宋《武经总要》前集的行炉图、元代王祯《农书》的水排图中都有风扇的图像，活塞或风箱最早见于明代著作《天工开物》中。

冶铁水排模型

冶铁水排是利用水力进行鼓风的装置，由水轮、凸轮、皮囊、输风管等部件组成。汉代利用水轮和凸轮等机械系统在世界上处于领先地位。

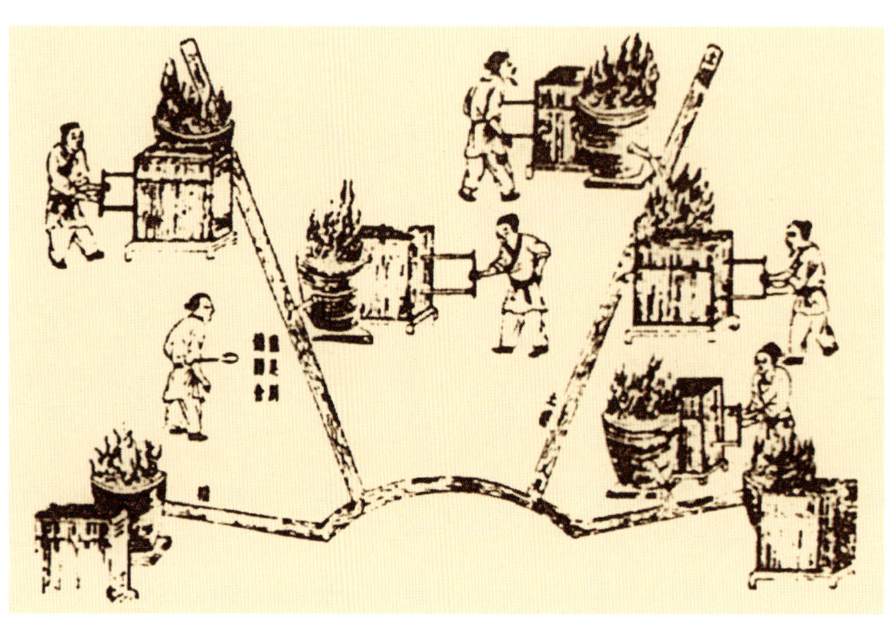

活塞式木风箱

用于冶炼金属的鼓风装置。它的两端各设一个进风口，口上设有活门。箱侧有风道。侧端各有一个带活门的出风口，通过伸出箱外的拉杆，推拉活塞做往复运动，使活门一启一闭，连续鼓风。

第五章
古代农业机械

在中国几千年的文明史中，以农立国，劳动人民发明创造了多种多样的农业生产工具，而且许多是世界上出现最早的农业生产工具。

西汉初年，铁农具已经在很大程度上取代了铜、骨、木、石器具。由于冶铁业的重大发展，铁制农具得到了广泛应用，水平很高的发明创造很多，影响较大的有犁、三脚耧、龙骨水车、水碓和风扇车等，由于实用、方便，多数设备沿用至今，已有2000多年历史。

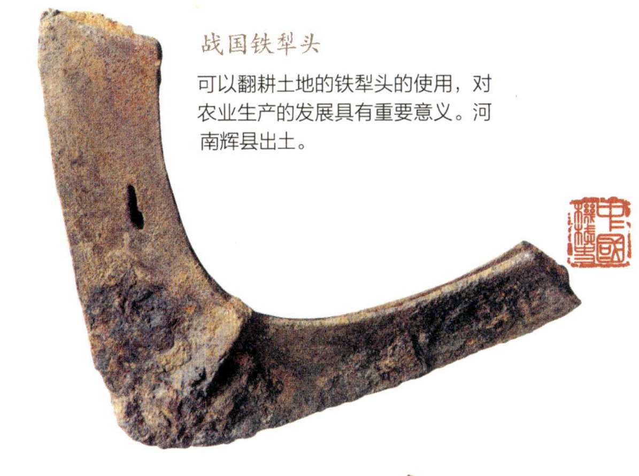

战国铁犁头

可以翻耕土地的铁犁头的使用，对农业生产的发展具有重要意义。河南辉县出土。

耕地机械——犁

中国很早就发明了耒耜用来翻整土地，随着农业生产的发展，古人又将耒耜发展成犁。由于冶铁业的兴起，战国时期已出现了铁制的耕犁。河北易县和河南辉县都出土过战国时期的铁犁铧。铁犁铧是一项了不起的成就，它标志着人类社会发展的新时期。汉代耕犁已有铁犁壁，能起翻土碎土作用。根据中外史料记载，在整个古代社会，我国耕犁的发展水平一直处于世界农业技术发展的前列。欧洲的耕犁直到公元11世纪才出现，中国至迟到汉代就有了犁壁的装置，比欧洲要早约1000年。陆龟蒙（？—881年）的《耒耜经》是中国第一部农具专著，虽然篇幅很短，但详记了江东犁（曲辕犁）的部件、尺寸和作用，其构造已和现代耕犁基本相同。

战国铁镢

铸造生产铁质工具始于战国时期。河南辉县出土。

汉代套有双侧犁壁的铁犁铧

双侧犁壁可将翻耕的土壤翻到犁的两侧，它还可以开沟槽，是较进步的组合耕具。陕西礼泉出土。

汉代铁铧

铁铧是翻土的农具。陕西斗鸡台出土。

播种机械——耧车

战国时期就有了播种机械。汉武帝时（前140—前87年）赵过在一脚耧、二脚耧的基础上发明了三脚耧，这是现代播种机的始祖。现在最新式的播种机是把开沟、下种、覆盖和压实四道工序接连完成。而中国2000多年前发明的三脚耧已把前三道工序连在一起，由同一机械来完成，是中国古代在农业机械方面的重大发明之一。三脚耧大大提高了当时播种（撒播、点播等）工作的效率和质量，汉武帝曾经下令在全国推广这种先进播种机，还改进了其他耕耘工具，这对当时农业生产发展起到了推动作用。耧车通体用木，只有耧脚（开沟器）为铁制。有一脚、二脚、三脚、四脚之分，因耕地土质及牛力等条件而异，三脚耧（即三行播种器）使用最广泛。

耧车（模型）

灌溉机械——龙骨水车、立轴式大风车

龙骨水车是一种刮板式连续提水工具，又名翻车。《后汉书》记有汉灵帝时（186—189年）毕岚发明，三国时马钧加以完善。它是最早出现的采用链传动的机械，实现了由间歇式提水变为连续提水。龙骨水车比原有的辘轳、滑轮、绞车等提水机械，效率大大提高，操作搬运方便，是农业灌溉机械的一项重大进步。它是中国应用最广泛、效果最好、影响最大的灌溉机械，沿用至今已有两千年。龙骨水车可由人力（手动、脚踩）、畜力、风力或水力等驱动。畜力龙骨水车，大约出现在南宋，距今已近900年。水转龙骨水车在元代王祯的《农书》中有记载，这一发明大约在元初，有约700年的历史，这是元代机械制造方面的一项巨大进步。

龙骨水车图 （引自《天工开物》）

立轴式大风车是中国古代利用风力驱动的机械，按轴的位置有卧轴式风车和立轴式风车。卧轴式风车起源于汉代，立轴式风车起源于南宋。

南北朝时已有人试用风力推动载人车辆，南宋时已有风力驱动的翻车，所用风车可能是立式的。明代沿海地区广泛使用风车驱动翻车提水。这种风车采用八角形木架，上面有八面立帆，驱动立轴转动。

国内学者对中国立轴式风车十分重视，有较多记载。立轴式风车的优点：一是有风向调节系统，能自动适应各方向来风，使风车工作不受风向不同的影响；二是当风速有变时，可控制风帆的升降，改变风帆受风面积，保证风车的转速稳定；三是风车可架设得很高。人在风车架下进行各种操作，防止立轴风车占地面积过多。

汉代龙骨水车（模型）

立轴风车

由八面立帆及木架组成的立轴式动力装置，俗称“走马灯”，明代时沿海很多地方都使用这种大风车。立轴下端的水平大齿轮可驱动一至两部翻车。这种大风车的优点是能够适应来自任何方向的风。

粮食加工机械——风扇车、水碓、水磨

公元前1世纪，西汉时出现风扇车，欧洲约1400年后才有类似的风车。风扇车用于谷物清选，效果很好，沿用至今。风扇车的发明，可能是离心式风机的最早应用。

水碓是利用水力舂米的机械，出现于西汉，比杵臼、踏碓的效率提高很多，而且利用水碓可以夜以继日加工粮食。根据水的流量，碓头数多少不一，叫连机水碓，有的多达8个碓头。

磨，最初叫铠，汉代才叫磨，是粮食加工机械。磨有用人力的、畜力的和水力的。用水力作为动力的磨，大约在晋代就发明了。随着机械制造技术的进步，后来人们发明一种一个水轮能带动几个磨的水磨，在元代王祯的《农书》中有记载。

唐代的水力利用机械有了较大发展，将水轮巧妙地用于提水灌溉，即在轻便的立式水轮上装上竹筒，制成筒车。除了翻车和筒车之外，还有一种能垂直提水的井车。

风扇车（模型）

连机水碓（模型）

由一个水轮同时驱动一组碓，主要用于舂米或制粉状物，为晋代杜预创制。若干个碓锤井然有序地升落，将臼中的谷物或其他东西舂好。

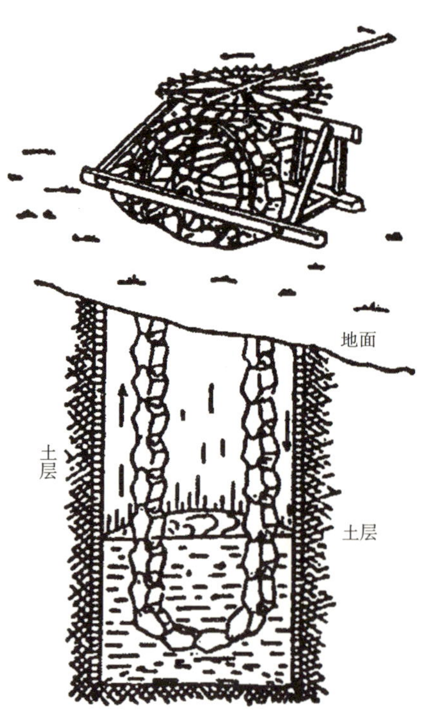

井车

垂直提水机械。首尾相接的小水桶挂在直轮上，每个桶在井底充水，提到井口倾入水槽，实现连续提水。

连机水碓图

筒车（模型）

竹或木制成的轮型提水机械，竹筒或木筒在水中注满水，随轮转到上部时水自动泻入承水槽，输入田里。

第六章
古代兵器

原始社会晚期已有战争，有战争则有兵器，在中国漫长的历史发展过程中，无论是冷兵器还是火器，都在不断发展。

第一节　冷兵器

冷兵器是指用人力和机械力操持的直接用于斩击和刺杀的武器，如刀、矛、剑、弓箭等，它经历了石兵器、青铜兵器和钢铁兵器三个发展阶段。

石兵器

石兵器由原始社会晚期的生产工具发展而来，主要有石戈、石矛、石斧、石铲、石镞、石匕首以及玉刃矛、骨制标枪头等。石器时代的兵器虽然制作简单，但是已经形成了冷兵器的基本类型，为第一代金属兵器——青铜兵器的创制开了先河。弓箭，是旧石器时代人类最复杂的、科学技术含量最高的工具，中国在1万年前已经制作和使用弓箭，是世界上发明和使用弓箭最早的地区之一。

青铜兵器

大约在公元前21世纪建立的夏代，青铜兵器已经问世，到了商代得到进一步发展。制造了戈、矛、斧等长杆格斗兵器，刀、剑等卫体兵器和弓箭等射远的综合兵器，以及胄、甲、盾等防护装具等。春秋战国时期还

玉刃矛（商后期）故宫博物院藏。

商代“妇好”钺

长 39.5 cm，刃宽 37.5 cm，重 9 kg，体形巨大，饰以双虎噬人纹，铭“妇好”二字。妇好是商王武丁的配偶，多次领兵出征，是著名的女统帅。河南安阳出土，中国国家博物馆藏。

商代铁刃铜钺

残长 11.1 cm，阑宽 8.5 cm。铁刃残存部分的后段夹于青铜钺身内。为约公元前 14 世纪器物。它表明 3300 多年前的商人已经熟悉了铁的热加工性能。此件是铁用于兵器制造的最早出土物之一。河北藁城台西村出土，河北省文物研究所藏。

出现了青铜复合剑的制造技术，这种剑的脊部和刃部分别用含锡量不同的青铜铸成，这种脊韧刃坚的复合剑，标志着青铜兵器制造技术达到顶峰。

钢铁兵器

中国虽然是在春秋晚期才进入铁器时代，但在商代已能够用陨铁制成铁刃铜钺。战国时期，钢铁冶炼技术的发展，为制造钢铁兵器提供了原料，已经开始使用剑矛戟等钢铁兵器和用于防护的铁片兜鍪。到了西汉，淬火技术的发展导致钢铁兵器的使用相当普遍。从东汉到唐宋，钢铁兵器进入了全面发展时期。此时，除攻防兼备的刀盾等外，射远兵器——弩，继西汉出现带刻度的望山后，三国、唐代创造了连弩、强弩等，杀伤力大大增强。晋代创造了马蹬，提高了骑兵的战斗力。宋代以后，钢铁兵器虽然仍在发展，但其战斗作用同逐渐发展的火器相比，退居次要地位。

金柄铁剑

剑柄为黄金铸成，饰蟠螭纹，并嵌有宝石。长 30.7 cm。陕西宝鸡益门春秋墓葬出土。

西周早期的青铜素面胄

通高 23 cm，素面，胄顶有一长脊，脊长 18 cm，作镂空网状纹。北京昌平出土。

汉代铁甲复原图

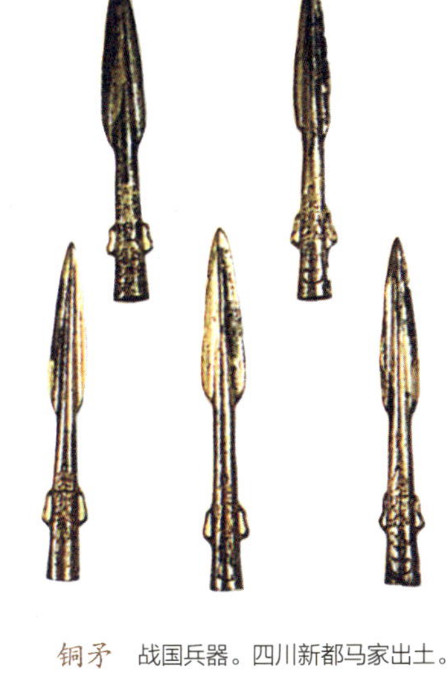

铜矛　战国兵器。四川新都马家出土。

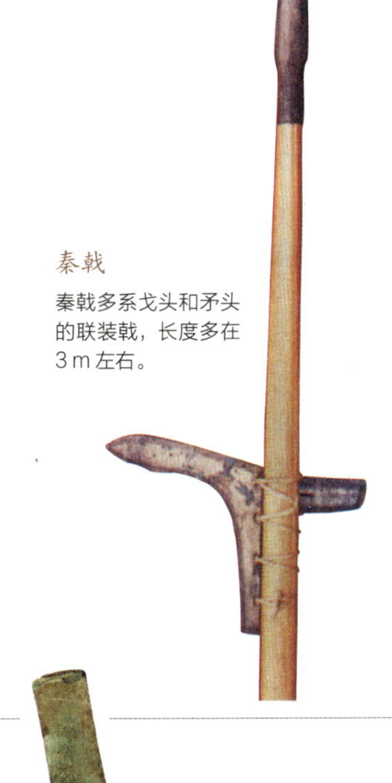

秦戟

秦戟多系戈头和矛头的联装戟，长度多在 3 m 左右。

汉代弩机（模型）

西汉铜弩机　1918 年河北满城出土。

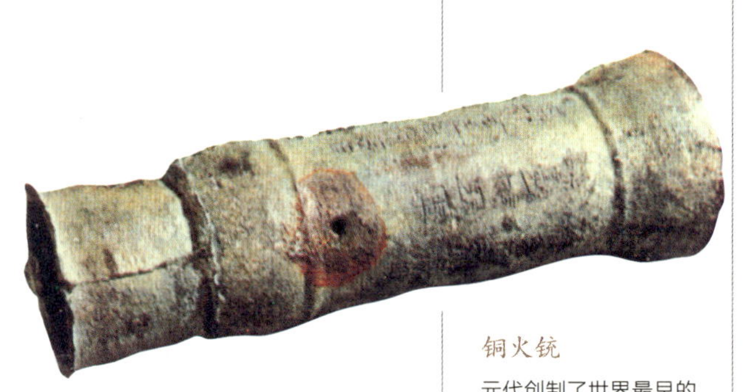

铜火铳

元代创制了世界最早的金属管形火器。这个铜火铳为早期青铜火铳，属管状火器，是从梨花枪等火器发展而来。

第二节　火器

黑色火药是中国的四大发明之一。以硝、硫、木炭为基本成分的黑色火药，在公元7世纪的隋唐时期才真正形成。10世纪北宋初年，火药武器开始用于战争，开创了人类战争史上火器和冷兵器并用的时代。北宋初年开始使用的是火球、火药箭等利用火药燃烧性火器，至南宋燃烧性火器过渡到管形射击火器。

元代根据南宋火枪射击原理创制成火铳，经过改良并大量制造投入使用，后成为明代军队制式装备，中国兵器从此进入以火器为主的历史阶段。中国发明的火药和创制的火器，在14世纪初叶传入欧洲，经过改进，在15世纪后期制成各种火绳枪炮。16世纪初，葡萄牙人东来又传入中国，因为当时国人把葡萄牙人称作佛朗机，所以也把这种枪炮称作佛朗机。明代万历年间大量仿制并发展了一些新的产品，戚继光（1528—1587年）编练的部队，使用火器的士兵已占总人数的一半左右。明熹宗天启元年（1621年）为抵御后金军的进攻，向澳门葡萄牙人购买了欧洲使用的早期加农炮进行仿制，当时国人叫它“红夷炮”，后改“夷”为“衣”，称“红衣炮”，后发展成为清军装备的系列火炮。

明代火器制作已有较高水平，种类繁多，不仅有爆炸火器，而且有管状火器和喷射火器。最著名的热兵器有世界最早的二级火箭“火龙出水”、32支火箭齐发的“一窝蜂”以及“架火战车”、“神火飞鸦”等。

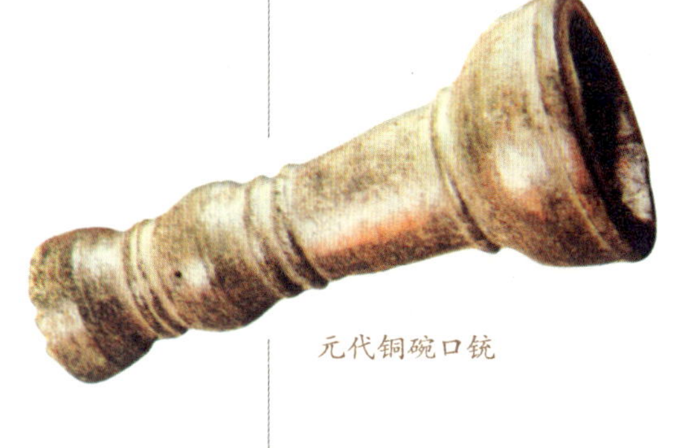

元代铜碗口铳

神威大将军特炮

1638年制，长2.86 m、口径10.2 cm，红夷炮型。

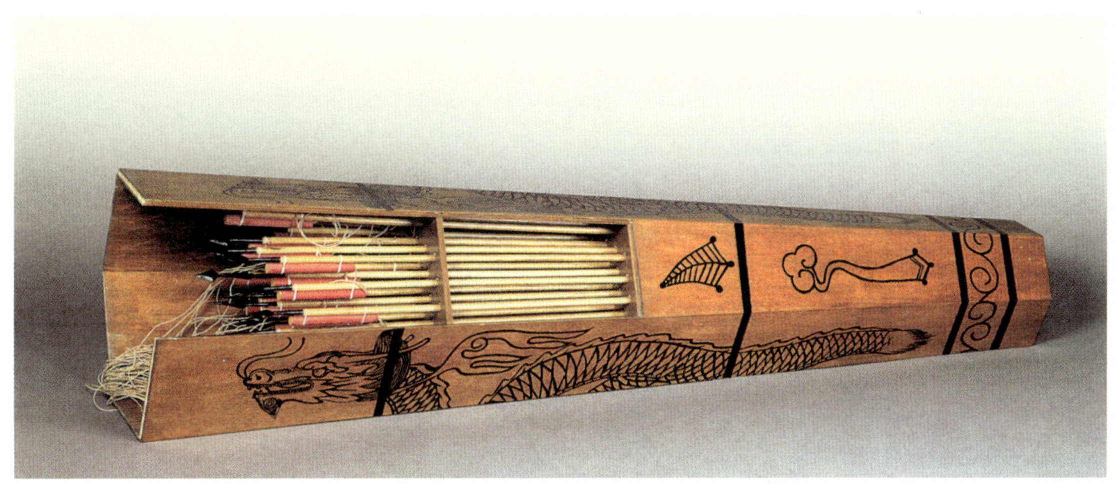

一窝蜂（模型）

一种筒形箭架。可同时发射 32 枚火箭的热兵器。装配时将火箭的导火索束在一起，点燃后同时射出，从而扩大了杀伤面，射程可达 500 m。据明《武备志》复原，中国国家博物馆藏。

架火战车（模型）

在独轮车上载火铳、火箭及矛枪等，车前悬挂棉帘以作防护，可攻可守。常将数百辆车环列为营，称“车营”，在明代盛极一时。据明《武备志》复制。

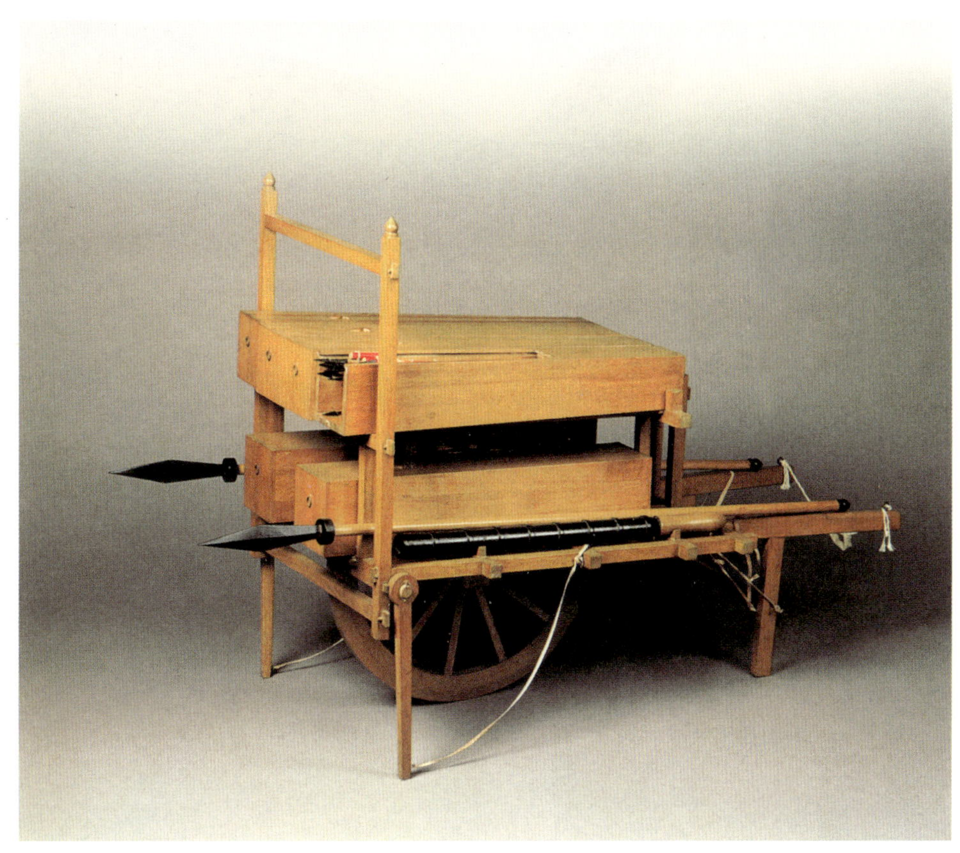

火龙出水（模型）

世界上记载最早的二级火箭。龙体外四支火箭为动力火箭，使龙体前飞，然后引燃龙口内火箭，使口内杀伤火箭飞出击敌。据明《武备志》复制，中国国家博物馆藏。

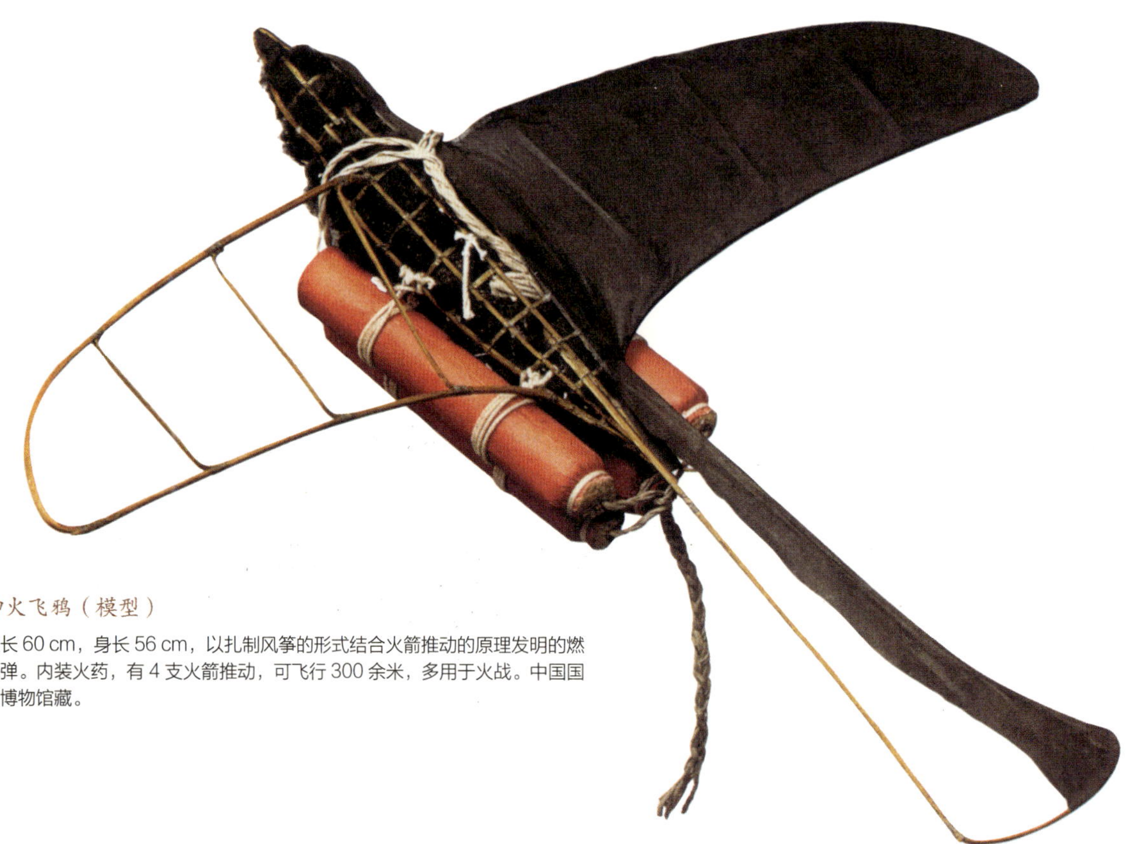

神火飞鸦（模型）

翅长 60 cm，身长 56 cm，以扎制风筝的形式结合火箭推动的原理发明的燃烧弹。内装火药，有 4 支火箭推动，可飞行 300 余米，多用于火战。中国国家博物馆藏。

第七章

仪器仪表和度量衡

第一节　天文仪器

我国古代设计和制造了各种精密而先进的天体测量仪器和装置。测量天体的仪器主要有浑仪、简仪等；表演天象的仪器主要是浑象等；还有集多种功能于一身的水运仪象台。

浑仪

浑仪是以“浑天说”为理论基础制造的测量天体的仪器。浑，球也。“浑天说”是中国古代以地球为中心的宇宙理论。浑仪正是按这种理论而设计的，模拟天球，由多个同心圆环组合而成。中国浑仪大约在战国中期至秦汉时期（前4—前1世纪）出现，早期的浑仪比较简单，经过历代天文学家的不断完善，至唐代贞观七年（633年）李淳风设计了一架比较完善的浑天黄道仪。

在宋代（960—1279年）共制作大型铜浑仪10座，多座单重达2万斤。

简仪

由于浑仪的圈环过于复杂，北宋开始浑仪的改革。元代郭守敬加以革新简化，于1276年制成简化的浑仪，称简仪。它包括相互独立的赤道坐标式装置（世界上最早的大赤道仪）和地平坐标装置（与现代的地平经纬仪相似），仪器运转灵活，大大增强了仪器的适应性。简仪在窥管两端安有十字丝，这是望远镜中十字丝的鼻祖；为了减少仪器中环与环之间的摩擦，安装了与近代滚柱轴承相似的小圆柱体，是滚柱轴承的最早利用。简仪的创制，是中国天文仪器制造史上的一大飞跃，是当时世界上的一项先进技术。欧洲直到三百多年之后的1598年才由丹麦天文学家第谷发明与之类似的装置。

现保存在南京紫金山天文台的浑仪是按照李淳风的办法制作的；郭守敬创制的简仪，清康熙五十四年（1715年）被传教士纪理安当作废铜熔化处理掉，现保存在南京紫金山天文台的简仪是明代正统二年至七年（1437—1442年）间的复制品。清光绪二十六年（1900年）八国联军侵入北京时，简仪被法军抢去，运到法国大使馆，过了几年才归还；浑仪被德军抢去运往德国波茨坦，第一次世界大战结束后（1921年）才归还中国。1931年“九一八事变”，浑仪和简仪运往南京，1937年12月南京沦陷，两仪被日本侵略军损坏，中华人民共和国成立后修复布展。

浑象

它是一种表演天体运行的仪器。它把太阳、

月亮、二十八宿等天体以及赤道和黄道都绘制在一个球面上，能使人不受时间、气候条件的限制，随时观测当时的天象，相当于天球仪。中国的第一架浑象于西汉宣帝甘露二年（前 52 年）由耿寿昌创制。后来历代都重视浑象的制作，张衡、一行、苏颂等天文学家都进行过设计，现存清代天体仪可算是古代浑象的仿制品。

水运浑象和机械日历

东汉张衡（78—139 年）以浑象配合漏壶，制造出漏水转动浑象。张衡制成大型浑象，在浑象内部设一套齿轮系统装置，以补偿式漏壶的流水为动力，驱动浑象每日均匀地绕轴旋转一周，使得浑象自动和近似准确演示天体周日活动。不仅如此，浑象还带动一组凸轮轴（当时名瑞轮蓂荚）演示一个朔望月中日期的推移，是一种自动机械日历。张衡首创的这一水运浑象，是为后世得到进一步发展的机械天文钟的先声。

水运仪象台

水运仪象台是以水为动力运转的天文钟。“仪”就是浑仪，“象”就是浑象，巧妙地将浑仪与水运浑象组合成一个整体，融漏壶、浑象、浑仪及报时机械于一体，集测时、守时、报时等功能于一仪，是一种大型综合性仪器，是天文仪器的一大发展。也是古代天文仪器和机械制造达到的一个高峰，至少领先于世界五六个世纪，成为中华民族的骄傲。

苏颂和韩公廉等于北宋元祐元年（1086 年）开始设计，到元祐七年全部完成。台高约 12 m，宽约 7 m。最上层设置浑仪且有可开闭的屋顶，这完全是现代天文台望远镜观测室活动屋顶的始祖；中层放置浑象，由机轮带动，使浑仪与浑象的转动与天体运动保持同步运转，是近代望远镜随天球同步运转的转仪钟的先驱；下层是报时系统，最为复杂（分为 5 个小层，首层朝南有门。第一小层有名为“正衡钟鼓楼”，分别有红衣、紫衣和绿衣木人报每个时辰的时初、时正和时刻；第二小层设 24 个司辰木人，报时初与时正；第三小层有 24 个木人报时初与时刻）。

这三部分用一套传动装置和一组机轮连接起来，用漏壶水冲动机轮，带动浑仪、浑象、报时装置一起转动。可通过控制匀速流动的水来调节枢轮向某一方向等时转动，使浑仪和浑象的转动与天体运动保持同步。在报时装置中巧妙地利用了 160 多个小木人和钟、鼓、铃、钲四种乐器，不仅可以显示时刻，还能报昏、旦时刻和夜晚的更点。水运仪象台的机械传动

郭守敬简仪（明代复制）

它突破了浑仪环圈交错不便观测的缺点，将环组分别架立，装置简便，而效用更广。现置放于南京紫金山天文台。

装置，开始了现代钟表锚状擒纵器的先声，英国李约瑟认为“很可能是欧洲中世纪天文钟的直接祖先”。水运仪象台体现了中国古代天文仪器制作的高水平，尤其重要的是它体现出当时中国机械工程技术水平的卓越成就。

水运仪象台在 1127 年金兵攻陷汴梁时被破坏。南宋时期，秦桧曾派人寻找苏颂后人并访求苏颂遗书，还请教过朱熹，想把水运仪象台恢复起来，结果始终没有成功。近年来，科技部曾拨款支持某高校研究恢复水运仪象台的课题，尚未见到完成实物的报道。

汉代铜漏壶

计时器具。大约出现在西周或稍晚些时候，以漏壶与浑象配合制造出水运浑象。圆筒形，下有三足，通高 32.3 cm，口径 10.6 cm，壶身近底处有一小流管，管长 3.8 cm，管口孔径 0.25 cm。壶盖上有方形提梁，壶盖和提梁上有正相对的长方形小孔各一，用以安插刻有时辰的沉箭。陕西兴平县茂陵附近西汉空心砖墓出土，陕西兴平县茂陵文物保管所藏。

明代浑仪

明正统二年至七年（1437—1442 年）制造。通高 2.45 m，装置有六合仪、三辰仪、四游仪，用以观测全天恒星的入宿、去极度和日、月、五星的运行，是中国传统的天文仪器。原置北京观象台，1900 年被德国掠置波茨坦宫前，至 1921 年才归还，1935 年迁至南京紫金山天文台。

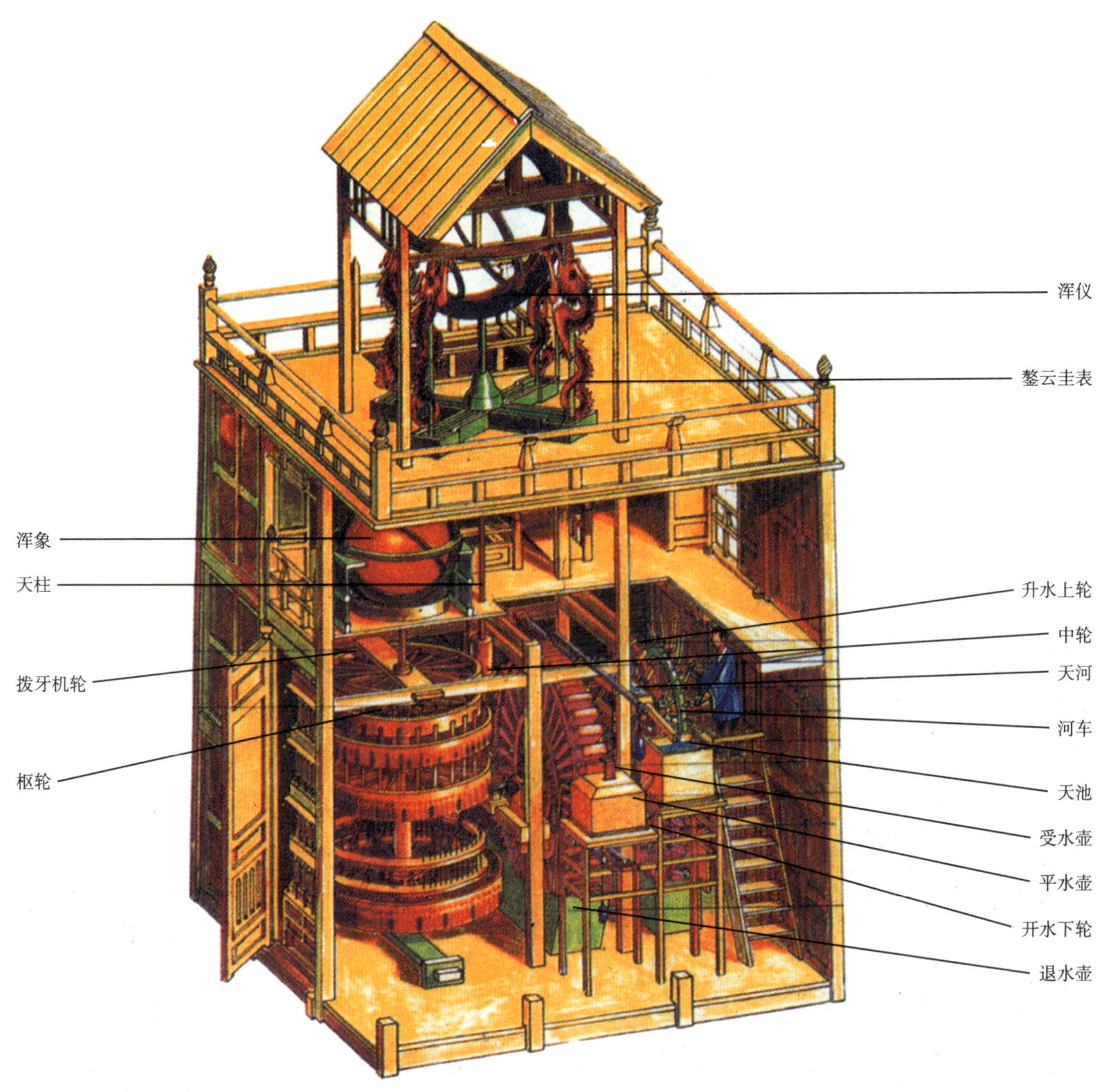

水运仪象台结构示意图

北宋苏颂主持制成的木构水运仪象台，能用多种形式表现天体的运行。它由水力驱动，其中有一套擒纵机构。水运仪象台代表了当时机械制造的先进水平，是当时世界上先进的天文钟。

第二节　地动仪

汉顺帝阳嘉元年（132 年），张衡设计制造出了世界上第一台测定地震发生时间与方位的仪器——候风地动仪[①]。这种仪器利用地震波的传播和力学的惯性原理来探测地震震中的方向。虽然其功能只限于地震发生的时间和方位，但它比西方类似地震仪出现要早约 1700 年，李约瑟称它是世界地震仪之祖。

据《后汉书》载，东汉永和三年二月三日（138 年 3 月 1 日）该仪器准确测知甘肃陕西临洮一带的一次六级以上的地震，这是世界上第一次由观测得知地震发生方位和时间的实录。

① 《后汉书》："张衡复造候风地动仪"。有人推测候风是"候风仪"，它与地动仪是两种东西；但也有人说"候风"是人名，张衡的地动仪是"复造候风"的；也有人认为，候风有候气的意思，古人以为地震是由地气所吊起的，因而以此为名。

关于这架仪器,《后汉书》中记载:“地动仪以精铜制成,圆径八尺,合盖隆起,形似酒樽。”(酒樽即酒坛)地动仪里面有精巧的机构,主要是中间的“都柱”(类似惯性运动中的摆),四周有八组杠杆机械组合。如果发生地震,都柱受到震波作用,推动顺着地震波的一组杠杆,使仪器的龙首张口吐球,再由蟾蜍承接,由此可以观测到地震的方位。据记载,其灵敏度可测知人感觉不到的振幅。

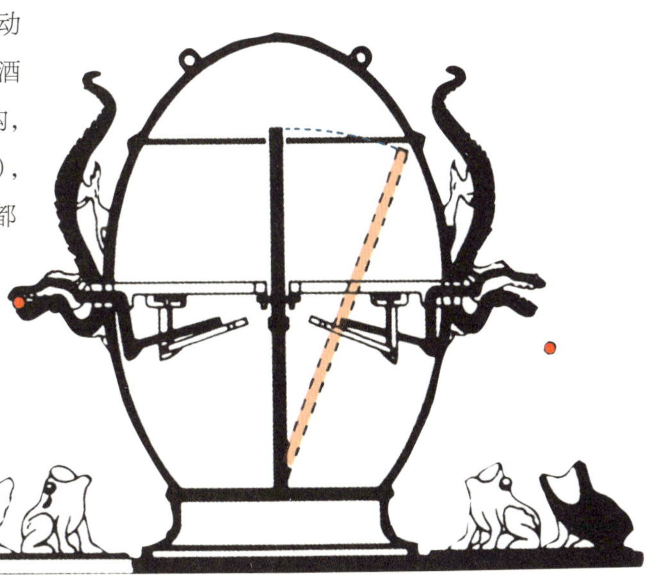

张衡地动仪原理示意图

由于张衡地动仪是当时遥遥领先于世界的伟大发明,对其他国家也产生了深远的影响,有人认为张衡地动仪里面摆的构造设计,可能在隋唐时传到了伊朗和日本。《后汉书》中关于地动仪的记载,从19世纪以来,不断被译成多种外文,传播于世界,中外学者一致给予很高的评价。

地动仪

(王振铎复原)张衡于132年首创了世界上第一架地震仪——候风地动仪。

第三节　指南针

指南针是中国古代四大发明之一。它是利用磁铁在地球磁场中的南北极性而制成的一种指向仪器，它和齿轮结构的机械指南车不同。

现在所说的指南针是这类物品总的名称，在各个不同的历史发展时期，它有不同的形体，也有不同的名称，如司南、指南龟（鱼）、指南针和磁罗盘等。

采用天然磁石的司南，磁性较弱，效果不是很好。因此这种司南未得广泛的使用。北宋初年出现了更高一级有实用性的指南龟（鱼）和指南针，到19世纪现代电磁铁出现，才发展成为更加简便、更有使用价值的指向仪器。

司南——指南针的始祖

司南，一种世界上最古老的磁性指向器，在战国时期已被用作指示方向。以天然磁石加工而成，形如勺。它可以自由旋转，当其静止时，勺柄就指向南方，故古人称之为司南。《韩非子·有度篇》载：“先王立司南，以端朝夕”。“端朝夕”就是正四方、定方位的意思。《鬼谷子·谋篇》里也记载说：“郑人取玉，必载司南，为其不惑也”。即郑国人采玉时就带了司南以确保不迷方向。在司南实践的基础上，才发明了可以实用的指南针。

东汉王充《论衡·是应篇》载：“司南之勺，投之于地，其柢指南。”依汉代制式复原，司南由青铜盘和天然磁体制成的磁勺组成。

司南（模型）

司南被认为是世界上最早的磁性指南工具。当代学者王振铎先生复原的司南模型，由青铜地盘和磁勺组成。地盘外方内圆，中心圆面打磨光滑。圆外盘面上依次铸有四维、八天干、十二地支，共二十四方位，另有二十八宿。整个地盘寓天圆地方之意。磁勺依汉代制式，用铁铸成后磁化，置于地盘中心。由于地球磁场的作用，勺把指示南方。

青铜盘外方内圆，四周刻有干支四维，合成二十四向，置勺于盘中心圆面上，静止时，勺尾指向为南。

指南针——伟大的发明

宋代航海事业的发展，促进了对磁性指向器的探索，最终导致了指南针的发明和广泛应用。

北宋时，曾公亮在《武经总要》记载一种制造指南鱼的人工磁化方法：将薄铁片剪裁成鱼形，置炭火中将铁片烧红时，以铁钤钤鱼首出火。让鱼尾正对子位，蘸水盆中。在地球磁场作用下，铁片被磁化而显磁性；“用时，置水碗于无风处平放鱼在水面，会浮，其首常向午也”。沈括（1031—1095年）在《梦溪笔谈》中介绍了另一种人工磁化的方法：“方家以磁石磨针锋，则能指南。”直到19世纪现代电磁铁出现以前，几乎所有的指南针都是采用这种人工磁化法制成的。人工磁化方法的发明，对指南针的应用和发展起了巨大的作用。这时，指南针在它的发展史上已经跨过了两个发展阶段——司南和指南鱼，发展成一种更加简便、更有实用价值的指向器，这些指向器都以这种磁针为主体，只是磁针的形状和装置有所变化而已。

沈括在《梦溪笔谈》中记载了装置磁针的四种方法：一是缕悬法，将磁针用独根蚕丝悬挂起来，下置二十四方位盘，磁针两端所指即为南北方向；二是水浮法，将磁针横穿于灯芯草浮在水面就可以指示方向。这是两种比较实用的方法。另外两种方法稳定性差，不便实用：一是指甲旋定法，将磁针放在指甲上，磁针可以指南；二是碗唇旋定法，将磁针平放在瓷碗的口沿上，可以指南。

沈括在做指南针的实验时发现，磁针所指方向，并非正南正北，而是“常微偏东，不全南也”，这是世界上关于磁偏角的首次发现；欧洲直至13世纪才发现磁偏角现象（有记载，欧洲人对磁偏角的发现是哥伦布在海上探险途中的1492年，系15世纪）。

指南针用于航海，首见于北宋末（1119年）朱彧《萍州可谈》卷二：“舟师识地理，夜则观星，昼则观日，阴晦则观指南针。”这是航海史上最早使用指南针的记载。

到南宋咸淳时期（1265—1274年），文献记载始见“针盘”之名，即将磁针与方位盘组成完整的指南工具，称“地罗”或“子午盘”。地罗盘面分度法仍采用汉代地盘形制，以八干、

缕悬法指南针（模型）

将不加拈的独根蚕丝系于木架上，蚕丝下端用蜡粘接于磁针中部，悬挂在无风的地方。木架下方置方位盘，以八天干、十二地支和四卦标示24方位。磁针在地磁场的作用下，即可指示方向。

十二支和四卦来表示24个方位。这种针盘已用于航海。

南宋陈元靓在《事林广记》(元初刊出)记载了支撑式指南仪器——指南龟的形制，以木雕成龟形，腹中嵌以磁体，将木龟置于竹制的尖顶立柱上，由于地磁场的作用，龟首尾指示南北。指南龟虽不具方位盘，但它是世界上第一具支撑式指南工具。这是后来出现的旱罗盘的先声。说明在12世纪末期以前，中国已有旱罗盘。

指南针发明后，人类全天候航行的能力得到了极大的提高。中国这一项卓越的发明创造，经丝绸之路传到了阿拉伯国家，在12世纪末到13世纪初又由阿拉伯人传入了欧洲。14—16世纪欧洲航海罗盘装上万向支架的常平架，形成了现代的航海罗盘乃至航空、航天罗盘。中国为全人类航行能力的提高，作出了不可磨灭的贡献。

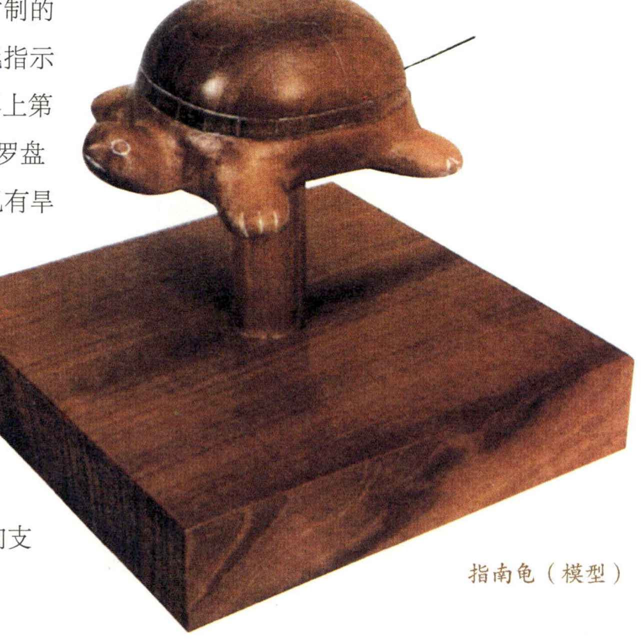

指南龟（模型）

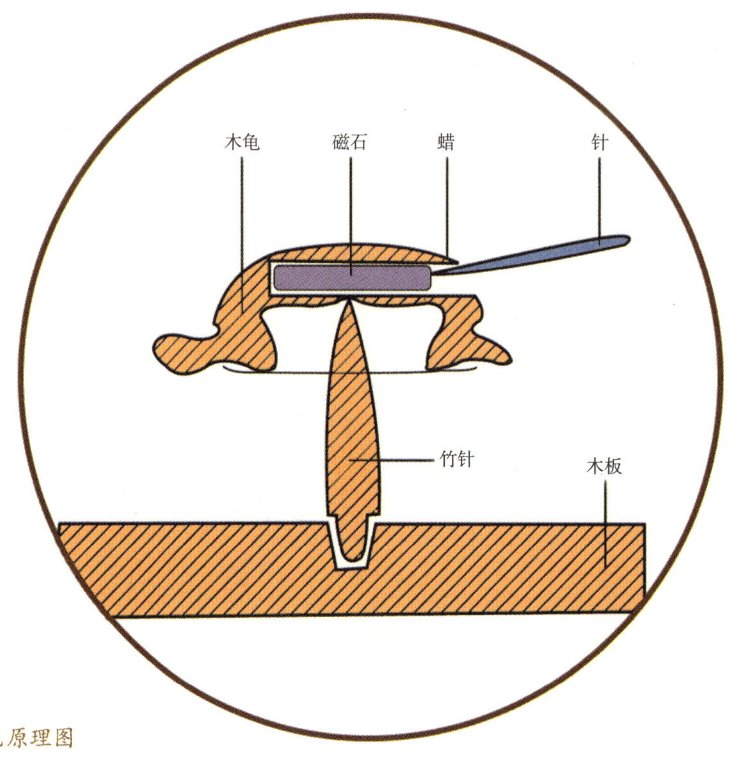

指南龟原理图

第四节　度量衡

“度量衡”这一名称出自《尚书·虞书·舜典》。后来经《汉书·律历志》引用（“审度”、“嘉量”、“衡权”），因而固定下来，沿用至今。度量衡的概念可以追溯到遥远的古代。早在新石器时代，已有长度的测量。传说黄帝“设五量”（《大戴礼记·五帝德》），后人注释五量为“权衡、斗斛、尺丈、里步、十百”。

早期度量衡计量单位相当粗糙。度量衡单位的形成，有人认为最初的一些规定直接取自人体的某些部位。如《孔子家语》“布指知寸，布手知尺，舒肘知寻”，《小尔雅》“一手之盛谓之溢，两手谓之掬”，以此确定长度及容量的标准。也有人认为与某些自然物有关，以积黍或丝、毛之类进行度量，而且因人因物而异。《世本·帝系》、《尚书》记载可能是在4000多年前的帝舜时代，进行过一次规模较大的统一度量衡的活动。在商周时代即已普遍使用度量器具，古遗址出土的商代骨尺和牙尺，已能进行较为准确的长度计量并使用了先进的十进位制。春秋战国时期，各国有各国的度量衡制，存在差异。秦始皇统一六国后，进行了统一度量衡的工作，颁布了统一度量衡的诏书，废除六国旧制，并将它铭刻在一批官定的度量衡器上，作为标准在全国推行，还规定了严格的管理制度。这些政策、措施有利于繁荣社会经济，促进度量衡制度本身的完善和进步。[新]王莽始建国元年（公元9年），刘歆仿战国时代的栗式量制造了铜嘉量，集度、量、衡、律及数等多种标准于一身，并成为后世历代王朝修订度量衡制度的重要参考依据。

战国秦商鞅铜方升

这是商鞅为统一秦国度量衡而制造的标准量器。以16.2立方寸的容积定为一升。上海博物馆藏。

秦诏文陶量

秦国量器。高9.4 cm，口径20.4 cm，容2000 mL（小斗）。为一斗量。外壁刻有秦王政二十六年（前221年）的诏书：“廿六年，皇帝尽并兼天下诸侯，黔首大安，立号为皇帝，乃诏丞相状、绾法度量，则不壹，歉疑者，皆明壹之。”山东省博物馆藏。

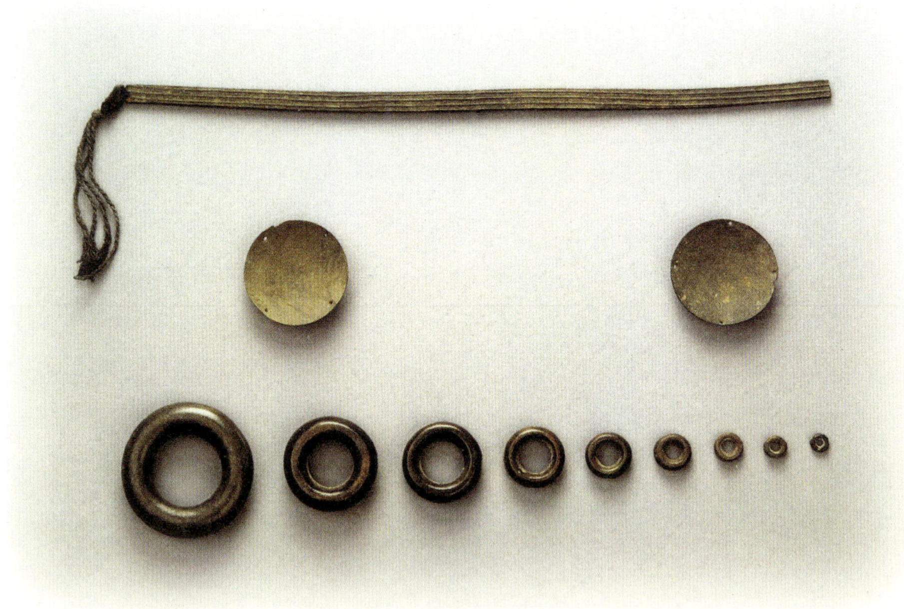

战国楚木衡和铜环权

木衡长 27 cm，中点穿丝提纽。距木衡两端各 0.7 cm 处，用长 9 cm 的丝线各系一个直径为 4 cm 的铜盘。铜环权大小共 9 枚，重量大体以倍数递增，分别为一铢、二铢、三铢、六铢、十二铢、一两、二两、四两、半斤。总重约 250 g，为楚制一斤。湖南省博物馆藏。

[新] 王莽铜嘉量

青铜制，[新] 王莽始建国元年（公元 9 年）铸。此器形制与《汉书 · 律历志》所记“上为斛，下为斗，左耳为升。右耳为合、龠”相符。器壁正面有 81 字总铭。每一种量器又各有分铭，记有五量的径、深、底面积和容积。按《汉书 · 律历志》记，以黄钟律管的容量作为一龠的容量标准，二龠为合，十合为升，十升为斗，十斗为斛。

王莽铜卡尺

王莽新朝时一种铜制量具，其结构和功能相当于现代外卡尺。这个卡尺由固定尺、滑动尺等组成；竖用，滑动尺可上下移动，背面刻有铭文“始建国元年正月癸酉朔日制”。始建国元年即公元 9 年，是迄今发现的世界最早的游标量具，令人惊叹。

［新］王莽始建国元年（公元 9 年）制造的铜卡尺

铜卡尺示意图（王莽时期制造）

第八章
古代纺织机械

中国的纺织技术，历史悠久，闻名于世。远在六七千年前，人们就会用麻、葛纤维为原料进行纺织，公元前 16 世纪（殷商时期），产生了织花工艺，公元前 2 世纪（西汉）以后，由于提花机的发明，纺织技术迅速提高，不仅织出了薄如蝉翼的罗纱，还能织出构图千变万化的锦缎。织造技术的进步，直接与纺织机械的进步相关。

第一节　纺车和水力大纺车

中国在汉代或更早些时候，完成了以手摇纺车对原始手工劳动“纺专”的替代。所谓“纺专”，是由骨质、陶质或石质制成的圆块，叫“专盘”，中间有一个孔，可插一个杆叫“专杆”，生产效率极低。手摇纺车的结构虽然比较简单，但是纺纱的效果比“纺专”提高约 20 倍。手摇纺车用绳轮传动，证明中国早在两千年前就在工具机上使用绳传动了。西汉杨雄（前 53—18 年）所著的《方言》中就已提到叫“繀车”和“道轨”的这种手摇纺车。

在手摇纺车的基础上不断前进，东晋著名画家顾恺之（约 345—406 年）的一幅画上已出现了脚踏纺车，特别是宋元时期，纺机有了大的改进。汉代的手摇纺车只能纺一个纱锭；东晋（3—4 世纪）的脚踏纺车可纺 3～5 个纱锭；宋末元初（13 世纪）发明的大纺车，纱锭增加到 30 多锭，它的传动已经采用和现在的龙带式传动相仿的集体传动了，特别是水转大纺车，其动力由人力、畜力改为水力推动，比用

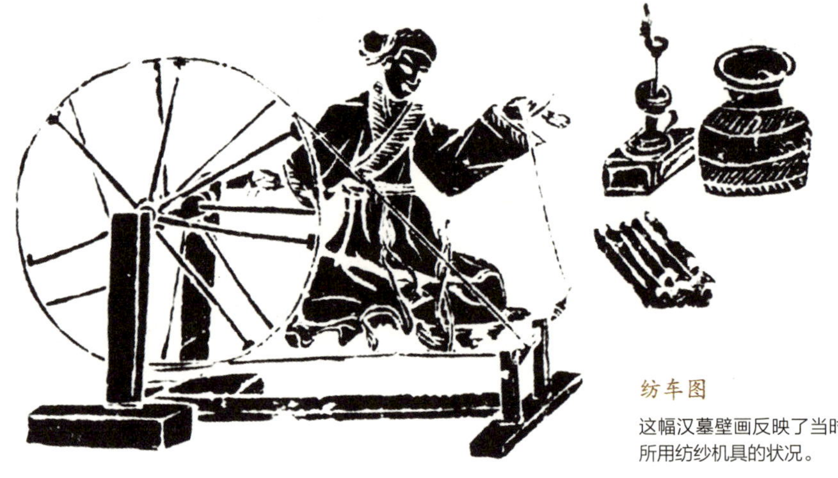

纺车图

这幅汉墓壁画反映了当时所用纺纱机具的状况。

陆车既便且省。纺机的效率不断提高，汉代的手摇单锭纺车一天能纺棉纱三到五两，脚踏纺车三锭也只七八两，纺麻五锭也不过两斤，而纺麻的大纺车一昼夜可纺一百斤。水转大纺车的发明，极大地提高了纺机效率，满足了宋元民间纺织专业户和大批量生产的需要，是纺织机械制造史上一个划时代的成就。在欧洲直到1769年才由英国人理查德·阿克赖特（Richard Arkwright）制造出水力纺机，建立了欧洲第一个水力纺纱厂。

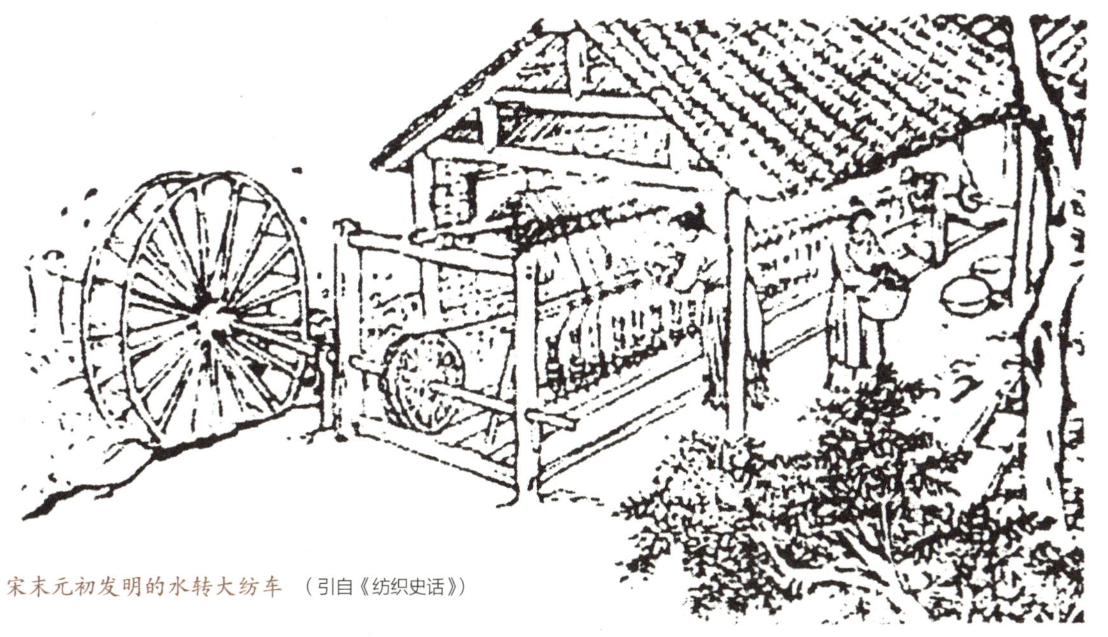

宋末元初发明的水转大纺车（引自《纺织史话》）

水转大纺车（模型）

第二节 织机和提花机

提花机，又称花机、花机子，是一种人力织造提花织物的机械，也是古代织造技术机械的最高成就。

1975 年，在浙江余姚河姆渡新石器时代遗址出土了原始织机的工具。这种原始织机叫踞机或腰机，距今已有六千多年，是世界上发现最早的原始织布工具。它是现代织布机的始祖，至今仍可在某些少数民族地区见到。在河南安阳殷墟大司空村的殷商王族墓葬中发现了几何图纹的提花织品“绮”；到了周代，已经能织造多色提花的锦，表明中国的原始织机到周代已发展为提花机械。

提花机装有分别升降各根经纱的提花机构，可用于织造复杂的大花纹织物。从商代使用手工提花法，发展为多踪多蹑及束综两种提花机。多踪多蹑提花机出现于战国时期。通常采用蹑（脚踏板）控制一综（吊起经线的装置）来织制花纹，为了织出花纹，就增加综框的数目，两片综框只能织出平纹组织，3～4 片综框能织出斜纹组织，5 片以上的综框才能织出缎纹组织。为织造复杂的、花形循环较大的花，多踪多蹑的花机逐步形成。据《西京杂记》载，西汉昭帝（前 86—前 74 年）末年，有巨鹿人陈宝光妻所织散花绫“机用一百二十蹑”，这样的多踪多蹑提花机织造起来十分繁琐，不能适应经济发展的需要。三国时曹魏（220—265 年）初年，扶风（今陕西兴平）的马钧以“旧绫机丧功费日乃思绫机之变”，将多踪多蹑提花机改革成十二绫蹑，采用束综提花的方法，既方便了操作，又提高了效率。这种提花机直到近代仍有使用。但从长沙马王堆汉墓出土的绒圈锦说明，汉初已使用束综提花机。到宋代，这种提花机已发展得相当完善，南宋楼琦《耕织图》、元薛景石《梓人遗制》及明代宋应星的《天工开物·乃服篇》均有记述。此时提花机的结构已相当完善，织造时一人高跨机顶专管提花，另一人司织，两人密切合作，完成复杂的手工操作。

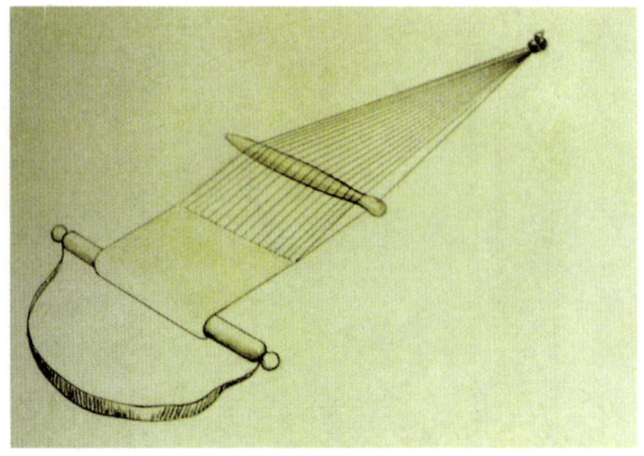

新石器时代出现的原始织机

至今仍可在某些少数民族地区看到。这是海南黎族妇女用原始织机织布的照片。

这种提花机自战国秦汉出现以来，直到 18 世纪末，始终处于世界领先地位。提花机经丝绸之路传入西方。2010 年“上海世博会”江苏馆还有陈列。

另外，在提花技术中最难掌握的要算结花本。花本是提花机上贮纹样信息的一套程序。《天工开物》中说：“凡工匠结花本者，心计最精巧。画师先画何等花色于纸上，结本者以丝线随画量度，算计分寸杪忽而结成之，张悬花楼之上。”就是说人们如果想把设计好的图案重现在织物上，得按图案使成千上万根经线有规律地交互上下提综，几十种结线有次序地横穿排列，作成一整套花纹记忆装置。

明代提花机 （引自《中华科技五千年》）

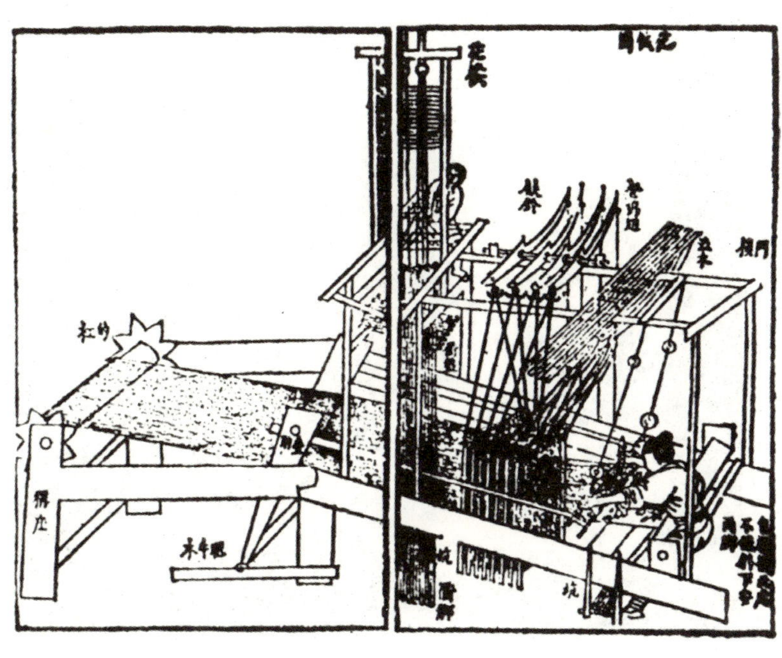

提花机图 （引自《天工开物》）

第九章
印刷术和古代印刷机械

印刷术和火药、指南针、纸，并称中国古代科学技术的四大发明。印刷术的发明表现在学术方面，表现在推动中国和全世界文明发展中起了巨大作用，其对社会的影响，非任何其他古代发明所能比拟。

第一节　雕版印刷

自秦代统一文字后，汉字发展迅速，东汉《说文解字》收字9353个，南北朝成书的《玉篇》收字2.2万余个。著作也越来越多，《汉书·艺文志》收各类著作14994卷，《隋书·经籍志》收50889卷，隋内府藏书37万卷。西汉末年中国已有人口近6000万，东汉仅太学生就有5万多。这么多人，这么多著作，这么多文字，在印刷术发明前，文化的传播主要靠手工抄写书籍，实在是麻烦得很。因此，印刷术在中国发明有其时代背景。

印刷术首先是雕版印刷的发明，根据《隋书》和《北史》等文献记载，雕版印刷发明于隋代（598—618年）的可能性较大，距今已有1400年左右的历史。西汉时期发明了纸，东汉时期出现了松烟墨，为印刷术的产生准备了物质基础；战国时期出现的铸铜印、琢玉印和拍印技术，西汉时期，成熟的印染工艺为雕版印刷提供了技术准备。印章、拓印、印染技术三者相互启发、融合，雕版印刷技术应运而生。雕版印刷起源

"牢阳司寇"铜印（战国）

于隋朝至唐初，唐初的印刷品已有出土。636—637 年唐太宗将其皇后的遗作《女则》刻印成书。1966 年在韩国庆州佛国寺释迦石塔发现的《无垢净光大陀罗尼经》汉译本，因其经文中有武则天称帝时期推行的制字，可定为武周时期（690—704 年）刻本。1907 年甘肃敦煌石窟中发现的一本印刷精美的《金刚经》，末尾题有唐“咸通九年四月十五日”等字样（868 年），这是目前世界上最早的有明确日期记载的印刷品。

“齐宫司丞”封泥（汉代）

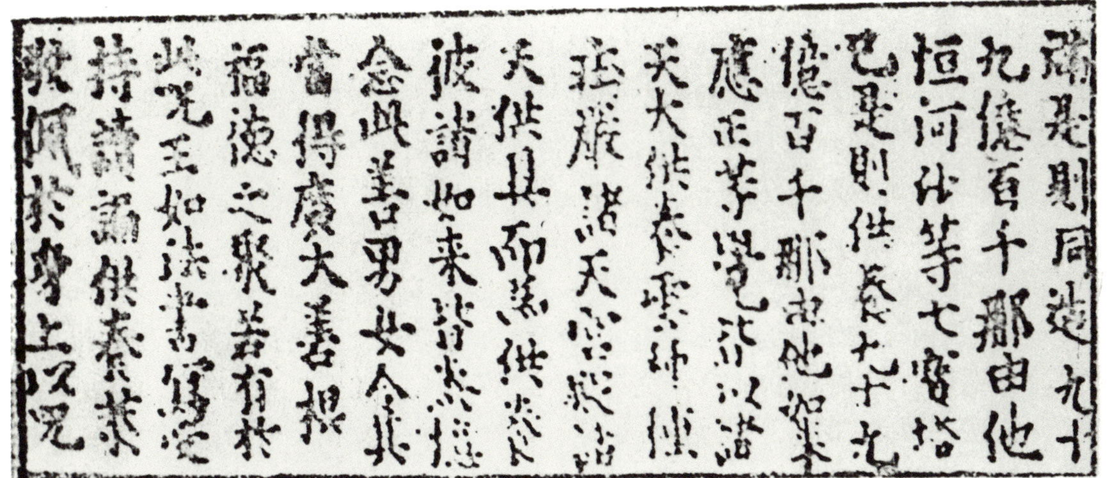

礙是則同造九十
九億百千那由他
恒河沙等七寳塔
也是則供養九十九
億百千那由他如來
應正等覺皆以諸
天大供養衆妙幢
莊嚴諸天寳衣諸
天供具而爲供養
彼諸如來皆悉攝
念此善男女人其
當得廣大善根
福德之聚若有於
此咒至如法書寫受
持讀誦供養恭
繫佩於身上以咒

无垢净光大陀罗尼经（局部复制品）

唐武周时期（690—704 年）的雕版印刷品。1966 年韩国庆州佛国寺释迦石塔内发现。

第二节　活字印刷

雕版印刷从出现到兴盛，经历了 4 个多世纪。11 世纪中叶，中国发明了活字印刷术。雕版印刷对文化的传播起了很大作用，但耗费人力、物力和时间，活字印刷正好避免了雕版印刷的不足。

用活字印刷这种思想，很早就有了。秦始皇统一全国度量衡，陶量器上用木戳印四十字的诏书，考古学家认为，这是中国活字排印的开始，但当时未能广泛应用。古代的印章对活字印刷也有一定启示作用。沈括在《梦溪笔谈》中记叙了布衣（平民）毕昇在北宋庆历年间（1041—1048 年）发明泥活字并用以印刷书籍的情况："庆历中，有布衣毕昇，又为活版。其法：用胶泥刻字，薄如钱唇，每字为一印，火烧令坚。先设一铁板，其上以松脂、蜡和纸灰之类冒之。欲印，则以一铁范置铁板上，乃密布字印。满铁范为一板，持就火炀之，药稍熔，则以一平板按其面，则字平如砥。若只印三二本，未为简易；若印数十百本，则极为神速。常作二铁板，一板印刷，一板已布字。此印者才毕，则第二板已具。更互用之，瞬息可就。"毕昇发明的这种泥活字印刷法，与雕版印刷比，工艺简单，使用方便，工效高，用材省，而且具备了制字、排版、印刷三个基本步骤，为近代活字印刷术的先驱。

毕昇发明的活字印刷，当时未得到推广，但却流传下来了。1965 年在浙江温州白象塔内发现的刊本《佛说观无量寿佛经》经鉴定为北宋元符至崇宁（1100—1103 年）年间的活字本。这是毕昇活字印刷术的最早历史见证。

清道光年间（1821—1850 年），安徽泾县翟金生根据《梦溪笔谈》关于泥活字的记载，制成泥活字 10 万多个，1844 年印成了《泥版试用初编》。近年，北京图书馆发现用泥活字印的书；1962 年于安徽徽州发现了翟式泥活字模。

毕昇泥活字版（模型）

古维吾尔木活字

公元 14 世纪初元代的遗物，它说明木活字印书法已被维吾尔人熟练掌握。

到了元代，农学家王祯创制木活字成功。皇庆年间（1312—1313 年），王祯撰有《木活字印书法》；他还发明了转轮排字盘，又叫“韵盘”，用简单的机械，增加排字的效率。

甘肃敦煌莫高窟内曾发现元代维吾尔活字。这是迄今发现的年代最早的木活字遗物，说明维吾尔人已熟练掌握木活字印刷术。

活字印刷的另一发展，是用金属材料制成活字，到明孝宗弘治年间（1488—1505 年），铜活字正式流行于江南一带。

中国的活字印刷术经由我国新疆传入欧洲，1450 年前后德国的谷登堡（J. Gutenberg，1398—1468 年）受中国活字印刷的影响，用铅、锡、锑的合金制成活字来印书，比毕昇要晚 400 多年。活字印刷术是世界印刷术史上最重要的发明，是中国对世界文明所作出的伟大贡献。

转轮排字盘（模型）

王祯研究制作的放置木活字的工具。排字者坐于两个转轮排字盘之间，木活字以音韵分类排列于字盘之上。拣字时转动字盘，依照稿本拣出所需木活字，排于书版之上。印刷完毕后，将活字还原在转轮排字盘上。这种转轮排字盘提高了拣排字效率。中国国家博物馆藏。

第十章
古代运输车辆

上古时代的运输，全靠手提、肩扛、背负、撬引完成。后来又以马牛驮运。随着生产发展、社会进步，产品交易不断增多，产生了对运输工具的需求，创造出滚木、轮与轴，最后出现了陆地运输车辆。原始的车轮没有车辐，这种车轮在汉、唐时代著作中称之为“辁”。夏代前后出现了无辐条的辁和有辐条的车轮。由辁到轮，车辆的行走部件发生了一次大变革，为殷代造车奠定了基础。商代，我国已经能制造相当高级的两轮车，且车轮有辐条，结构精致华美；周代采用了油脂作为轴承的润滑材料；春秋战国时期出现了高架车辆、巢车等新型车辆。1980 年出土的秦始皇陵铜车马，代表了当时车辆制造的最高工艺水平。汉代车辆种类很多，轺车是东汉时通用的交通工具，汉代马车上用的是先进的胸带式系驾法，当时欧洲采用的多

西周马车

这辆复原的车为独辕，一衡，四轭；轮大，车厢小，采用“轭式系驾法”，使四匹马曳引，可达到很高的速度。

铜轺车

东汉时轺车已是通用的交通工具。甘肃武威擂台汉墓出土。

晋朝牛车

双轮双直辕，仅有 9 个轮辐，辕在轮轴之上较高处，车体较小。山西太原北齐墓出土。

是效率较低的颈带式系驾，而采用胸带式系驾法要晚于中国6个多世纪。汉朝以后出现了采用齿轮传动的指南车和记里鼓车，汉魏时期盛行独轮车，晋朝盛行牛车。

第一节　秦始皇陵铜车马

秦始皇陵铜车马，公元前2世纪秦代制造，1980年出土于西安秦始皇陵墓西侧。

大型彩绘铜车马共两乘，一号铜车马是战车，二号铜车马是安车。车、马、驭手均为铸造成型，鞍上有金银错纹饰，均按1∶2的比例制造，造型完全与真实车马相同，制作精良，外形美观，神情生动。它的制作体现了2200年前中国古代劳动人民精湛的铸造、金属加工和高水平的组装技术，是中国机械史的瑰宝，被誉为世界奇观之一，影响巨大。

铜车马制造工艺复杂，技术水平高，反映了秦代高度发达的车辆配置，更展示了精湛的铸造工艺、金属加工工艺和连接组装工艺。如热加工工艺方面，车辆篷盖的铸造，一号车的车篷盖面积很大，长178 cm、宽129.5 cm，但厚不足4 mm，而且是拱形，形状复杂，其铸造极为困难，但成功地解决了这一难题，说明当时铸造水平之高。冷加工工艺，应用了钻、凿、锉、磨、雕刻等加工方法，做工精致。组装工艺，铜车马很复杂，仅二号车马就有3462个零部件（包括金银制零件1720件），采用了铸接、焊接、嵌接、插接、铆接、销接、活绞页连接及过盈配合等多种工艺，展示了很高的工艺技巧。

它的制作过程的标准化，反映在设计、取材、工艺各个方面的要求都极为严格。秦陵铜车马出土的零件误差都很小。主要零件都经过精铸、连接、修补、打磨、抛光大致相同的工艺过程，保证零件尺寸误差及表面粗糙度都很小。估计当时对零件的质量有明确要求，具备一定的工艺装备和生产技术及检验制度，保证

秦始皇陵铜车马（战车）

秦始皇陵铜车马（安车）
安车前驾四马，单舆双轮，顶上有椭圆形车盖，秦始皇出游时乘坐。

了机械设计标准化的实施。铜车马设计的标准化也体现在所用材料上。铜、锡、铅等主要材料的成分配比都符合《考工记》中有关要求；有关零件均按不同要求选择适当材料配比。

秦始皇陵铜车马，其结构设计合理、制作工艺精良、质量管理严格，是科技史上震惊世界的杰出成果。

指南车（模型）
指南车利用齿轮传动原理保持原定所指方向不变，又叫定向车。三国魏明帝时（227—239 年）马钧造出了指南车。此后指南车成为皇帝仪仗的组成部分。

第二节　指南车和记里鼓车

指南车

指南车的结构有两种可能，利用机械系统之定向性或磁铁的指极性。其出现时间有多种说法：西晋崔豹《古今注》及《志林》等古籍说，黄帝与蚩尤作战，造指南车为雾中士兵引路；《西京杂记》认定指南车最早出现在西汉；《魏略》认为指南车是三国时马钧的发明。长时期以来传说指南车是黄帝时期的发明，但现今研究认为中国磁铁的发现时间为

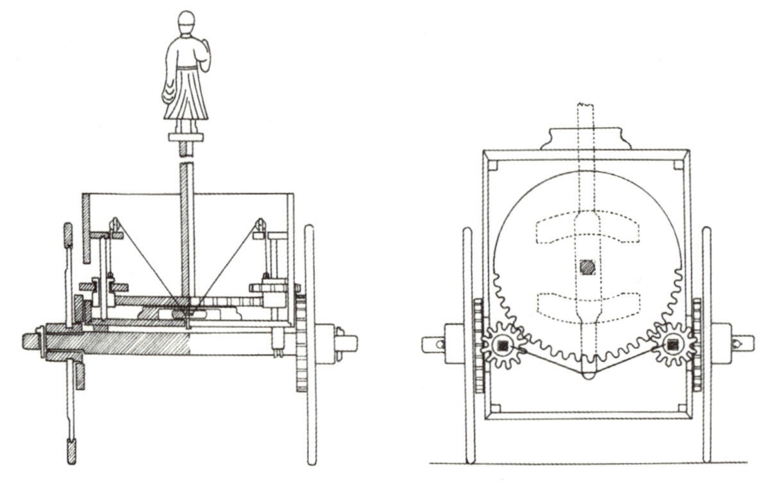

公元前3世纪，与五千多年前黄帝发明指南车，时间上有很大矛盾。现今的指南车（包括宋代的指南车）是齿轮传动并配有自动离合装置，依靠齿轮传动系统及离合装置来指向，此种指南车出现应在齿轮出现之后。西汉时出现了金属齿轮，而木齿轮的使用当更早些。因此，最早西汉时出现指南车比较可信。指南车起源很早，古代多次复制，但均未留下资料，直到宋代才有完整的资料。

记里鼓车

西汉时出现记里鼓车。车中装有减速齿轮系统和凸轮杠杆等机械设置。利用车轮的转动，带动齿轮传动，变换为凸轮杠杆作用，使木人抬手击鼓，每行走一里击鼓一次，自报里程，与现代车辆上的里程表相似。

指南车与记里鼓车是姐妹车，它们同为皇帝出行时的仪仗车。指南车以简单的结构，就

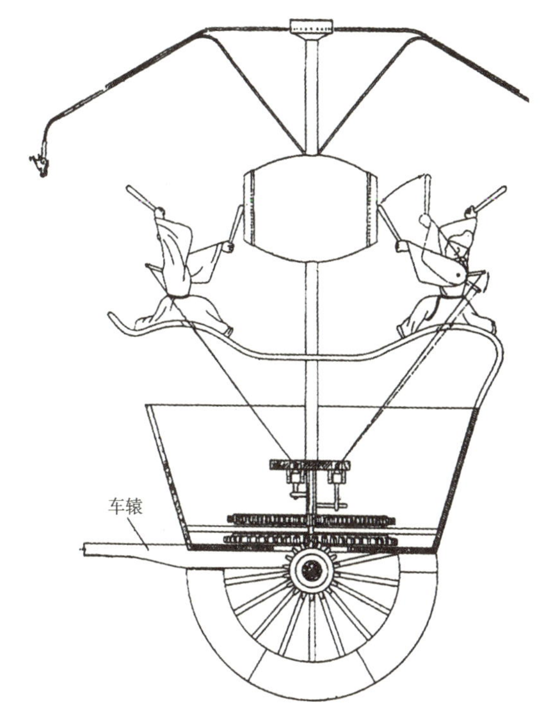

记里鼓车

车中装减速齿轮系和凸轮杠杆等机构。能自报行车里数，是近代里程表的先驱。

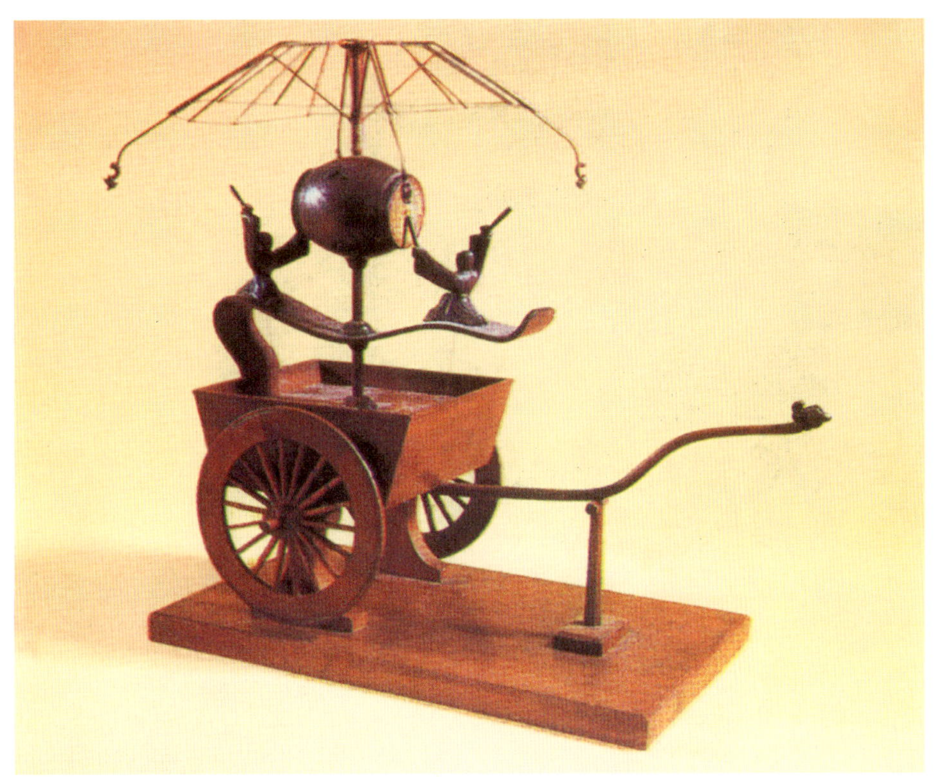

能使木人的手臂始终指向南方，关键在于传动机构或连或断的设计；记里鼓车有一套减速齿轮系，始终与车辆同步转动，再经过传动机械，令木人击鼓以计所行里程。我国古代的指南车及记里鼓车是古代巧妙的自动化机械系统，构思灵巧，构造相当复杂，它体现了我国机械制造的高度水平，是我国古代机械制造技术的杰出代表。

第三节 木牛流马——古代的独轮车

根据《蒲元别传》的记载，诸葛亮率蜀汉军队伐魏时，为运军粮，由蒲元创出适用山地小道的木牛流马。关于这种运输工具的构造，后人说法大致有四：一是认为木牛流马是独轮车；二是认为是奇异发明，是“机器人”；三是认为木牛是独轮车，流马是四轮车；四是不明确木牛流马是什么。

现在经过考证研究，较多的学者认为是一种木制的独轮车。有适合于山地小道行走条件的结构设计特点，如车斗物料的装载使全车重心低；推送的结构方便省力；便于山地的刹车。独轮车盛行于汉魏时期，在当时是一种既经济又应用广泛的交通工具，在交通运输史上是一项十分重要的发明。

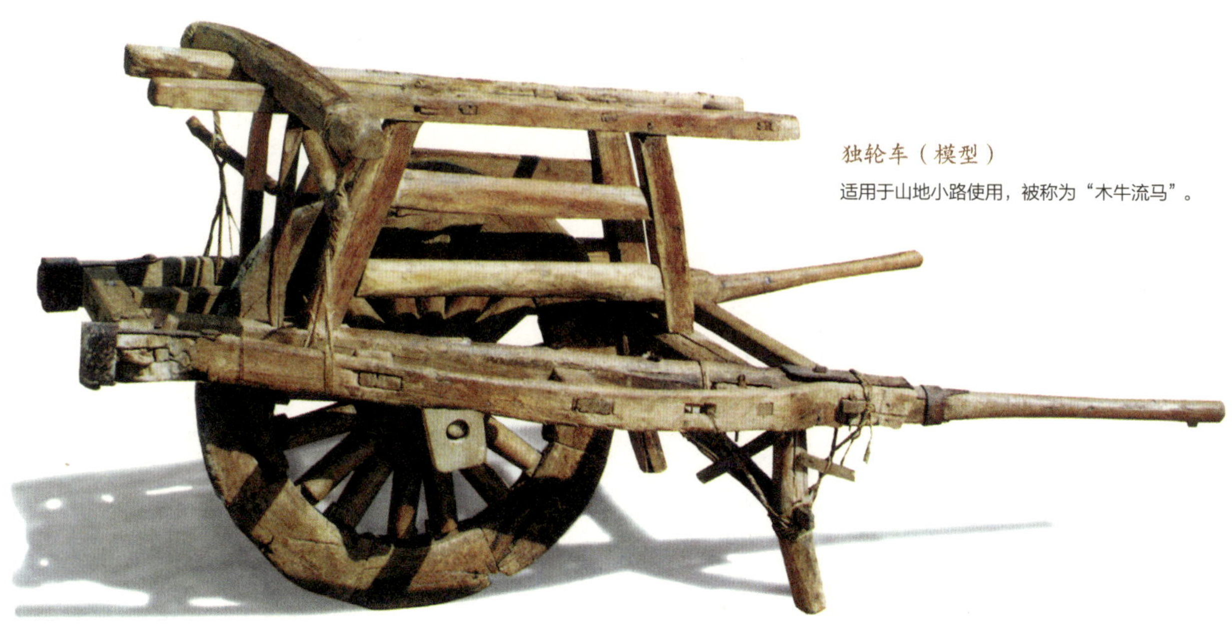

独轮车（模型）

适用于山地小路使用，被称为“木牛流马”。

第十一章

古代船舶

中国是造船历史最悠久的国家之一，商周时期已经完成了从独木舟演变为木板船的转变。秦汉时期是中国船舶发展的一个重要时期，主要体现在两个方面：一是船舶制造向大型化发展。《后汉书·公孙述传》载“十层赤楼帛兰船”，即用帛装饰的高十层巨型楼船；《史记》卷三十也记有“治楼船，高十余丈”。这反映了当时造船技术已达到较高的水平。二是船舶设施不断完善提高，有许多突出成就，长期领先于世界。如船尾舵，在汉代出现，比西方早4个世纪。橹，出现于西汉初期或更早。水密隔舱，有记载公元5世纪初晋代卢循（？—411年）造槽舰，就是8个不漏水的舱（水密隔舱）。1973年6月在江苏如皋出土了造于唐代（649年）的九舱水密舱运输船。水密隔舱直到19世纪早期才传到欧洲，为世界各国采用。风帆在中国的出现不会迟于商代（古埃及可能在公元前3100年出现帆，比中国早1500年）。大型船舶的制造，高效率推进工具橹的出现，控制方向的船尾舵的出现和充分、灵巧利用风力的帆的使用，说明我国古代造船技术到汉代已经成熟了。

中国古代造船技术的特点是能创造出可以适应各种环境、不同性能要求的优良船型。例如：周代的方舟，是一种双体船。战国时期的舫船，也是一种稳性高的双体船。汉代的楼船非常高大雄壮。晋代卢循造八槽船。南北朝时期祖冲之（429—500年）造千里船，日行百多里。唐代李皋（733—792年）造桨轮船（即明轮船）是船舶技术上的一次重大进步，欧洲直到十五六世纪才出现，我国比之要早七八百年。唐代的宁波船，远航日本。其后宋代、明代的造船技术进一步发展，郑和七下西洋的宝船，达到木船制造的高峰。

沙船

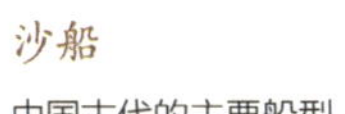

中国古代的主要船型。

福船
中国古代的另一种船型。

第一节　主要古船船型

中国木船船型十分丰富多样。到 20 世纪 50 年代有千种左右。古代航海木帆船中的沙船、乌船、福船、广船是很有名的船舶类型，尤以沙船和福船驰名中外。

吴国大翼战船

春秋时代各诸侯国之间的兼并战争激烈而频繁，其中江南水战推动了造船业的发展。吴国的战船有大翼、中翼、小翼三种，另外还有楼船、突冒、桥船等。大翼战船长 27.6 m，宽 3.68 m，可容战士 26 人，棹（卒）50 人，舳舻 3 人……共计 91 人。

汉代楼船

《史记》卷三十记有："治楼船，高十余丈，旗帜加其上，甚壮。"汉代兴起的楼船主要特征是具有多层上层建筑。汉代楼船的形制是：甲板之下为舱，供棹卒划桨之用；甲板上的战卒

汉代战船（模型）
汉代已建成比较完备的水军。

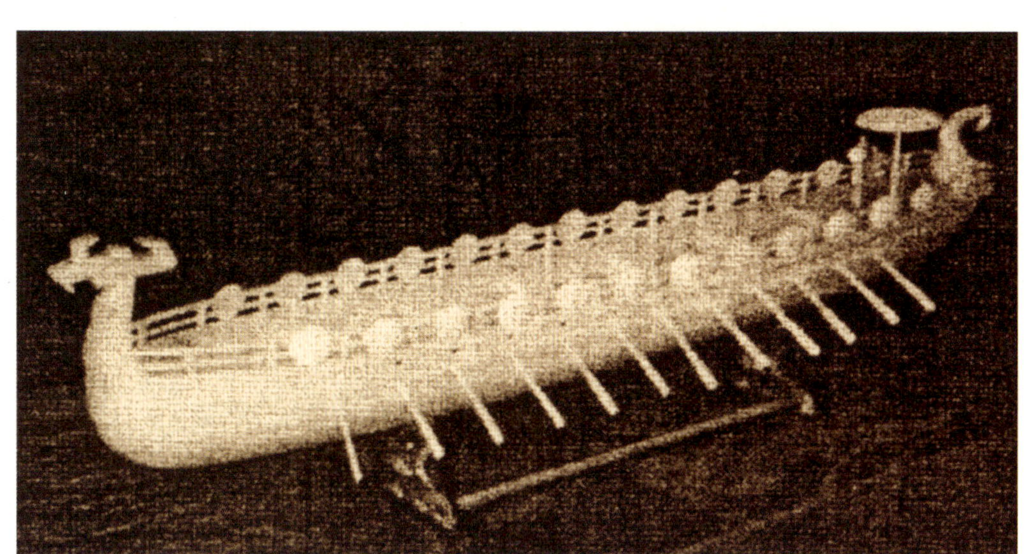
春秋吴国的大翼战船（模型）

持刀剑，在短兵相接时作接弦战，舷边设半身高的防护墙，称为文楼，甲板上女墙之内设置第二层建筑即为庐，庐上战卒持长矛，有居高临下之势；再上有第三层建筑为飞庐，弓弩手藏此，是远距离的进攻力量；最高一层为爵室，正如现代的船桥，为驾驶室或指挥室。

隋代五牙舰（模型）

隋代五牙战舰

《隋书·杨素传》记载："素居永安，造大舰，名曰五牙。上起楼五层，左右前后置六柏竿，容战士八百人……"五牙舰舰长 54.6 m、型宽 15 m、甲板宽 16 m、型深 4m、吃水 2.2 m。该舰建造于 1400 年前，是总长为 55 m 的大舰，当然了不起。

唐代车轮战舰

唐代的李皋（733—792 年）对车轮战舰的发展起了承前启后的作用。魏、晋、南北朝时期，车轮船出现，文献中的"水车"出现，至宋代获得空前的发展。关于李皋造这种船，《旧唐书》、《新唐书》都有记载，清代《古今图书集成·经济汇编·戎政典》载有车轮舸图。

在欧洲，车船的第一次试验，是 1543 年在巴塞罗那进行的，晚于中国约千年左右。李约瑟对李皋的技术成就很重视，他在 1964 年的《科学与中国对世界的影响》一文中提及。

车船（引自《古今图书集成》）

以桨轮为推进器的明轮船，又称轮船、车轮舸，由桨船发展而来。李皋所制车船是由人力踏动的。与桨船相比，车船实现了连续推进，可提高航速。

唐代宁波船

唐朝（618—907 年）在中国历史上是极其昌盛和强大的，与阿拉伯国家、日本往来密切。唐代中国远洋航行的海船，以船身大、容积广、构造坚固、抵抗风浪力强而著称。在 9 世纪中叶，往来于中国和日本之间的，大体上唐船，从宁波航行到日本嘉值岛，中国商船仅用 3 天时间。

第二节 郑和宝船

明成祖永乐三年（1405 年）至明宣宗宣德八年（1433 年），郑和七次下“西洋”，十多年间访问了 30 多国，在世界航海史上写下了光辉的一页。每次出动船舰 100～200 艘，其中宝船 40～60 艘，共载 27000 多人。

唐代宁波船图 （原画藏日本）

郑和航船的船型有五种：一为宝船，9 桅，长 44.4 丈、阔 18 丈；二为马船，8 桅，长 37 丈，阔 15 丈；三是粮船，7 桅，长 28 丈，阔 12 丈；四为坐船，6 桅，长 24 丈，阔 9.4 丈；五为战船，5 桅，长 18 丈，阔 6.8 丈。经中国航海史研究会召开的郑和宝船模型审定会审定，采用在福建出土的雕花黑漆木尺，比值为一尺等于 28.3 cm 来换算，宝船总长为 125.65 m，宽 50.94 m，长宽比为 2.466，型深 12 m，吃水 8 m，计算总排水量为 14800 t，载重量约在 7000 t 以上。宝船舵杆长 11.07 m，是最大的沙船。“(全舟）体势巍然，巨无与敌，篷帆锚舵，非二三百人莫能举动”。航行时，“维梢挂席，际天而行”。宝船载人超过千人。其船体规模，真可谓旷古盖世。牛津大学出版社于 1994 年出版的《中国曾控制公海——1405—1433 年期间的宝船队》一书，其第一章刊有美国作者 J. 阿德金斯（Jan Adkins）所谓“郑和宝船与哥伦布旗舰圣·玛利亚号的对比图”，两者在尺度与规模上的对比，何其明显与生动。

郑和宝船（模型）

郑和下西洋所乘帆船。《西洋番国志》称它“体势巍然，巨无与敌”。据推断，该宝船属沙船型。

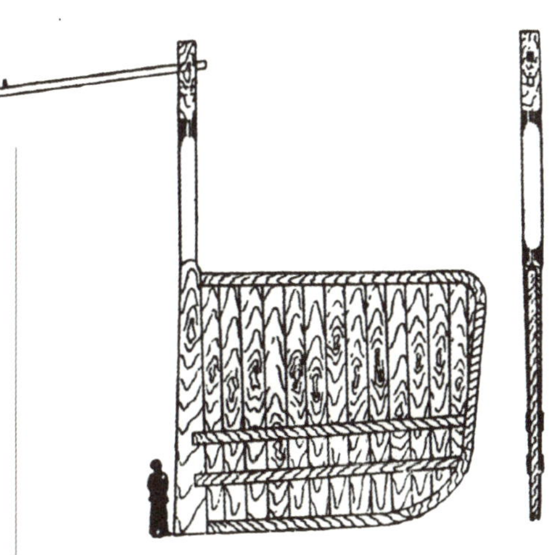

宝船厂舵复原图 （据周世德）

舵叶高 6035 mm、宽 7041 mm，面积为 42.5 m^2。也有学者认为"舵面积过大，又呈方形，则舵杆扭矩太大，人力无法操作。11.07 m 舵杆，最大只能配高 6 m、宽 2.8 m、面积 16.8 m^2 的舵"，"这根舵杆只能配十七至十八丈的船"。

郑和下西洋仿古宝船　2006 年在南京落成。

郑和宝船与哥伦布旗舰的对比

（引自 J. Adkins）

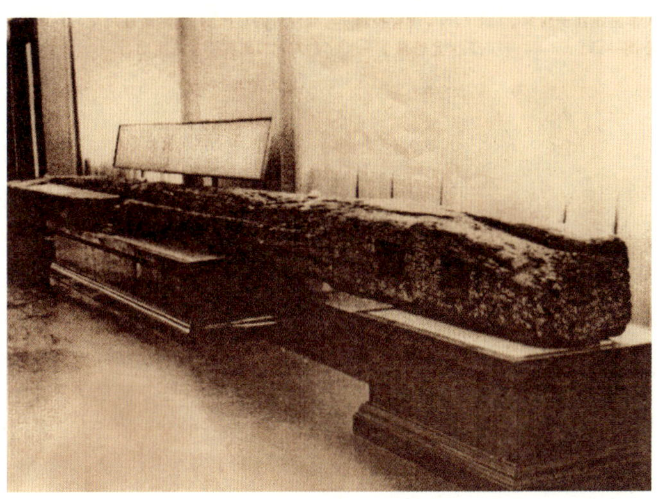

明代木舵杆

1957 年南京市文管会在明代宝船厂遗址发现的长度为 11.07 m 的铁力木舵杆，现收藏于中国国家博物馆。

第三节 舵、橹等船上设施

中国发明的船上设施，除桨、帆、桅、碇等的不断成熟并定型外，最具有划时代意义的是舵和橹的发明及应用。

舵

舵是操纵与控制航向的工具，中国是世界上最早发明船尾舵的国家。舵的发明，同航海罗盘一样，是水运事业的一大进步。舵的出土文物最早见于东汉（25—220 年），但从相关文物看，最早出现在西汉（前 206—25 年）。1976 年广西贵县罗泊湾西汉一号墓中出土的铜鼓，上刻的龙舟竞渡纹饰，该舟已装有舵和碇（系泊工具，早期叫作碇，现代叫作锚）。1983 年广州南越王墓出土的一个铜提梁，上刻绘有 4 艘大船，船上有舵，其时代当在西汉前期。由此推断，舵最先是由两广地区发明的，年代应在西汉以前。到公元 1—2 世纪的东汉，舵的使用已较为普遍。1954 年广州一个东汉墓葬中出土的陶船模型，已经有一个较为成熟的舵装置。

在西方的一些船舶发展史著作中，认定最早的舵出现在 1242 年，在中国这一年是南宋淳祐二年。此时中国不仅普遍使用了舵，而且已经采用了现代意义的平衡舵。文物和文献都证明，中国舵的发明和应用，大约早于西方 1000 年，这是不争的事实。

西汉铜鼓龙舟竞渡纹饰

广西贵县出土。

铜提梁上刻的船及舵纹饰

广州南越王墓出土。

广州东汉带舵陶船（模型）

橹

在长沙出土的西汉船模上已经有橹。汉末刘熙撰《释名·释船》著作记载，并有诠释，表明至迟在公元前1世纪的西汉初期或稍前，橹已经出现，距今已有2000多年，有着“一橹三桨”的说法，意即橹的效率相当于桨的三倍。这种结构简单而又轻巧的船舶推进装置，是中国人在造船和航行技术上的一项带有突破性的杰出发明，也是中国对于世界造船和航行技术的一项重大历史贡献。橹的效率高是由于橹在水中以较小攻角滑动时阻力小而升力大，再加上橹对船是从桨的间歇推进到连续推进，而且有操纵船舶回转的功能，一直到现在仍为科技史学者所称道，甚至有人称它“可能是中国古代发明中最科学的一个”。现代广为应用的螺旋桨推进器，它的不间歇做旋转运动的叶片，实际上与水中滑动的橹板相似。螺旋桨的发明和改进，虽不能说源于橹，但其作用原理是一致的。

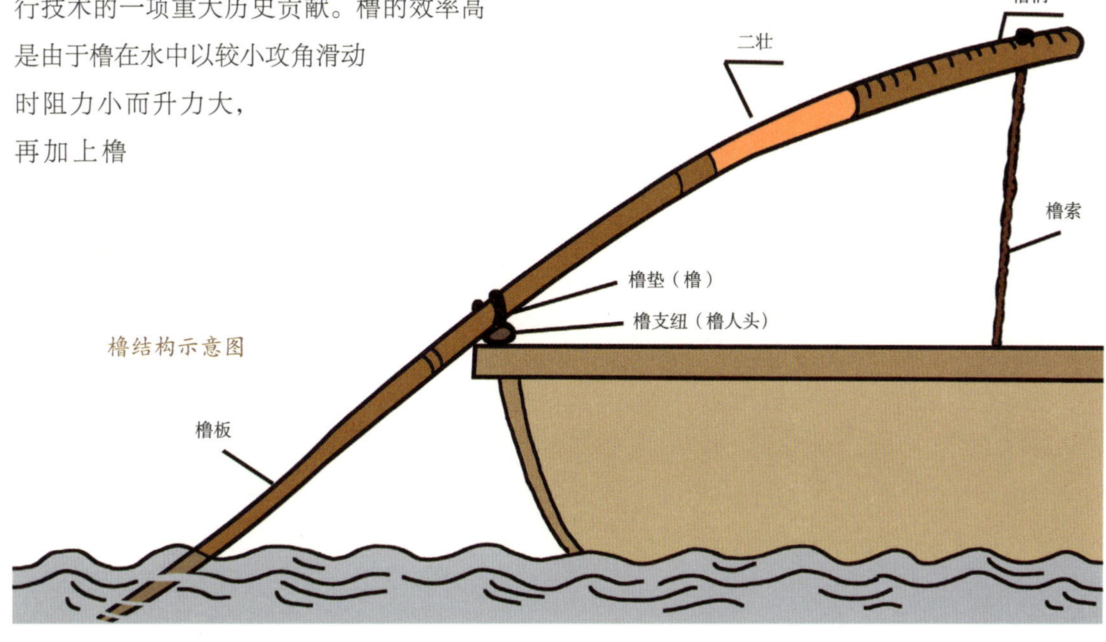

橹结构示意图

第十二章
古代日用器物

第一节　透光铜镜

中国古代造镜技术非常发达，并且对各种镜子成像原理有深入的研究。早在公元前11世纪前（商代末期），中国就已经使用铜镜。到了秦汉以后，铜镜更是得到进一步发展。中国古代铜镜至今仍旧被人们看作世界文明史上的珍品，特别是其中有2000多年历史的西汉透光镜，更引起人们极大兴趣。这种青铜制镜，它的镜面与普通铜镜一样可以照，但若将镜面置于日光下反射日光，镜背面的图案文字悉映于墙壁，就像光线能够透过金属镜面，把背面的图案文字反射出来一样，故称“透光镜”。因为这一奇特现象，又被称为“汉代魔镜”。为了解开“透光镜”之谜，国内外花了几百年的时间进行研究探索，直到近代才发现，在铜镜铸造冷却与镜面研磨加工过程中所产生的铸造应力和弹性应变，使镜面发生肉眼不易察觉的和镜面纹饰相对应的变形，通过光程放大作用，产生了对应于镜背图案的明暗透光效应。这充分说明了中国古代高超的制镜技术和对光的反射特性的深刻认识。

西汉透光铜镜

镜背铭文“见日之光，天下大明”。现藏上海博物馆。

第二节　长信宫灯

河北满城汉墓窦绾墓出土的西汉长信宫灯，以宫女执灯造型，其右臂高举过灯，巧妙地起到烟道的作用。宫女形象生动真实，设计整体精巧，通体鎏金更为之增色，是一大特色。这

长信宫灯

种鎏金技术至迟始于战国时代，它是把液态汞金齐涂布于铜银等器物的表面。再经加热烘烤，令汞挥发而使金均匀地附着其上的工艺。长信宫灯至今仍金光耀目，足见西汉时鎏金技术之精湛。

第三节　被中香炉

《西京杂记》卷一记载，西汉末年（公元 1 世纪）长安巧工丁缓制造“被中香炉”（银熏球），并说“被中香炉本出房风，其法后绝”。可知丁缓不是最初的发明人，房风何许人，已不可考，但据此可知，最晚汉代已有被中香炉。陕西西安唐代遗址曾出土制作精美的被中香炉实物。

被中香炉利用回转仪原理制成，是世界上已知最早的常平支架装置。其构造精巧，无论球体香炉如何滚动，其中心位置的半球炉体都能始终保持水平状态。被中香炉镂空球内有两个环互相垂直，而可灵活转动，炉体可绕三个互相垂直的轴线转动。它是现代航天、航空、航海广泛应用的陀罗仪的始祖，是这些行业不可或缺的重要仪器。《西京杂记》的记载，表明陀罗仪在 2000 年前的汉代已在中国出现。而在欧洲直到 16 世纪才出现常平支架装置，相距 1500 年。

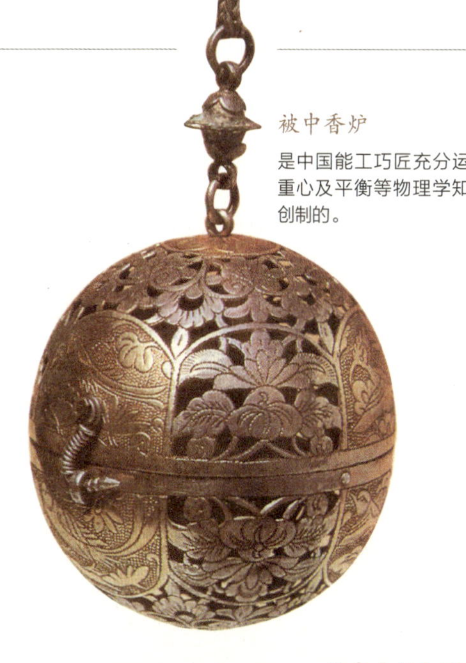

被中香炉

是中国能工巧匠充分运用重心及平衡等物理学知识创制的。

被中香炉打开图

第四节　走马灯

走马灯利用热气流上升来推动叶轮转动，与现代的燃气轮机的基本原理是相同的。显然，走马灯已具有燃气轮机雏形。

据宋代的记载推断，走马灯的发明不晚于公元1000年左右的唐代。在《乾淳岁时记》和《武林旧事》中，以“马骑人物，旋转如飞”来形容“影灯”，影灯是走马灯的原名，《明皇杂录》记载“上在东都遇正月望夜，移仗上阳宫，大陈影灯”。

走马灯

是根据热学原理制造的极具观赏性的灯饰。它的上部有平装的叶轮，叶片沿一个转向斜置，立轴上挂装压纸剪成的骑马人物等。底板上的蜡烛点燃后，上升的热气流推动叶轮旋转，剪纸的影子映射在灯笼上，“奔驰马骤，团团不休”，颇具情趣。

第五节　喷水鱼洗

古代称“洗”的东西，形状颇似今天的洗脸盆，有木洗、陶洗和铜洗。盆里刻鱼的称鱼洗，刻龙的称龙洗。这种器物在先秦时期已在人们生活中普遍使用。然而，在唐宋年间出现一种能喷水的铜质鱼洗，一般称它为喷水鱼洗。

喷水鱼洗，内底饰四条鱼纹，鳞尾毕具。洗里盛水后，用手沾水摩擦它外廓上的雨弦（双耳），立即发出响亮的嗡嗡声，继而盆里出现浪花，盆内底部所刻四条鱼的口沟处水珠四溅达尺余。摩擦越快，声音越响，波浪翻腾。这种奇妙的鱼洗曾多次在国内外展出，引人注目。这种器物的振动实为板振动，振动过程类似圆形钟的空气振动。表现中国古代人聪明才智的是，鱼洗中四条鱼的口须（又称喷水沟）总是刻在鱼洗基频推动（四节线）的波腹位置。这证明，古代工艺师了解掌握圆柱形壳体的基频振动，它的效果是能引起鱼在跳跃的错觉。这样一个小小的器皿，却能把科学技术、艺术欣赏和思辨推测三者结合在一起，不能不令人惊叹中国古代劳动人民深邃的智慧和精湛的技艺。

喷水鱼洗

当用手掌蘸水摩擦鱼洗的双耳时，盆内水面会出现振动花纹，盆内底部所刻的四条鱼的口沟处水花喷溅达尺余。鱼洗亦发出震耳的嗡嗡声。

第十三章

古代大型铜、铁铸件

大型和特大型铸件的制造，体现了隋唐五代和宋元时期中国金属铸造业的生产规模、高超的铸造技术和工艺水平。

晋阳铁佛　隋代曾在晋阳（现山西临汾）铸成铁佛，高 70 尺（唐代 1 尺约合 0.306 m），约 21 m。

唐代天枢　唐代武则天天册元年（695 年）在洛阳铸造天“枢”，高 105 尺，用铜铁 200 万斤。

正定铜佛　隋开皇六年（586 年）建正定龙藏寺（现名隆兴寺）并铸像，后毁。宋开宝四年（971 年）重铸，总高 22 m，重约 50 t，铸造时用三千多人，分 7 段铸接。铸有 42 臂，故称千手千眼佛。

沧州铁狮　后周广顺三年（953 年）铸。通高 4.8 m，加上足高 0.5 m，共达 5.3 m；长 8 m，宽 3 m 许。约重 40 t。它是分段接铸而成，各段铸范共 409 块，泥芯是整体的。

当阳铁塔　位于湖北当阳玉泉寺，铸于宋嘉祐六年（1061 年）。塔呈八角形，高 17.90 m，分 13 级，总重 10.6 万多斤。塔体分段铸造，由 44 个构件叠装而成。塔之各层尚铸有仪态不同的佛像。

永乐大钟　明永乐十五至十九年（1418—1422 年）间铸制的大铜钟。初悬于汉经厂，清雍正时移至北京西郊觉生寺（今大钟寺）。通高 6.75 m，口外径 3.3 m，钟唇厚 0.185 m，总重约 46.5 t。用多个熔炉同时熔炼铜合金，一起浇铸。钟体内外满铸 23 万字的《华严经》、《金刚经》等。字体刚健雄劲，字迹清晰。大钟合金成分为铜 80.54%、锡 16.4%、铅 1.12%。

正定铜佛

位于河北正定隆兴寺。初建于隋开皇六年（586 年），后毁，宋开宝四年（971 年）重铸，高 22 m。铸有 42 臂，故称千手千眼佛，后铜臂毁坏，改用木臂。

泥型铸造，大钟外范分七层，钟体与蒲牢分铸。其声洪亮，可闻数十里，是世界铸字最多的钟，也是世界巨型古钟之一。

武当山金殿 明成祖永乐十三年（1416年）铸制，仿木结构建筑，它用铜合金铸成各个构件，再以榫卯装配。除门扇外，通体鎏金，为现在最大的铜建筑物。

永乐大钟

现存于北京大钟寺，高6.75m、口径3.3m，重约46.5t。钟体内外铸有经文23万字，材质为青铜。

沧州铁狮

铸于后周广顺三年（953年），约重40 t。

武当山金殿

位于武当山天柱峰顶。为现存最大的铜建筑物。除门扇外，通体鎏金。

当阳铁塔

铸于宋嘉祐六年（1061年），高17.90 m，总重10.6万多斤。

第二篇

中国近代机械史

■ 晚清（鸦片战争）至中华人民共和国成立（1840—1949）

第一章
中国近代机械工业的诞生

1840年鸦片战争爆发，帝国主义的炮舰轰开了中国的大门。愚昧自大的清王朝被迫认识到自己的落后，开始建设近代机械工业。建立近代机械工业（主要是兵器制造）是“维新运动”的主要内容。

鸦片战争（1840—1842年）后，中国机械工业诞生。这个时期诞生的中国近代机械工业，从一开始就具有明显的半殖民地、半封建社会的特点：中国最早使用动力的机械工厂是随着外国侵略军而来的外商经营的船舶修造厂；中国人自己创办的机械工厂，最早是清政府的军火工厂；中国民族资本创办的机械工厂一直处于帝国主义、封建主义和官僚买办的压迫之下。

1840—1949年，由晚清到中华人民共和国成立的100余年，中国机械由传统的手工作坊式小生产逐步向使用动力机器的生产方式发展，经历了诞生、发展和向现代机械工业的过渡，道路崎岖，创业维艰。

第一节　19世纪40—60年代英美商人在我国建立船舶修造厂

1841年英军占领中国香港，英国人纳蒙随即在中国香港建立船坞，这是外国人在中国经营的第一家机械厂。

鸦片战争结束后，1842年8月，中英《江宁条约》规定五口（广州、福州、厦门、宁波、上海）通商，帝国主义各国先后取得沿海和内河航行权，为适应航运发展的需要，外商在中国建立船舶修造厂。1845年，英国大英轮船公司（Peninsular and Oriental Steam Navigation Company）职员J.柯拜（John Couper），在广州黄埔建立柯拜船坞（Couper Dock），为有浮闸门的石坞，船坞水泵用蒸汽机带动，是当时远东首个石坞，具备承修当时世界一流船舶的能力。柯拜船坞是外资在中国内地经营的首家机械工厂。

1843年，上海开港后，很快取代广州成为中国对外贸易中心，外商在上海建立起一些船舶修造厂。19世纪50年代末英商A.密契尔（A. Mitchell）建立上海第一家外商修造厂浦东

柯拜船坞　1861年重建。

录顺石船坞　1861 年建成。

船厂（Pootung Dock）；1852 年美商在上海建立伯维公司修造船舶。

19 世纪 60 年代末，外商在东南沿海口岸建立了 22 家船舶修理厂，雇用中国工人达 9000 人。

第二节　清政府设立近代军工企业的早期探索

清政府为了维护其政权和抵抗外国侵略的需要，着手建立自己的军事工业，19 世纪 60 年代开始的洋务运动，建立军事工业是其主要内容之一。

安庆内军械所

安庆内军械所是由清政府洋务派曾国藩创办的中国第一座仿造西洋船、炮的机械工厂，系中国近代自行创办的第一座机械厂。清咸丰十一年（1861 年）秋，湘军攻陷安庆，清同治元年（1862 年）即兴办安庆内军械所，下设火药局以制造炸炮和子弹；设火药库以试制炮弹为主；设造船局主要试制火轮机（蒸汽机）和火轮船。由于曾国藩建所目的之一是“师夷长技以制夷”，所内“全用汉人，未雇洋匠”，各道工序主要以手工操作完成，但已是一个初具规模、有分工的手工工厂。由于缺乏机器设备，他命容闳赴美购置机器设备。由徐寿、华蘅芳等主持，1862 年 4 月 30 日试制成功中国第一台小型蒸汽机（用现代眼光衡量，实际为一台蒸汽机模型），意义重大，给曾国藩以巨大鼓舞，决定“开始为小火轮之制造”。1864 年试制的小火轮试航成功。

1864 年 7 月 19 日清军镇压太平天国攻陷南京后，该所迁南京改称金陵内军械所，1865 年后与外军械所合并改称金陵兵械所。徐寿、华蘅芳等在此自行设计和用手工制造了中国自制的第一艘大型轮船“黄鹄”号。

安庆内军械所的建立，有重要的历史意义，它不仅是中国第一家军事工业企业，从手工制造进入机器制造时代，而且推动了整个近代机械工业的发展。

苏州洋炮局（又名西洋机器局）

苏州洋炮局的前身是松江洋炮局（又名上海洋炮局），创设于1863年4月，是李鸿章所部淮军中的一个随军修械所；1863年12月4日李鸿章镇压太平天国攻陷苏州，1864年1月6日随军移驻苏州，更名苏州洋炮局。苏州洋炮局的主要机械设备是购自被清政府遣散的“阿思本舰队”的制造及修理武器的机械设备，在当时是比较先进的。1864年7月19日清军攻陷南京，1865年5月李鸿章继曾国藩（派去镇压捻军）任两江总督。李鸿章将苏州洋炮局的一部分（英人马格里主持的西洋机器局）迁往南京，并入金陵制造局；另两部分（副将韩殿甲局和苏松太道丁日昌局）以后迁往上海成为江南制造总局的一部分。

第三节　民族资本经营的最早一批民营机器厂

19世纪60年代后，为适应洋务运动逐渐拓展的需要，民族资本经营机械工业开始兴起。

1866年方赞举在上海创办的发昌钢铁机器厂，是中国民族资本创办较早的机械厂，后发展成为早期上海最大的民营机器厂，1900年被英商耶松船厂兼并。同期还有广州陈联泰机器厂、上海甘章船坞等；1880年前后，上海均和安机器厂等相继开办，是中国最早的一批民办机械厂。这些厂创办时，一般只是一个铸造和小量修配船用零件的手工作坊，以后才逐步采用机器生产。如上海发昌厂开办时是一个手工打铁作坊，1869年开始使用车床，1876年开始制造“小火轮”。1872年开办的汉阳荣华昌翻砂厂，是中国最早的专业铸造厂。

第二章

晚清、民国北洋政府时代的中国机械工业

这一时期，外商、清政府军工和民办机械工业企业都有一定发展。

第一节　外商经营的机械厂和洋行垄断中国机械市场

据统计，1908 年外商经营的 34 个主要机器厂中（船舶修造厂 28 家，占 82%；铁路车辆工厂 3 家，占 9%），英国人经营的占 2/3。上海耶松船舶公司（上海造船厂前身）为英商在华最大投资企业，其资金超过当时中国全部民族资本机械工业资金总和的 4 倍；广州黄埔船坞公司兼并了港穗各船厂，分别垄断了上海和中国南方修造船业。1880 年英商在胥各庄（1899 年迁唐山）建修车厂，这是中国第一个铁道车辆修造厂。

日俄战争（1904—1905 年）后，日本在中国东北加快对中国的经济侵略步伐，至 20 世纪 20 年代已有 20 多家较大的铁路、造船和机械厂。

当时中国所需机器主要靠进口，机器进口贸易由各国在华洋行垄断。著名的洋行有慎昌

耶松船厂

1865 年建于上海虹口外虹桥。

洋行（美国）、祥和洋行（德国）、怡和洋行（英国）、三井洋行（日本）等。

第二节　晚清政府加速军工企业的设立

晚清兵工厂是在当时特定的国内和国际背景下加快发展的，“师夷之长技以制夷”是“洋务运动”的重要内容之一。兴办兵工厂作为国策于19世纪60年代初开始推行。从清咸丰十一年到宣统二年（1861—1910年）的50年中，清政府先后兴办了一批军工厂，具有一定规模的30多个，分布在21个行省，详见下表。

清政府经营的重点近代军事工厂简表

厂　名	地　址	设立年份	创办人	简　介
安庆内军械所	安庆	1861	曾国藩	规模很小，以手工制造为主，生产子弹、火药、炸炮、轮船等
上海洋炮局	上海	1863	李鸿章	规模很小，以手工制造为主，年末迁苏州，生产子弹、火药
苏州洋炮局	苏州	1864	李鸿章	自上海移至苏州，1865年移至金陵，生产子弹、火药
江南制造局	上海	1865	曾国藩 李鸿章	清政府所办规模最大的军用工业，造轮船、军火与机器、钢材
金陵制造局	南京	1865	李鸿章	苏州洋炮局迁至南京成为金陵厂的基础，1881年扩建金陵火药局，生产子弹、火药、枪炮
福州船政局	福州	1866	左宗棠	清政府所办规模最大的船舰制造厂
天津机器局	天津	1867	崇　厚 李鸿章	规模仅次于江南制造局，1900年毁于八国联军，生产子弹、火药、枪炮、水雷及钢材
西安机器局	西安	1869	左宗棠	1872年迁至兰州，生产子弹、火药
福建机器局	福州	1869	英　桂	生产子弹、火药
兰州机器局	兰州	1872	左宗棠	1880年停办
云南机器局	昆明	1872	岑毓英	曾停办，1884年再建，生产子弹、火药
广州机器局	广州	1874	瑞　麟	生产子弹、火药、小轮船
广州火药局	广州	1875	刘坤一	生产火药
山东机器局	济南	1875	丁宝桢	生产子弹、火药、枪炮

（续表）

厂　名	地　址	设立年份	创办人	简　介
湖南机器局	长沙	1875	王文韶	生产火药、枪、开花炮弹
四川机器局	成都	1877	丁宝桢	生产子弹、火药、枪炮
大沽造船所	大沽	1880	李鸿章	
吉林机器局	吉林	1881	吴大澂	生产子弹、火药、枪
金陵火药局	南京	1881	刘坤一	生产火药
浙江机器局	杭州	1883	刘秉璋	生产子弹、火药、水雷
神机营机器局	北京	1883	奕　譞	1890 年冬毁于火
广东枪弹厂	广州	1885	张之洞	生产子弹、枪炮
台湾机器局	基隆	1885	刘铭传	
贵州机器局	贵阳	1886	潘　霨	生产子弹、火药
湖北枪炮厂	汉阳	1890	张之洞	1893 年正式开工，原设广州。1908 年改称汉阳兵工厂，抗日战争时内迁湘、川，生产子弹、火药、枪炮
陕西机器局	西安	1894	鹿传麟	生产枪弹、修理机器
奉天制造局	沈阳	1897	依克唐阿	又称盛京机器局，生产子弹、火药，张作霖在此基础扩建成有名的“东三省兵工厂”
河南机器局	开封	1897	刘树棠	
山西制造局	太原	1898	胡聘之	
新疆机器厂	乌鲁木齐	1898	饶应祺	生产枪弹
黑龙江机器局	齐齐哈尔	1899	恩　泽	生产枪弹
江西子弹厂	南昌	1903	麦　特	生产子弹、毛瑟枪
北洋机器局	德州	1904	袁世凯	天津机器局被毁后迁去建立，生产子弹、火药
安徽机器局	安庆	1907	冯　煦	生产子弹、火药
四川兵工厂	成都	1910	赵尔巽	生产子弹、火药

清政府建立兵工局、厂、所一览表

序　号	单位名称	创办年份	创办地点	创办人	初期职工人数	
					人数（人）	统计时间（年）
1	安庆内军械所	1861	安庆	曾国藩		
2	炸弹三局	1863	松江　上海	李鸿章		
3	苏州洋炮局	1863	苏州	李鸿章	60	1864
4	江南制造局	1865	上海	曾国藩 李鸿章	3843	1905
5	金陵制造局	1865	南京	李鸿章	1400	1907
6	福州船政局	1865	福州	左宗棠	3000	1868
7	天津机器局	1866	天津	崇　厚	2000	常年
8	西安机器局	1869	西安	左宗棠		
9	福建机器局	1869	福州	英　桂		
10	天津行营制造局	1871	天津	李鸿章	360	1898
11	兰州制造局	1872	兰州	左宗棠		
12	广东军装机器局	1873	广州	瑞　麟		
13	乌龙山机器局	1874	南京			
14	湖南机器局	1875	长沙	王文韶		
15	广东军火局	1875	广州	张兆栋		
16	山东机器局	1875	济南	丁宝桢	900	1909
17	杭州机器局	1877	杭州	梅启照	166	1886
18	四川机器局	1877	成都	丁宝桢	1601	1909
19	大沽船坞	1880	天津	李鸿章		
20	吉林机器局	1881	吉林	吴大澄	1000	常年

（续表）

序　号	单位名称	创办年份	创办地点	创办人	初期职工人数	
					人数（人）	统计时间（年）
21	金陵制造洋火药局	1881	南京	刘坤一	172	1899
22	杭州艮山门内火药局	1881	杭州			
23	神机营机器局	1883	北京西郊			
24	云南机器局	1884	昆明	岑毓英	280	1900
25	台湾机器局	1885	台北	刘铭传		
26	广东制造枪弹厂	1886	广州	张之洞	1484	1909
27	湖北枪炮厂	1890	汉阳	张之洞	4500	1904
28	陕西机器制造局	1894	西安	鹿传霖	159	1910
29	湖北军火所	1896		谭继洵		
30	盛京机器局	1896	沈阳	依克唐阿		
31	河南机器局	1897	开封	刘树堂		
32	新疆机器局	1897	乌鲁木齐	饶应琪		
33	湖北钢药厂	1898	汉阳	张之洞	510	1910
34	山西机器局	1898	太原	胡聘之	210	1909
35	广西机器局	1899	龙州	黄槐森	100	1911
36	贵州机器局	1899	贵阳	王毓藻		
37	武昌保安火药所	1900	武昌			
38	黑龙江机器局	1900	齐齐哈尔	恩　泽		
39	江西机器局	1901	南昌	李兴锐		
40	北洋机器局	1902	山东德州	袁世凯		
41	安徽机器局	1907	安庆	冯　煦		
42	伊犁枪子厂	1908	伊犁	长　庚		

在30多个主要军工厂中，安庆内军械所在中国兵工史、机械史上有重要意义，它的兴办，是中国机械工业、军事工业，从手工制造向机械制造过渡的标志，对整个机械工业的建立发展走出了第一步。江南制造总局（制造枪炮、轮船）、福州船政局（专业修造兵船）、金陵机器局（生产大炮）和天津机器局（火药及子弹），任务各有侧重，它们集合在一起，构成中国早期军事工业的主干。还有后起之秀的湖北枪炮厂，此工厂是当时除了外国人在华所办工厂外，设备先进、规模最大的机械制造厂。这些工厂各有其重要历史地位。

江南机器制造总局

1865年，曾国藩会同李鸿章奏准设立，将苏州洋炮局迁上海，与收购的美商旗记铁工厂合并，将曾国藩命容闳为安庆内军械所在美国采购的百余台机器并入，1865年6月3日成立。简称江南制造局。江南制造局建立之初，中国的机器工业几乎为零，故江南制造总局集舰船、枪炮、弹药、水雷等制造于一身，形成了大生产、细分工、产品多样的现代化机器生产的特点。经不断扩建，至1895年，有轮船厂、机器厂、枪厂、炮厂、无烟药厂、铸造厂、锻造厂、炼钢厂等近20个工厂，拥有职工3592人，各种机床662台，还有3000 t水压机，15 t马丁炼钢炉，当时公认其设备是世界第一流的。19世纪90年代，它已发展成为中国乃至东亚技术最先进、设备最齐全的机器工厂，被誉为“中国第一厂”。1867—1904年该局除生产枪炮、兵船外，还制造了各种机器设备591台，其中金属切削机床249台。1868年8月建成中国近代自行建造的第一艘蒸汽兵船“恬吉”号。

江南机器制造总局大门

江南制造局翻译处的主要中国译员徐寿、华蘅芳和徐建寅

江南制造局炮弹厂车弹机器房

江南制造局机器正厂

江南制造局炮厂房

江南制造局钻炮管机（深孔钻床）

1905 年 4 月，江南制造局分为江南船坞和上海兵工厂。上海兵工厂由于经营不善，1928 年停产。江南船坞更名为江南造船所，后发展为江南造船厂。

江南制造局在中国近代机械史上创造了许多“中国第一”。除“恬吉”号外，1876 年建造中国第一艘铁甲螺旋桨驱动军舰“金瓯”号；1878 年制造出第一架钢制火炮，第一支后装线镗步枪；1891 年造出第一台车床，炼出中国第一炉钢水，第一磅无烟火药；举办了中国第一个机械工业制造学校；最早从西方引进先进技术，1917 年冬以 1 万美元引进美国人高伦发明的 5 hp① 以上汽油机制造技术；1920 年，为美国承造万吨级运输舰，是中国制造的第一条万吨级舰轮。

① 1 马力（hp）=735 W

1869年江南制造局所造第1艘木壳暗轮兵船“操江”号

1912年江南造船所制造的“江华”号客轮

江南船坞于1921年为美国建造的14750 t远洋货船“官府”（Mandarin）号

1920 年江南造船所为万吨级运输舰制造的 3000 hp 主机

1918 年江南造船所仿造的“高伦”汽油机

1867—1904年（清同治六年五月至清光绪三十年）江南制造局制造的机器设备

机器名称	数量（台）	开始制造的时间
车床	138	至迟清同治十二年（1873）
刨床	47	（同上）
钻床	55	（同上）
锯床	9	清同治十三年（1874）
齿轮机床	8	至迟清同治十二年（1873）
卷铁板机	5	（同上）
卷炮弹机器	3	（同上）
汽锤	4	（同上）
大锤机器	3	（同上）
印锤机器	4	（同上）
砂轮	10	（同上）
磨石机器	16	（同上）
挖泥机器及挖泥船	2	（同上）
绞螺丝机器	3	清同治十三年（1874）
剪刀冲眼机器	3	（同上）
翻砂机器	28	清光绪元年（1875）
造炮子泥心机器	3	（同上）
舂药引机器	5	清光绪三年（1877）
起重机器	84	（同上）
筛砂机器	5	清光绪四年（1878）
试铁力机器	2	（同上）

（续表）

机器名称	数量（台）	开始制造的时间
造枪准星机器	5	清光绪五年（1879）
剪铁机器	4	清光绪七年（1881）
轧机	5	（同上）
抽水机	77	清光绪八年（1882）
造皮带机器	4	清光绪十一年（1885）
压铅条机器	1	（同上）
蒸汽机	32	（同上）
磨刀机器	2	清光绪十二年（1886）
锅炉	15	（同上）
磨枪头炮子机器	4	清光绪十三年（1887）
压模机器	3	（同上）
压铁机器	1	清光绪十八年（1892）
压钢机器	1	清光绪十九年（1893）
锯钢机器	1	（同上）
炼钢炉	9	清光绪二十年（1894）
水力压机	1	清光绪二十一年（1895）
装铜帽机器	4	（同上）
造铜引机器	1	清光绪二十三年（1897）
敲铁机器	2	（同上）
试煤机器	1	清光绪二十八年（1902）
发电机器	1	
压书机器	1	

福州船政局

福州船政局是晚清洋务运动领袖之一左宗棠一手规划并创办的，是中国近代第一座建造轮船的专业机械厂。它于1866年12月开工，1868年基本建成，占地39.4万平方米，设有铸铁厂（翻砂车间）、轮机厂（动力车间）、合拢机器厂（机器安装车间）、钟表厂（仪表车间）、捶铁厂（锻造车间）等18个主要工厂。是当时远东最大近代造船厂，日本横滨、横须贺铁工厂的规模无法与之相比。1869年9月建造成功第一艘兵商两用轮船“万年清”号，排水量1370 t，主机功率432 kW，螺旋桨推进，功率和吨位都大大超过日本同期仿造的“千代”号或“清辉”号。福建船政局自1866年创建到清末共建造了40艘兵船，占同期国内58艘自制兵船的70%，其中有“平远”号等多艘巡洋舰。

1877年始，连续派出多批学生赴英、法留学，多数成为其后中国造船工业的重要技术力量。

福州船政局建局30多年曾有过造船的辉煌，终因体制结构问题（经费由国家拨发，所造船舰无偿调拨给三洋“北洋、南洋、粤洋”海军），于1907年停办。

福州船政局办公厅正门

1871年福州船政局建成的“伏波”号兵轮

福州船政局

1889 年竣工的装甲巡洋舰“龙威”号（编入北洋海军后改为“平远”号）

福州船政局制造的“建安”号鱼雷快舰

“扬武”号（三桅）及“伏波”号（二桅）兵船在停泊中

在八国联军铁蹄下被毁的天津机器局

天津机器制造局（后改称北洋机器制造局）

1867 年崇厚创办天津机器制造局，1870 年投产。简称天津机器局。建局时仿效江南制造局模式，主要制造军火，还承修兵商轮船。19 世纪 90 年代成为当时中国的近代军火总汇，规模仅次于江南制造局。1875 年开始造船，曾先后制造了中国第一艘挖泥船、潜水艇、游艇等特种船。该局毁于 1900 年八国联军侵华战争中，1903 年迁移山东德州重建，但规模不复当年。

金陵机器局制造的火炮

金陵机器制造局

1865 年李鸿章创建，先后将苏州洋炮局、安庆内军械所并入，其后又经曾国藩、李鸿章扩建。简称金陵制造局。建局之初仅能制造枪弹、炮弹、引信等，1869 年开始制造轻型火炮，至 1874 年已拥有机器厂、翻砂厂、枪厂、火药厂等 10 余个工厂。1928 年改称金陵兵工厂，抗日战争时内迁重庆，改名兵工署二十一厂，国民党制式武器“中正式”步枪主要由该厂生产。1945 年员工达 15201 人。

湖北枪炮厂

张之洞于 1893 年创建的大型综合性兵工厂，与江南、天津二局并称为清朝三大兵工厂。以白银 30 万两从德国利弗（Lever）机器厂购买一套日产十连发毛瑟枪 50 支，年产 25—120 mm 口径山炮 50 门的全套设备，另有 1 套制造刺刀设备。前后建设有炼钢厂、无烟火药厂等 9 个分厂，1904 年更名湖北兵工厂，1908 年又更名汉阳枪炮厂。该局是当时造枪造炮最多的兵工厂之一，至 1910 年共制造 7.9 mm 口

湖北兵工厂的大门，张之洞在湖北汉阳创办

径的毛瑟枪（即抗日战争前著名的“汉阳造”步枪）13.61 万支，57 mm 格鲁森式火炮 988 门及大量枪弹炮弹。

第三节　民国北洋政府时期（1912—1927年）中国机械工业的发展

1911 年辛亥革命爆发，1912 年中华民国临时政府（历史上称北洋政府）成立，到 1927 年国民政府定都南京，这一时期，历史上称为北洋政府时期。

这一时期，各地军阀为扩大其军事实力，新建和扩建一些军工厂。汉阳兵工厂、太原兵工厂得到较大发展，至 1926 年分别拥有员工 4500 余人和 11000 余人，1913 年新建南苑飞机修造厂，1915 年新建巩县兵工厂，1916 年新建奉天（沈阳）军械厂。奉天厂在 1922 年更名为东三省兵工厂，投资 2 亿多银元大规模扩建，员工由建厂初的 300 人，发展为 1925 年的 21000 多人，除生产枪炮外，还生产机床等机械产品，是当时全国最大的机械厂。

1913 年，全国共有 23 个兵工厂，拥有员工 2.85 万人、资金 1.28 亿元，分别占中国工业的 10.5% 和 38.7%，占中国机械工业的 60.7% 和 80.4%，至 1927 年，兵工厂增至 47 个。

1914 年，第一次世界大战爆发，西方工业国家无力东顾。1915 年以后的几年，是中国民族资本发展机械工业的“黄金时期”，上海民营机械厂由 1914 年的 91 家增至 1924 年的 284 家，湖北由 19 家增至 33 家。但 1918 年第一次世界大战结束后至 1926 年北伐战争前，由于内战频繁和外资厂商挤压，民营机械企业又重新陷入困境。

此一时期，机械工业的生产技术有所提高。兵工厂仿造第一次世界大战前后出现的新兵器，如抗战时期国民党部队的制式武器 7.9 mm 中正式步枪就是此时由巩县兵工厂研制定型的；日军侵华战争使用“三八式”步枪由太原兵工厂仿制大量生产。民机产品市场需求旺盛，发展了万吨运输舰，成套纺织机械等。

巩县兵工厂造 7.9 mm 中正式步枪

太原兵工厂造仿日 6.5 mm 三八式步枪

奉天（沈阳）兵工厂大门

汉阳兵工厂外貌

第四节　民营机械工业在艰难中发展

清政府对机械工业的态度，从一开始的被动到后来的鼓励。19 世纪 60 年代中期开始，左宗棠、张之洞、郭嵩涛、丁日昌等有识之士都曾建议清廷设厂制造民用机器，但未被接受，直到 1894 年中日甲午战争清政府战败，1895 年 4 月签订屈辱的中日《马关条约》，清政府迫于形势，不得不改弦更张。1895 年 7 月清政府颁布上谕，宣称要“力行实政”，要“造机器”，与原来洋务派只限于“坚船利炮”、“造船制炮”相比，有了较大进步。同时制定、实施了一系列奖励发展民族工商业的法令措施。1898 年 7 月 13 日颁布《振兴工艺给奖章程》，首次以专利、官衔的方式鼓励发明创造；1903 年颁布《公司注册试办章程》，奖励设立公司；1906 年颁发《奖给商勋章程》，鼓励研制新机器；1907 年颁发《华商办理实业爵赏章程》，鼓励投资办实业；清政府并于 1903 年设立工商部，倡办实业和学堂，引进技术。

早期民族资本经营的机械工厂多数是由手工作坊逐步发展起来的，或萌芽于轻工产品制造业的机修车间；1901 年创办的协记机器厂、1911 年创办的美昌机器厂，都是由卷烟厂机修力量发展的烟机修造厂。一些曾在外资工厂或官办机器局工作过的技术工人、手工业的铜铁匠们成为民办机器厂的技术力量。1852 年创办的上海甘章船坞、1866 年创办的上海发昌机器厂、1876 年的广州陈联泰机器厂等都是创办较早、规模较大的民办机械厂。

随着机械产品修造市场需求的增加，民办机械工业有一定的发展，逐步形成船舶、纺织、印刷等民用机械及公用事业修配专业。1913 年与 1895 年比较，全国民办机械工业的职工由 4457 人增至 18450 人；工厂由 96 家增至 182 家。当时规模较大的有 1895 年创办的汉口周恒顺机器厂、1902 年创办的上海大隆机器厂、1904年创办的上海求新制造机器轮船厂及1907年创办的汉口扬子机器厂等。但其规模远不及外资机械厂，如当时华人创办最大的求新厂和扬子厂，资本分别为70万元和49万元，而英商的耶松和瑞瑢两厂资本分别为770万元和105万元。由于技术力量薄弱，市场为外国人控制，民营机械厂处境艰难。

冯如

尽管处境艰难，民办机械工业的动力机械和交通机械还是具有一定制造水平。约在1908年广州均和安机器厂仿制出单缸8 hp煤气机，1910年求新机器轮船厂仿制出25 hp火油发动机，此前1909年还造成了配大型水泵的200 hp以上蒸汽机。1909年冯如在美国试飞成功自制的飞机，1910年谭根在美国制成水上飞机，与1903年美国的莱特兄弟研制成飞机相差不过6年。

冯如回国后装配的飞机

1911年1月18日，冯如驾机在奥克兰海湾附近进行了完美的试飞

第三章

国民政府定都南京到“七七事变”前的中国机械工业

1927 年国民政府定都南京到 1937 年“七七事变”前，这一时期军阀混战基本结束，中国步入了近代相对快速的发展时期。国民政府着手发展机械工业，国营机械工厂的建设开始起步，民营机械工厂有所发展，取得了一些成绩。

1927 年后，国民政府制定实施了一些鼓励民族工业发展和鼓励技术进步的政策措施。1928 年颁布《奖励工业品暂行条例》，1929 年 7 月颁布《特种工业奖励法》，1932 年颁布《奖励工业技术暂行条例》，这些措施对机械工业的发展有积极影响。

据 1934 年统计，全国共有民用机械厂 1781 个、工人 45767 人，主要集中在上海，占工厂数的 90%，工人数的 69%（统计不完整，按地区计缺东北、杭州、广州，按部门计缺电力、矿山、交通等专业部门的修配厂）。

为了应对不可避免的日本帝国主义的入侵，国民政府于 1932 年 11 月 1 日成立国防设计委员会，1935 年 4 月更名为资源委员会，1936 年 3 月资源委员会拟定为期 5 年的《重工业建设计划》，计划建设一批大型国营机械厂。1936 年资源委员会在株洲建设中国汽车制造公司，在湘潭筹建中央电工器材厂；兵工系统重点扩建南京、汉阳兵工厂；航空委员会在杭州建飞机制造厂，在南昌建轰炸机制造厂；1936 年铁道部在株洲筹建铁路总机厂等。可惜由于对日本帝国主义侵华野心、时间和能力估计不足，这些项目在日寇进逼下于 1937 年底大都被迫停建或迁址。

到 1937 年“七七事变”前，中国机械工业具有一定修造能力的工厂，在民用机器制造方面，主要有新中工程公司，永利宁化学公司机器厂，大隆、环球、周恒顺、新民等机器厂；在修造船方面，主要有江南、马尾、求新、大沽、黄埔等厂；在铁路机械修造方面，主要有长辛店、唐山、四方、江岸等厂。有的机械厂已形成较大规模并采用现代化管理办法。如上海大隆机器厂 1937 年已有机床 231 台，工人 1300 名，一年可制造整套棉纺设备 4 万锭左右；又如广州协同和机器厂，1932 年即建立制造工票、记录工时制度；新中工程公司 1935 年开始在图纸上加注尺寸公差。

此时，也有一些具有一定规模和实力的机械厂，因不敌外商的竞争和刻意打击被兼并，如最大的民营求新制造机器轮船厂，被耶松船厂兼并；扬子机器厂被迫加入日本控制的汉冶萍公司。

1931 年“九一八事变”时，东北已有几十家机器厂，沈阳兵工厂和大连机械制作所已是大型机械厂。事变后，日军为了把东北建成侵略中国的基地，大举建设机械厂，至 1938 年止，新设机械厂 180 多家，飞机、汽车、兵工、仪表、金属加工等行业俱全，形成了完整的机械工业体系，可惜战后被苏军拆掠一空。

总的看来，此时中国机械工业基础仍很薄弱，技术装备水平不高。据战前对上海 248 家民营机械厂的调查，有磨床的只七八家，基本上没有较精密的计量、测量仪器。包括军工企业在内，全国有铸钢能力的只有 9 个厂，共拥有电弧炉 12 座、容量 13.65 t，最大的 2 t。广大的民营机械厂，只有上海的大隆、新中、新民，济南的陆大，汉阳的周恒顺，重庆的华兴等少数机械厂有工程师。战前，国民政府实业部核准的工程师，民营厂累计只有 52 人。

这个时期的装备主要靠进口，1936 年前几年，年均需机械设备近 8000 万元，国产设备及配件只有 2200 万元。

1930 年 7 月成立的中央工业试验所机械组，是中国首家机械工程研究机构。

1936 年 10 月统计，全国有 19 所高等院校办了机械工程院系或专业。

上海求新制造机器轮船厂的机器厂

大隆机器厂制造的织布机

大隆机器厂制造的初纺机

大隆机器厂制造的高速绕纱机

1931 年 5 月，沈阳民生工厂试制成功的民生牌 75 型 1.8 t 载货汽车，为国产第一辆汽车。除汽油机、后桥、电气设备、轮胎外购外，其他自制

1932 年 12 月，山西汽车修理厂试制成功的山西牌 1.5 t 载货汽车。除火花塞、喇叭、电机、轴承外购外，其他均由工厂自制。左上角为监制者姜寿亭

清华大学机械工程系热力工程实验室

1935 年清华大学装配的载货汽车（庄前鼎称“除引擎、接合器、变速轮、车架、后轴转向器及电池等向美国购买外，其他各件均在中国制造”）

第四章

抗日战争时期的中国机械工业

第一节　沿海沿江机械工厂大规模内迁

1931 年在平津告急的情况下，国民政府行政院即开始调研工厂内迁问题。“七七事变”爆发，1937 年 8 月 9 日，资源委员会向行政院建议，内迁 2000 台工作母机，次日行政院批准迁厂计划；8 月 11 日，上海工厂迁移委员会成立，8 月 13 日，日军开始进攻上海，22 日，顺时机器厂在炮火下强行拆迁。至 12 月 10 日，上海共迁出机器厂 66 家，沿海其他地区的工厂也开始内迁。至 1941 年 12 月，上海、江苏、山东、山西等地内迁民营机器厂 230 家，复工 198 家，主要迁往川、渝、湘、桂、陕等省市，以重庆最多，是中国机械工业史上一次大迁移，这些机器厂作为后方机械工业的中坚，为抗日战争作出了重要贡献。

另外，兵工署、资委会、航委会、铁道部自行安排所属工厂内迁。如南昌飞机厂迁南川，杭州飞机公司迁云南瑞丽的垒允（1940 年 10 月被日机炸毁）、韶关飞机厂迁昆明，金陵兵工厂、汉阳兵工厂和巩县兵工厂迁重庆、湖南和兰州；有的工厂只迁出一小部分，多数被炸毁或落入日寇之手，如江南造船所只迁出叶在馥等 20 人和 20 多台机床，马尾造船所只有小部分设备运到南平，西北实业公司也迁出很少，组成了仅有 20 余台机床的机器厂。

由于对日寇侵华深入内地的能力估计不足，一些机器厂多次转移，损失很大，如上海新中工程公司、华成电器厂，一迁武汉、再迁湖南、三迁重庆，1944 年到达重庆时设备几乎损毁殆尽。

第二节　抗战时期国民党“大后方”的机械工业

1937 年抗战前，西部地区机械工业极为薄弱，战时有了很大发展。在政府扶持、政策支持和职工抗战热情高涨的情况下，内迁民营厂

1939 年新中工程公司仿制出的 65 hp M.A.N 柴油汽车发动机

有了很大发展。如上海新中工程公司内迁湖南的五年，由 1 个厂发展到 6 个厂、职工由 700 多人发展到 2000 多人，生产增长 10 倍以上（但在国民党军湘桂大撤退中损失殆尽）。内迁的国有工厂，虽在搬迁过程中元气大伤，但其后仍有发展。在这一时期，国民政府也新建了一批机械厂，大多数设在昆明、重庆。如在昆明新建中央机器厂、中央电工器材厂，在重庆新建汽车配件厂、农业机械公司，在贵州建设大定飞机厂、贵阳农机公司等。

因战争需要，促使机械工业有一定发展。1943 年，国民党“大后方”，除近百家军工厂外，共有机械厂 1477 家，工人 69508 人。机械工业在工业中已成三大行业（纺织、化工、机械）之一，企业、资金、工人数分别占全部工业的 28.05%，22.7% 和 19.33%。1941 年，生产了机床 2615 台、交流电动机 2.2 万 kW、变压器 1.6 万 kVA、内燃机 3900 hp、蒸汽机 4500 hp。

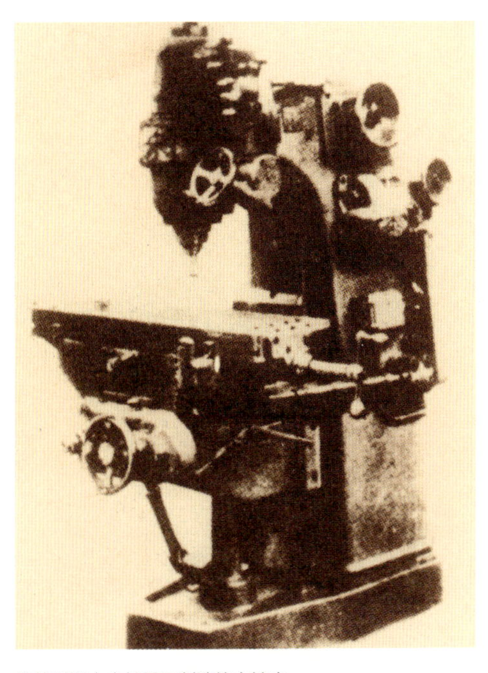

抗战时期中央机器厂制造的立铣床

抗战时期中央机器厂制造的 250 hp 的 VG25 煤气机及配套的发电机

抗战时期新中工程公司试制的汽车

抗战时期中央机器厂制造的 8 ft 车床

抗战时期中央机器厂制造的 2000 kW 汽轮发电机及从瑞士进口的汽轮机

新中工程公司仿制的 36 hp 狄塞尔柴油机

江西兴国县官田兵工厂修械工房

第三节　苏区、解放区的机械工业

1927年秋收起义后，中国共产党领导的中国工农红军在井冈山建立了第一个修械所。1931年10月在江西省兴国县官田镇建立中央苏区兵工厂，第二方面军在湖南永顺建兵工厂，1932年第四方面军在四川道江、1933年红25军和26军在陕北吴起镇成立兵工厂或修械所。中央红军到陕北后，在延安成立兵工厂，是边区军工的基础。

抗日战争爆发后，1938年3月中央军委成立军事工业局，决定在安塞县茶坊镇建立陕甘宁边区机器厂，沈鸿带来的上海利用五金厂7名青工和10台机床并入该厂。1938年11月6日，中共六大六中全会号召“每个游击战争根据地都必须尽量设法建立小的兵工厂”。除陕甘宁边区机器厂扩充至4个厂，从修配枪炮发展到修造枪炮外，各个解放区都建立了大小不等的一系列兵工厂，其中涌现了如著名的设在山西黎城县的黄崖洞兵工厂等。抗战胜利前后，各根据地拥有工人100人以上、设备10台以上有固定厂房的兵工厂50余个、职工3万余人。这些厂除制造武器外，还制造了一些民用机器，在抗日战争和解放战争中都发挥了重要作用。

1940年10月，朱德总司令参加了在延安王家坪召开的军工生产会议。自左至右：李涛、叶剑英、朱德、叶季壮、李强

边区机器厂（即茶坊兵工厂）
手榴弹厂的工人在浇铸手榴弹弹体

茶坊兵工厂子弹厂用道轨钢自制的切口机

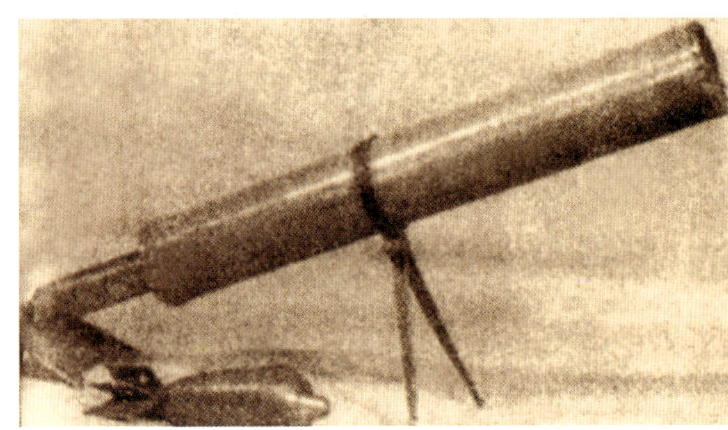

黄崖洞兵工厂造“五〇”掷弹筒和弹

黄崖洞兵工厂造“八一”式步枪

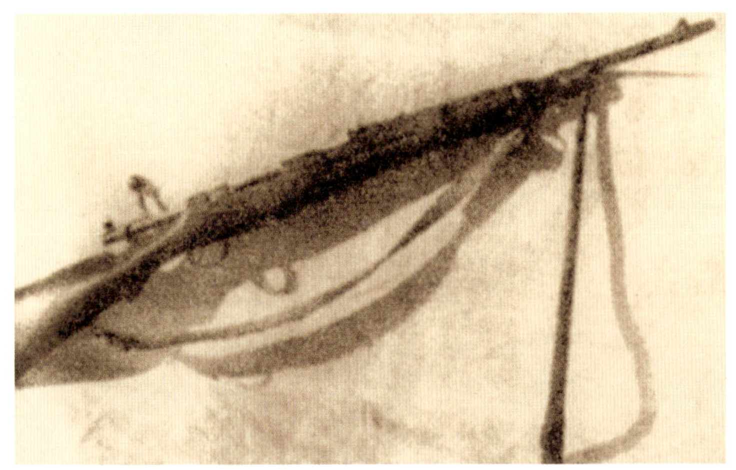

修复后的黄崖洞兵工厂部分厂房

华北兵工一厂铸造迫击炮弹的焖火炉

晋冀鲁豫解放区彭庄子弹厂动力工房一角

1947 年春，山西长治府城兵工十五厂，用火车机车轴车制 150 mm 迫击炮管组装的 150 mm 迫击炮及其炮鞍

新四军修械所的修配车间

彭庄子弹厂大工房

大连建新公司生产的“一二四”式后膛炮弹

茶坊兵工厂研制成功的落尺式炮弹初速仪

山西武乡县柳沟兵工厂机工房、钳工房外景

第四节　沦陷区的机械工业

抗战初期，沿海省市机械工业遭到巨大损失。如上海，1937 年“七七事变”之初，有民办机械厂 570 家，“八一三事变”爆发后，除内迁66家外，直接毁于炮火的360家，设在浦东、杨树浦的船舶修造厂，全被日军占领，设在租界内的百余家机械厂生产全部停顿。嗣后租界内的机械工业陆续恢复生产并发展至 784 家。但 1941 年 12 月太平洋战争爆发后，日军占领上海租界，强行征购物资和装备，被掠夺的机床即在 5000 台以上，多数机械工厂陷于瘫痪。沦陷区其他省市情况类似。

关内沦陷区机械工厂，较大的多被征用生产军需用品。如上海大隆机器厂，日军改为大陆铁工厂转向军火生产；江南造船所，被日军占用，先后改名“朝日工作部江南工场”、“三菱重工业株式会社江南造船所”，加速造修军用船舰，工人最多时超过万人。

东北沦陷区，日军为将其建设成侵略战争的基地，无论是 1937 年关东军的伪满洲国“产业开发五年计划”，还是 1943 年的“新产业五年计划”，重点都要扩充机械工业，机床、汽车、飞机均是重点发展对象。到 1940 年，东北共有机械厂 968 家，员工 44980 人。有的机械工厂已扩至相当规模，如大连机械制作所，职工由抗战前五六百人至 1945 年增至 6800 多人，机器设备 1295 台，年产机、客、货车分别 60 辆、150 辆和 400 辆；住友金属工业株式会社奉天工场，1944 年有职工 2072 人，拥有 4000 t 锻造液压机、30 t 平炉（3 座）和 4 m 立车等重型设备。可惜在东北光复后，苏军于 1945 年 9 月至 1946 年 3 月将东北机器设备拆走，按第二次世界大战前币值约 20 亿美元。致使中华人民共和国成立后我国重建东北机械工业基本上从零开始。

第五章

抗战胜利后到中华人民共和国成立前的中国机械工业

抗日战争胜利后，国民党政府集中力量接收沦陷区的日伪工厂，几乎停止了对后方机械工业的扶持，同时由于内迁职工纷纷返回原籍，后方工厂很难维持生产。

在上海，国民党政府接收了160多家日伪控制的机械厂，其中规模最大的原英、美、法商经营的机器厂，如：英联、马勒、求新等造船厂交还外商；原属民族资本家经营的机器厂如大隆、振隆等发还原主；有7家日伪经营的机器厂改组为官僚资本机器厂；有的小厂停工拍卖。在其他收复区，由于日军撤退时的严重破坏和不良分子的盗卖，特别是东北地区的机器设备被苏联军队劫掠一空，基本上丧失生产能力。

抗日战争胜利后，全国机械工业公营企业，由资源委员会组建成一批专业托拉斯，结合“战后经济建设计划”，欲图有所振兴，可惜1946年内战全面爆发而无法实现。

第二次世界大战后，盟国原规定令日本赔偿机器设备，由于美国占领日本的盟军总部别有他图，只获得少量赔偿设备，随后即停止赔偿。总起来看，抗日战争胜利后的这几年，一个令人充满希望的中国机械工业，每况愈下，生产经营日渐衰败，至中华人民共和国成立前夕，中国机械工业已成为一个残缺不全的烂摊子。

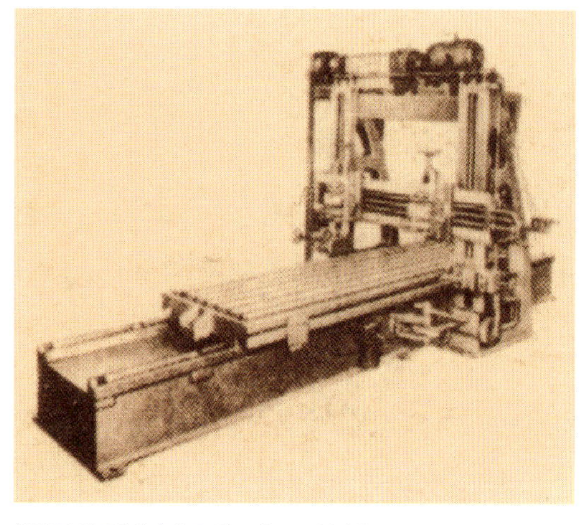

抗战胜利后上海恒新股份两合公司制造的14 ft高速龙门刨床

抗战胜利后大隆机器厂制造的10 ft重型全齿车床

结语

从1840年鸦片战争到1949年中华人民共和国成立，百余年中国近代机械工业，发展道路艰难、曲折，但写就了一部发展民族机械工业的奋斗史。

虽经全国人民的努力，仁人志士的奋斗，中国机械取得了历史上的最大进步，从传统手工业作坊走向近代机械工业，生产技术都取得一些成绩，但备受帝国主义侵略者摧残打击和资本主义、封建主义的压抑，中国机械工业始终远远落后于工业化国家，始终没有摆脱修配性质，但仍为新中国现代机械工业的发展准备了条件，特别是培养和储备了许多优秀人才，为新中国现代机械工业建设，发挥了至关重要的作用。

附表

中国近代机械工业发展进程概况

年份		机械工程大事	国内外相关政治经济要事
公元	中国纪元		
1840	清道光二十年		鸦片战争爆发
1841	清道光二十一年	英军占领香港，英商纳蒙在港建立船坞，是外商在中国经营的第一家机械工业企业 丁拱辰刊刻《演炮图说》 魏源在《四洲志》的基础上，编著《海国图志》，出版了 50 卷，提出“师夷之长技以制夷”，并有专文介绍火轮船	
1842	清道光二十二年	广东潘世荣制造了一艘小轮船，但“不甚灵便”；嘉兴县丞龚振麟也仿造了明轮船	8 月 29 日签订中英《江宁条约》，规定开放广州、福州、厦门、宁波、上海为通商口岸，并割让香港
1843	清道光二十三年	丁拱辰的《演炮图说辑要》出版，其中《西洋火轮车火轮图说》记载了他制成的小蒸汽机、小机车和小轮船，是中国对西方轮船、蒸汽机车进行探索的先行者 香港纳蒙船坞建造了一艘 80 t 的小轮船“中国”号	10 月签订中英《五口通商章程：海关税则》，中国开始丧失关税自主权
1845	清道光二十五年	苏格兰人柯拜在广州黄埔开办柯拜船坞，是中国境内开办的第一家船舶修造厂，也是中国境内首先使用蒸汽机、机床等近代机器的机械厂	
1846	清道光二十六年	安徽歙县人郑复光撰写了《火轮船图说》，是中国最早的有关火轮船设计和制造的专著	
1847	清道光二十七年	魏源的《海国图志》增为 100 卷	
1850	清道光三十年	容闳赴美留学，1854 年毕业于耶鲁大学，1863 年与曾国藩见面，提出建设西式机器厂的建议 美商在上海建立修船厂伯维公司	
1852	清咸丰二年	郭甘章在上海经营甘章船坞，修理外国轮船	
1856	清咸丰六年	柯拜船坞建造了一艘由柯拜自行设计的总长 54 m、宽 6.7 m 的“百合花”号轮船，是最早在中国境内建造的最大轮船 7 月，美商贝立斯在上海开设的船厂制造了一艘载重 40 t 的轮船“先驱”号，这是外国人在上海制成的第一艘轮船，不久，另一艘姊妹船也相继下水	第二次鸦片战争爆发（英法联军）

（续表）

年份		机械工程大事	国内外相关政治经济要事
公元	中国纪元		
1860	清咸丰十年	曾国藩上奏清廷："将来师夷智能造炮制船尤可期永远之利。"最早提出自力更生造炮制船，发展中国船炮工业的主张	第二次鸦片战争中国战败
1861	清咸丰十一年	奕䜣等人奏请购买外国船炮获准 曾国藩创办安庆内军械所	总理各国事务衙门成立
1862	清同治元年	李鸿章接受英国人马格里的建议，在上海开办松江洋炮局 徐寿、华蘅芳等人在安庆内军械所试制成一台小蒸汽机 合信翻译《蒸汽机简述》 美商在上海、广州设旗记铁工厂	
1863	清同治二年	徐寿、华蘅芳等人制造出螺旋桨推进的轮船，于11月试航，"行驶迟钝，不甚得法" 容闳向曾国藩建议采用"制造机器之机器"，建立机器母厂，以立一切制造之基础，最早提出建立机器制造厂	
1864	清同治三年	李鸿章将位于上海松江的洋炮局迁苏州，更名苏州洋炮局，并接受马格里建议，买下被清政府遣散的阿斯本舰队中所配备的全套修理用机器，装备了苏州洋炮局 受曾国藩委派，容闳去美国购买机器 左宗棠在杭州招募工匠仿造轮船	7月19日清军攻陷太平天国都城南京
1865	清同治四年	徐寿、华蘅芳等在南京内军械所制成木质明轮轮船"黄鹄"号，1866年春试航成功，在中国近代造船史上具有划时代的意义，同时造出所配蒸汽机 李鸿章会同曾国藩奏设江南制造局，并由丁日昌筹办，该局成立之初，曾仿制"制器之器" 容闳买回的100余台机器运到上海，装备了江南制造局 金陵机器局成立 英国人杜兰德在北京演试小火车，随即被拆除	
1866	清同治五年	左宗棠创办福州船政局，12月23日在马尾动工，聘法国人日意格为监督 左宗棠创办中国近代海军学校——求是堂艺局（后改名福建船政学堂） 方赞举在上海创办发昌机器厂，是我国第一个民族资本开办的机器厂	
1867	清同治六年	福州船政局前学堂开学，设造船、设计专业和学徒班（艺圃） 1867—1873年，江南制造局仿制出车床、刨床、钻床、开齿轮机器、卷铁板机器、汽锤、大锤机器等	
1868	清同治七年	8月，江南制造局制成明轮兵船"恬吉"号，9月15日试航成功，是中国建造的第一艘明轮军舰	1867—1868年日本明治维新（1867—1912年称明治时代）

（续表）

年份		机械工程大事	国内外相关政治经济要事
公元	中国纪元		
1869	清同治八年	江南制造局制成螺旋桨推进的轮船“操江”号，是中国建造的第一艘由螺旋桨推进的木壳兵舰，其配套的400马力蒸汽机自行生产 6月，福州船政局制造的第一艘轮船“万年清”号运输船下水，9月完成	
1870	清同治九年	福州船政局8月开始仿制580 hp蒸汽机，经10个月完成，在中国机械制造史上有重要意义；以后安装于福州船政局建造的“安澜”号上，1871年下水 江南制造局创办翻译学馆	
1871	清同治十年	福州船政局用机器轧制钢板、圆钢、方钢；首先采用新的冶炼技术，铸造大型汽缸，安装3 t汽锤，锻造大轴，为中国最早的大型铸锻车间 江南制造局出版译著《汽机新制》	
1872	清同治十一年	江南制造局出版译著《汽机必以》	容闳带第一批30名幼童赴美国留学
1873	清同治十二年	按陈启沅的设计，陈联泰号制造出缫丝机 中国工程技术人员开始在福州船政局监造轮船	日本建立工学寮，设有机械科
1874	清同治十三年	福州船政局使用自制的单锻压力为7 t的汽锤 丁日昌建议设厂制造“耕织机器”，遭非议，未被清政府采纳	
1875	清光绪元年	福州船政局派魏瀚、陈北翱、陈季同三人赴法国学习制造技术	
1876	清光绪二年	福州船政局仿制750 hp复式高压蒸汽机 江南制造局制成铁甲螺旋桨推进的军舰“金瓯”号，载重250 t，航速10节 发昌机器厂制造并出售小轮船，仿制车床	
1877	清光绪三年	江南制造局制造起重机 福州船政局正式往欧洲派留学生	
1879	清光绪五年	曾昭吉在四川机器局试制成水轮机	
1880	清光绪六年	英国人创办胥各庄修车厂，1899年迁唐山 天津机器局试制出一艘式如橄榄的潜水艇	
1881	清光绪七年	胥各庄修车厂制成0-3-0型蒸汽机车“中国火箭”号（“龙”号）	清政府撤回留美幼童
1882	清光绪八年	江南制造局制成抽水机	
1883	清光绪九年	福州船政局杨廉臣、李寿田、魏瀚监造的中国第一艘巡洋舰“开济”号下水，自行配套1788 kW（2400 hp）大功率康邦卧式蒸汽机	
1887	清光绪十三年	上海张万祥锡记铁工厂开始仿造日本式轧花机 上海永昌机器厂开始仿制意大利式缫丝机	

（续表）

年份		机械工程大事	国内外相关政治经济要事
公元	中国纪元		
1888	清光绪十四年	福州船政局1888年1月，“龙威”号铁甲铁壳舰下水，排水量2100 t，功率1788 kW（2400 hp），航速14节，首次。采用铆接工艺，为中国当时自己建造武器装备最优良的兵轮。以其优良的性能，编入北洋海军，改名“平远”号，成为北洋海军“八大远”中唯一的一艘国产巡洋舰	
1890	清光绪十六年	江南制造局15 t平炉投产 发昌机器厂被耶松船厂吞并 汉阳铁厂引进高炉、转炉、平炉、轧钢机	
1891	清光绪十七年	江南制造局的炼钢厂冶炼出中国第一炉钢	
1894	清光绪二十年		中日甲午之战
1895	清光绪二十一年	盛宣怀在天津创办中西学堂，设有机械工程科，是为最早的机械专科学校 因屈辱的《马关条约》，引起全民强烈不满，7月，清政府迫于形势，宣称要“力行实政”、“造机器”	中国在中日甲午战争战败，4月签订《马关条约》
1896	清光绪二十二年	江南制造局创办工艺学堂，设化学工艺、机器工艺科 朱志尧设计出棉籽轧油机	
1897	清光绪二十三年	江苏南通张謇办厂制造面粉机、榨油机、碾米机等	
1898	清光绪二十四年	耶松船厂与祥生船厂合并为耶松船厂公司，资金557万两白银，为英帝国在华最大企业	戊戌政变；清政府颁布《振兴工艺给奖章程》
1900	清光绪二十六年	上海开始仿制印刷机	庚子之乱、八国联军侵华
1901	清光绪二十七年	德国人在青岛四方村创办铁路机厂	
1902	清光绪二十八年	严裕棠在上海创办大隆机器厂 俄国人办大连铁路机厂	
1903	清光绪二十九年	清政府制定《大学学堂章程》，其中规定了机器工业课程 京师高等实业学堂成立，设有机械科 唐山修车厂（胥各庄厂迁来）建成2-6-0中型机车	清政府设商部，颁布《奖励公司章程》
1904	清光绪三十年	朱志尧在上海创办求新制造机器轮船厂，资本70万元	1904—1905年，日本和沙俄为重新瓜分中国东北和朝鲜而进行的日俄战争在中国境内展开
1905	清光绪三十一年	江南制造局改为官督商办，分成江南船坞和上海兵工厂	
1906	清光绪三十二年	清政府颁发《奖给商勋章程》，鼓励制造新机器 日本人在大连成立南满铁道株式会社	商部令各省设工艺局厂和劝工陈列所

（续表）

年份		机械工程大事	国内外相关政治经济要事
公元	中国纪元		
1907	清光绪三十三年	福州船政局因经营体制问题，造船难以为继，6月清廷批准停办 日本人在大连办沙河口铁路机厂 广东侨商陈国圻在黑龙江使用蒸汽拖拉机、耕作机械、收割机 王光、李维格创办汉口扬子机器厂，资本35万两白银（1915年增资至100万两白银）	清政府改订奖励公司章程；颁发爵赏章程，规定凡办1000万两银元以上之实业者赏男爵，2000万两银元以上者赏子爵
1908	清光绪三十四年	广州市成立民间“机器研究社”，是为中国最早的民办机械研究机构	
1909	清宣统元年	广州均和安机器厂仿制成功8 hp煤气机，是中国最早的内燃机产品 冯如在美国设计制造出飞机，并试飞成功 23名中国学生去英美学习飞机和潜艇制造	农工商部成立工业试验所，化验工业原料
1910	清宣统二年	求新制造机器轮船厂仿制成25 hp火油发动机、铁木脚踏织机、轧光机 上海泰记机器厂仿制钻床 谭根在美国创造了性能先进的水上飞机 清政府在北京南苑建厂制造飞机	
1911	清宣统三年	冯如携自制的双翼飞机从美国回到广州，翌年试飞时牺牲	辛亥革命爆发，结束了清朝的封建专制统治
1912	民国1年	江南船坞改称江南造船所，所造的“江华”号客轮下水，该轮排水量4130 t、3000 hp、时速14海里，是当时长江最好的客轮	中华民国成立 北京政府颁布实施《奖励工艺品暂行章程》 詹天佑发起成立中华工程学会，后发展成为中国工程师学会
1913	民国2年	中宝时钟厂在烟台成立 广州协同和机器厂仿制成烧球式40 hp柴油机	日本制造飞机发动机
1914	民国3年		第一次世界大战爆发
1915	民国4年	祁暄发明中国打字机	
1916	民国5年	华生电器厂成立，初期制造直流电动机、发电机	
1917	民国6年	江南造船所购买“高伦”汽油机专利权，为中国机械工业首次购买外国技术	交通部成立“铁路技术标准委员会”，詹天佑为会长

（续表）

年份		机械工程大事	国内外相关政治经济要事
公元	中国纪元		
1918	民国7年	北洋政府海军部在福州马尾设立海军飞机工程处及海军飞潜学校，建有一个装配车间，是中国第一个正规的飞机制造厂 江南造船厂承造美国商务部运输舰12艘，其中载重量万吨的4艘于1920—1921年完成 华生电器厂开始造交流电动机 上海鸿昌机器造船厂仿制12 hp及60 hp柴油机 上海邓顺昌机器厂仿制针织横机 日本人开办大连机械制作所	
1919	民国8年	福建马尾海军飞机工程处制造出水上飞机	孙中山著《实业计划》
1920	民国9年	江南造船所制造出14000余吨级运输舰“官府”号，主机3670 hp（4台）蒸汽机自行配套 王岳记仿造出3号万能铣床	
1921	民国10年	交通大学、东南大学设中国最早的机械工程系，系主任分别为周仁和李世琼 刘仙洲编著的《机械学》出版	
1922	民国11年	大隆机器厂仿照日本丰田式产品，试制出织布机	
1923	民国12年	上海中国铁工厂仿造日本丰田式自动织布机 大隆机器厂开始制造棉织机	
1924	民国13年	上海益中公司试制成交流电动机 刘仙洲编著的《内燃机关》出版	
1925	民国14年	支秉渊等人在上海创办中国新中工程公司 张荫麟译著有关中国古代机械的论文	
1926	民国15年	福州船政局改为海军马尾造船所	
1928	民国17年	东北当局创办皇姑屯机厂 程瀛章、张济翔编订《机械工程名词草案》	6月，中央研究院成立，下设工程研究所 国民政府颁布《奖励工业品暂行条例》
1929	民国18年	建设委员会在上海经营电机制造厂 新中工程公司制成双缸狄塞尔柴油机	国民政府颁布《特种工业奖励法》
1930	民国19年	中央工业试验所在南京成立，设化学、机械两个组。机械组是中国最早的机械工程科学试验研究机构 何乃民编著的《汽车学纲要》出版	
1931	民国20年	红军在江西兴国官田镇建中央苏区兵工厂，红二方面军在湖南永顺建兵工厂 沈阳民生工厂生产出一辆民生牌载货汽车，这是国产第一辆汽车 实业部筹办中央机器制造厂（抗战前停办） 大隆机器厂20世纪30年代中期能制造整套棉纺机	“九一八事变”，日本占领东北

（续表）

年份		机械工程大事	国内外相关政治经济要事
公元	中国纪元		
1932	民国 21 年	实业部工业标准委员会正式成立，设有机械组 河南的汤仲明、湖南的向德等人改装出木炭汽车 大隆机器厂推广高速钢刀具，试用硬质合金刀具、块规等，1932—1935 年仿制出 Novton 磨床	国民政府颁布《奖励工业技术暂行条例》 因“九一八事变”后日军侵华形势，11 月 1 日，国民政府组织成立国防设计委员会（资源委员会前身）其任务是对全国的军事、国际关系、财政经济、教育文化进行调研
1933	民国 22 年	山西汽车修理厂生产出 3 辆载货汽车 中央工业试验所试用酒精代替汽油作发动机燃料	
1934	民国 23 年	中美合办中央飞机制造公司，在杭州笕桥建成投产，抗战前曾生产全金属轰炸机 航空委员会第一飞机修理厂制成“爪哇”号飞机 江南造船所制造了柴油机护航舰 北洋大学机械系邓日谟开始仿制飞机发动机 刘仙洲编著的《英汉对照机械工程名词》在清华大学出版	
1935	民国 24 年	新中工程公司开始在图纸上标注尺寸公差 红军在陕北瓦窑堡创建红色兵工厂，1938 年迁到安塞县茶坊镇 刘仙洲编著的《机械原理》、《中国机械工程史料》出版 伪满成立大陆科学院，下设机械方面的研究机构 满洲机器股份公司在沈阳成立	4 月，国防设计委员会易名资源委员会，主要执掌资源的调查、开发及动员等 工业标准委员会开始编订中国工业标准
1936	民国 25 年	中国机械工程学会在杭州成立。此前，1934 年成立中国航空工程学会和电机工程学会，1935 年成立中国自动机工程学会 王守竞博士主持在湘潭筹建机器制造厂，拟制造飞机发动机、原动机、机床及工具、汽车 曾养甫等人筹建中国汽车制造公司，拟仿造德国 Benz 牌汽车 铁道部在杭州筹建铁路总机厂，1938 年因战事停建 清华大学制成中国第一个航空风洞，成立航空研究所 中国机械自给率约为 23.5%，车辆船舶自给率 16.5%，钢铁自给率为 5%	资源委员会编发《重工业建设计划》兴建冶金、化工、机械、能源、电器等重工业厂矿，先后上马了钢铁厂、机械、电工器材厂等一批企业

（续表）

年份		机械工程大事	国内外相关 政治经济要事
公元	中国纪元		
1937	民国 26 年	中国机械工程学会出版《机械工程》季刊 新中工程公司仿制出 35 hp 的 Perkins 高速柴油汽车发动机 中国汽车制造公司在上海建装配厂，组装 Benz 牌载货汽车 张世钢试验用植物油代替柴油作为汽车燃料，获成功 中意合办中央南昌飞机制造厂 “七七事变”后日本全面侵华，上海等地机器厂开始内迁 中共中央军委成立军事工业局，滕代远任局长 11 月 6 日，中共六大六中全会号召：“每个游击战争根据地都必须尽量设法建立小的兵工厂，办到自制弹药、步枪、手榴弹等程度，使游击战争无军火缺乏之虞。”抗战胜利前后各根据地共拥有工人 100 人以上、设备 10 台以上、有固定厂房的兵工厂 50 余个，职工 3 万余人	7 月 7 日，日本侵略者制造了“七七事变”，抗日战争全面爆发 8 月 9 日，资源委员会向行政院提出工厂内迁方案，次日行政院批准；11 日，上海工厂联合迁移委员会成立；13 日，日军开始进攻上海；22 日，顺时机器厂在炮火下第一家拆迁 抗日战争初期，146 家上海民营企业西迁，占上海民营工厂的 10%
1938	民国 27 年	纺织机试验所在重庆成立 江南造船所被日寇占用 满洲飞行机械制造株式会社成立	国民政府先后颁布《工业奖励法》、《工矿业奖助暂行条例》
1939	民国 28 年	资源委员会机器制造厂在昆明建成投产，定名为中央机器厂，下设几个分厂，总经理为王守竞 航空委员会在西南筹办飞机发动机厂 中央工业试验所先后在重庆成立机械设计室、机械实验工厂、动力试验室、材料试验室、热工试验室等 新中工程公司在湖南祁阳仿制成 65 hp 的 M.A.N. 柴油汽车发动机，不久改型为 45 hp 煤气机 航空委员会在成都设航空研究所 中央大学机械工程系首次招收一名攻读硕士学位的研究生，该生于 1941 年毕业	
1941	民国 30 年	中国工程师学会设立工程标准协进会 航空委员会在贵州大定乌鸦洞建成飞机发动机厂	12 月 8 日，日军偷袭美国珍珠港，太平洋战争爆发
1942	民国 31 年	度量衡局成立机械工业标准起草委员会，分组制定标准 中央机器厂试制出齿轮滚刀，仿制成瑞士的精密铣床、250 hp 煤气机 支秉渊驾驶煤气汽车从祁阳到重庆，其发动机为新中公司自制 1942—1943 年，中国兴业公司机器厂制造轧钢机 1942—1944 年，航空委员会南川第二飞机制造厂设计制造出中运 -1 式运输机 满洲工作机械株式会社生产单轴自动车床、磨床等	

（续表）

年份		机械工程大事	国内外相关政治经济要事
公元	中国纪元		
1943	民国 32 年	中央机器厂制成 150 hp 混流式水轮发电机组、30 kW 转桨式水轮机、显微镜、钻夹头等，并在 1943 年前后试制出块规 中国汽车制造公司华西分厂（重庆）成功地用桐油代替柴油作为汽车燃料 中国工程师学会对支秉渊煤气汽车研制成果授予金质奖章荣誉 1943—1944 年间，吴震寰设计了 2000 kW 水轮机	国民政府召集各方代表，讨论通过《战后经济建设计划》
1944	民国 33 年	大定飞机发动机厂装成两台 G105B 式飞机发动机 中央机器厂制成 150 hp 柴油机，又在四川泸县安装 2000 kW 汽轮发电机组，其中汽轮机、发电机转子为瑞士制造，其余均为自制 1944—1945 年，新中工程公司仿制 1 台卧式镗床 上海亚中铁工厂仿制了一台 10 ft 液压万能磨床 满洲轴承制造株式会社月产轴承 7 万套 延安自然科学研究院的物理系改为机械工程系	
1945	民国 34 年	上海公用电机厂制造 300 hp 电动机 中国开始索要日本的赔偿机器，实际上得到很少 交通部开始筹建株洲机车厂 1945—1948 年，朱家仁试制成“蜂鸟”号直升机	美国将原子弹投向日本广岛、长崎 日本战败投降 国民政府中央设计局会同资源委员会提出《重工业五年计划》
1946	民国 35 年	日本投降后，苏军大规模拆运东北的机器设备，按“二战”前币值至少值 20 亿美元 中央机器有限公司成立，原中央机器厂改称昆明机器厂 中国农业机械特种股份有限公司改组为中国农业机械公司 中国纺织机械制造公司在上海成立 大定飞机发动机厂在广州设立分厂	内战爆发
1947	民国 36 年	国民政府中央标准局成立 1947 年是 1946—1949 年间机械工业生产状况最好的一年	
1948	民国 37 年	中央机器公司昆明机器厂制成 500 hp 滑环式交流电动机	
1949	民国 38 年	资源委员会从美国西屋公司得到汽轮机、发电设备的图纸和技术资料	中华人民共和国成立

第三篇

中国现代机械史

■ 1949年中华人民共和国成立至2008年（1949—2008年）

机械是发展了的工具，是现代社会进行生产和服务的六大要素（人、资金、能源、信息、材料和机械）之一，并参与能量和材料的生产。机械工业的服务领域很广，现代机械工业有五大服务领域：

（1）研制和提供能量转换机械，包括将热能、化学能、原子能、电能、流体压力能和天然机械能转换为适合于应用的机械能的各种动力机械，以及将机械能转换为所需要的其他形式的能量。

（2）研制和提供用以生产各种产品的机械，包括农、林、牧、渔业机械和矿山机械以及各种重工业机械和轻工业机械等。

（3）研制和提供从事各种服务的机械，如物料搬运机械，交通运输机械，医疗机械，办公机械，通风、采暖和空调设备以及除尘、净化、消声等环境保护设备等。

（4）研制和提供家庭和个人生活用的机械，如洗衣机、电冰箱、钟表、照相机、运动器械和娱乐器械等。

（5）研制和提供各种军事装备。

1949 年 10 月 1 日，中华人民共和国成立。当时，中国的农业基本上仍然是以手工个体劳动为主的传统农业，而此时的工业，则比世界上主要的资本主义国家落后 100 余年。当时，中国的机械工业企业只有 3000 多个，职工 10 万多人，拥有金属切削机床 3 万台左右。大多数机械厂只能从事修理和装配业务。1954 年毛泽东同志对此有过一段形象的描述："现在我们能造什么？能造桌子、椅子，能造茶壶、茶碗，能种粮食还能磨成面粉，还能造纸，但是一辆汽车、一架飞机、一辆坦克、一辆拖拉机都不能造。"

党中央对机械工业发展寄予殷切的期望，给予很大支持。1956 年 4 月，毛泽东在作《论十大关系》报告时感叹："什么时候我们能坐自己生产的小汽车就好了。" 1951 年 4 月 17 日，中央就颁发了《关于航空工业建设的决定》。1953 年，毛泽东亲自签发了《中共中央关于力争三年建设长春汽车厂的指示》。1959 年，毛泽东针对苏联中止对华援助研制核潜艇时说："核潜艇，一万年也要搞出来。"

第一个五年计划时期，当时的第一机械工业部按中央要求在中南海办了汇报性的机械展，毛泽东、刘少奇、邓小平等中央领导都观看了展览，仅毛泽东就看了六次。1958 年，毛泽东曾说，我是想对发展机床工业的重要性做些调查，但一到工厂，变成大家看我。因此他指示在中南海瀛台举办小型机床工具展览。1958 年 7 月 2 日，他在此详细地观看了机床操作表演，而且用哲学、政治经济学的观点说，原材料按照人们的意愿，通过了机床与工具、改变成需要的机器零件，充分体现了工业生产中人、机、物三者的关系。1958 年 9 月 5 日，毛泽东在最高国务会议讲话中说："机械里头有个工作母机，什么矿山，什么炼油，什么电子，什么化学，什么建筑，什么农业，什么交通运输，这些机器都要有个工作母机，无非是车、铣、刨、钻之类，这些东西是根本的。"1959 年冬，机械工业部按照毛泽东的要求，在中南海瀛台又一次组织机床工具展览，1960 年 4 月 24 日，毛泽东又用 3 个小时观看机床操作表演，了解机床各种性能。

以上提及的毛泽东说过的话至今已逾 50 年。甲子回望，中国已从"农业经济大国"变为"工业经济大国"。中国机械工业有了长足的发展，2008 年中国机械工业总产值是 1949

中国机械工业发展概况表（1949—2008年）

	1949年	1952年	1978年	2008年	2008/1949（倍）	1950—2008年平均年增长（%）	1978/1949（倍）	1950—1978年平均年增长（%）	2008/1978（倍）	1979—2008年平均年增长（%）
工业总产值（亿元）	5.59	25.86	1082.28	123047.08	22012	18.90	193.61	19.91	113.69	17.09
企业数（个）			10890	130306					11.97	8.65
职工人数（万人）	10.7		499.13	2246.22	209.93	9.5	46.65	14.15	4.50	5.22
大型拖拉机（万台）			11.43	21.71					1.91	2.19
金属切削机床（万台）	0.16	1.37	18.33	61.73	385.81	10.62	114.56	17.76	3.37	4.13
数控机床（台）			581	122211					210.35	19.52
汽车（万辆）			14.91	934.51					64.49	14.90
轿车（万辆）			0.26	503.73					2049.27	28.94
发电设备（万 kW）		0.54	483.83	13319.4					27.58	11.69
水电设备（万 kW）		0.54	144.56	2418.16					16.73	9.85
内燃机（万 kW）	0.74	2.94	2905.67	54977.08	74293.35	20.94	3926.58	33.02	18.92	10.30

年的 2.2 万倍，职工数量则是 200 多倍。

拖拉机、汽车、发电设备产量已居全球第一。中国已进入全球机械大国的前列，正向现代机械强国挺进。

汽车 1956 年，中国造出第一辆载货车；1958 年，造出第一辆轿车。2009 年，中国汽车产量已超过 1300 多万辆，居全球第一，从具有自主知识产权的排气量 0.6 升微型轿车到排气量 5.6 升红旗高级轿车，应有尽有。

飞机 1956 年 9 月 8 日成功制造了第一架喷气式歼击机“歼 -5”飞机，现在自主研制并批量装备空军的“歼 -10”飞机，其性能不亚于美国“F-16”和法国“幻影 -2000”飞机。

坦克 1958年12月成功制造了第一辆“59式”中型坦克，现在生产的“99式”主战坦克，可与世界先进坦克抗衡。

拖拉机 1958 年制造了第一台拖拉机，现在已能生产 300 马力的大型轮式拖拉机；2009 年生产大中型拖拉机 39.19 万台，占全球产量的 30% 以上。

60 年来，中国机械工业从落后于发达国家 100 余年，迅速提高到 21 世纪世界先进水平。

东方红 -2884 大功率（288 hp）轮式拖拉机。

红旗检阅车

中国第一种自主研制的第三代战斗机——歼-10

“99式”主战坦克

第一节　艰苦创业，初步奠定基础的机械工业

（一）恢复生产，着手新厂建设准备工作

1949—1952 年国民经济恢复时期，国家对饱受战争创伤的机械修配工业进行了一系列的改革、改组工作，建立起初步生产秩序，还仿制一些机械产品，旧中国那种以修配为主的局面开始有所改变。

中华人民共和国成立初期，我国机械工业企业使用的主要工艺设备——皮带车床

中华人民共和国成立前，潍坊华丰机器厂仿制的 12 hp 卧式柴油机

1950 年，济南第一机床厂生产的第一台五尺车床

20 世纪 50 年代初期，济南柴油机厂生产的第一批 12 hp 柴油机

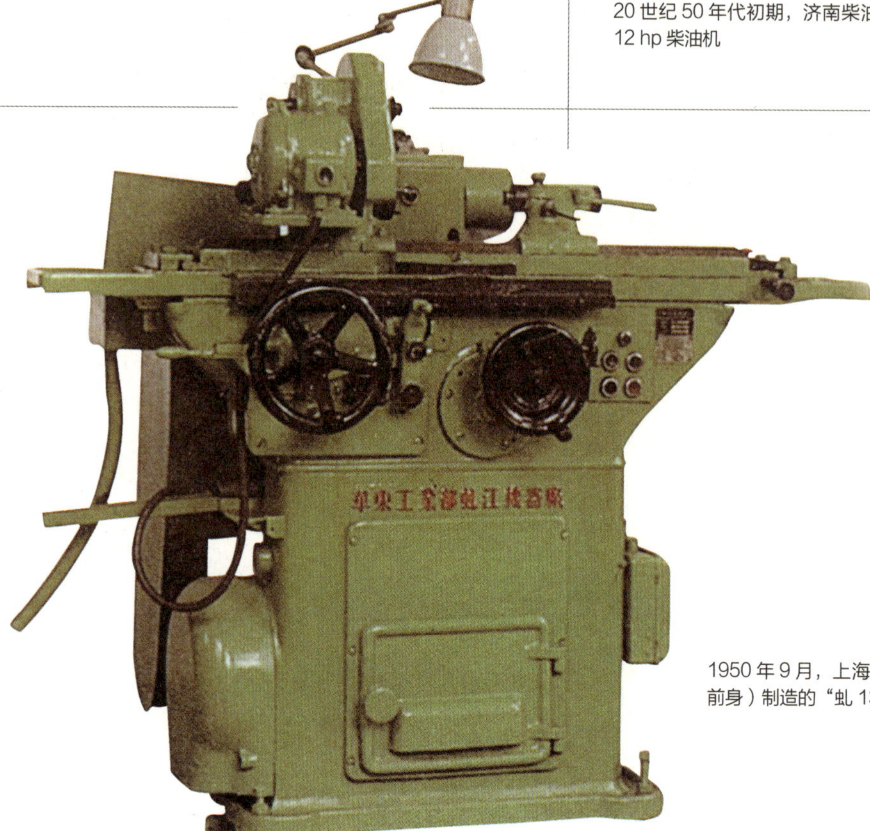

1950 年 9 月，上海虬江机器厂（上海机床厂前身）制造的“虬 13 式万能工具磨床”

中华人民共和国成立伊始，就开始启动大规模建设新的大型骨干企业，如第一个重机厂——太原重型机器制造厂，1951 年 10 月就破土动工，1950 年初决定在沈阳筹建重电机厂（因“抗美援朝”改在哈尔滨建设，即后来的哈尔滨电机厂），1952 年决定在上海建设三大动力设备厂。“156 项”在东北的机械项目，从 1950 年开始相继成立筹备组，进行前期准备工作，沈阳风动工具厂在 1952 年即开始建设。

（二）实行“计划经济”体制，全力建设“156 项”

1953—1957 年是国民经济第一个五年计划时期，机械工业主要方面是对原有老厂进行组织调整和技术改造，与新企业的建设很好地结合起来，使机械工业逐渐成为独立而完整的机械制造业。这时，开始实行计划经济体制，还对私营经济进行社会主义改造。

这一时期，进一步确定了企业的产品专业方向，实行计划管理，加强技术管理和经济管理并进行企业的技术改造，以改变老厂的生产技术落后面貌，充分发挥老厂的作用。这一时期，机械工业的生产总值，老厂占 80% 以上，机械产品国内自给率为 62%。苏联援建的“156 项”所需设备，交由国内供应的比重，按重量计为 52.3%，按金额计为 45.9%，鞍山钢铁公司、武汉钢铁公司、第一汽车制造厂、洛阳拖拉机厂等重要项目有 50% 左右的设备，分交由国内供应。

太原重型机器制造厂是“一五”时期我国自行设计、建设的重点工程项目；图为 1951 年正在兴建的冷作车间施工工地

（三）“一五”时期“156 项”工程设备国内供应设备比例

项　目	国内供应设备比重（%）	
	按设备重量计	按设备价值计
“156 项”总计	52.3	45.9
其中：鞍山钢铁公司	49	43
武汉钢铁公司	58	54
第一汽车制造厂	62.4	65.6
洛阳拖拉机厂	53.5	44.6

这一时期，发挥自己的技术能力，在苏联的援助下，发展了大量新产品，技术水平显著提高。如在机械装备方面：116 型多刀自动车床、主轴直径 110 mm 镗床、CK371 型平面磨床、工作台直径 2 m 立车等，3 m^3 挖掘机、930 m^3 高炉，100 万 t 洗煤设备，2500 kW、6000 kW、12000 kW 成套火电设备，10000 kW 水电设备和 110 kV 高压输变电设备等，在交通运输设备方面：4 t 载货汽车，军用舰艇和多种内河及沿海客货轮船，“初教 -5”教练机、“歼 -5”喷气式歼击机等。

以苏联帮助中国设计的 156 个工业建设工程项目为中心，集中力量建设一批大型现代化的机械工业骨干企业。156 个项目中有机械工业建设项目 60 项（其中民用机器行业 25 项、轻工 1 项、航空航天 14 项、兵器 16 项、船舶 4 项），以此为中心，建立中国机械工业的初步基础。这些重大项目的建设，从无到有地建立了飞机、坦克、汽车、拖拉机、发电设备、石油化工设备、冶金矿山设备、新式机床、精密仪表等机械制造行业，船

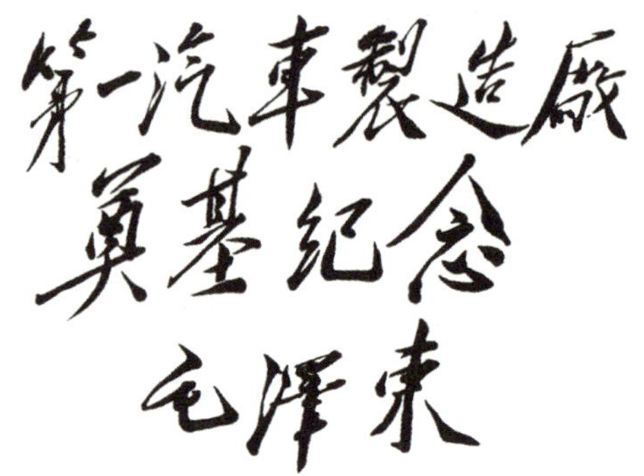

1953 年 7 月 15 日，第一汽车制造厂举行隆重奠基典礼

舶、兵器等行业也得到了加强。这批项目的绝大部分在“一五”时期开始建设，大多在1955—1962年陆续建成投产，尔后都成为各行业的骨干排头兵企业，在国民经济发展和国防建设中发挥了重要作用。

第一汽车制造厂工地雨季施工

安装 3000 t 大压床

1956年10月15日，第一汽车制造厂举行汽车投产开工典礼

第一机械工业部部长黄敬在第一汽车制造厂投产开工典礼大会上讲话

1956 年 7 月 13 日，第一辆解放牌汽车下线

新车出厂报捷

请谭副总理主持剪彩典礼。周恩来 十、廿六

1959 年 10 月 26 日，周恩来总理在农机部部长陈正人关于第一拖拉机制造厂落成典礼报告上的批示："请谭副总理主持剪彩典礼"

第一拖拉机制造厂落成典礼大会会场

国务院副总理谭震林在第一拖拉机制造厂落成典礼大会上讲话

第一台东方红牌拖拉机诞生出厂

第一台东方红牌拖拉机开进农村，受到农民的热烈欢迎

1956年6月28日，哈尔滨汽轮机厂举行开工典礼

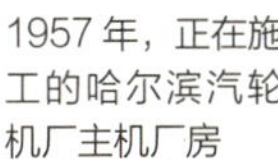

1957年，正在施工的哈尔滨汽轮机厂主机厂房

1958 年 4 月，哈尔滨汽轮机厂生产的首台 2.5 万 kW 汽轮机组

1959 年，哈尔滨汽轮机厂制造的 5 万 kW 单轴式汽轮机组

第二节 “大跃进”和国民经济调整中的机械工业

（一）“大跃进”给中国机械工业发展带来很大破坏

“大跃进”始于1957年下半年，毛泽东1957年11月访苏回来提出“15年赶英国”；1958年5月中共“八大”提出只要七八年时间就可以在钢铁和其他主要工业产品产量上追上英国，只要15年或者更长一点时间就可以赶上美国。“大跃进”的局面完全脱离了当时我国经济发展的实际情况。

1958年8月，中共中央在北戴河召开政治局扩大会议，“大跃进”运动在全国范围内大规模地展开。机械工业被提到了重要的位置。当时的说法是“一为粮，二为钢，加上机器，叫三大元帅，三大元帅升帐，就有胜利的希望”。国民经济大跃进，迫切需要大量机械设备，当时机械工业提出的口号是“全民动手，快马加鞭，提供更多更好的机器，保证社会主义建设的高速发展”。机械工业在“大跃进”中出现一系列问题。一是违反科学规律大搞群众运动，正常生产秩序被打乱，造成设备严重损坏，给机械的生产、发展带来很大破坏。二是全民大办机械工业，虽产量大幅增长，但粗制滥造，造成很大浪费。如冶金设备，1957年产量1.38万t，1958—1960年总计产量66万t，其中包括300多套简易轧机、上千套简易炼焦设备、上万套简易小高炉、小转炉；又如金属切削机床，1957年产量2.8万台，1958—1960年累计生产35万台，其中简易土机床和皮带机床就有28万台，有的就是在板凳上加一个电动机，多数不能使用。三是基本建设失控，浪费严重。当时办厂的方针是各级办厂，遍地开花。1958—1960年，仅民机系统建设投资即达75亿元，平均每年25亿元，为1957年投资8.9亿元的2.8倍；三年内完工的厂房1100万m^2，为第一个五年计划时期164万m^2的6倍，三年安装1000 t以上自由锻水压机15台，而第一个五年计划时期只有2台。由于赶进度，工程质量极差，有的厂房未及投产，就须进行修理、加固、降级使用，大多报废，肥梁胖柱，随处可见。四是发展了一些重大新产品，但质量上存在不同程度问题，能通过验收、鉴定保存下来的，大都是“一五”计划时期着手安排的一些重大新产品。如5万kW火电设备、220 kV高压输变电设备、3350 m^3/h制氧机、3200 m石油钻机、“东风牌”万吨级远洋货轮、内燃机车、韶山型电力机车、400 mm×560 mm双柱坐标镗床、ϕ80 mm×2500 mm精密丝杠车床等。还自行设计制造了万吨自由锻造水压机、1.2万kW双水内冷汽轮发电机、135系列柴油机、医用核子同位素设备等。

（二）机械工业贯彻“调整、巩固、充实、提高”方针

“大跃进”的严重失误使中国国民经济遭遇严重困难，1961年1月中共八届九中全会决定从1961年起对国民经济实行“调整、巩固、充实、提高”的方针，国民经济进入调整时期。机械工业认真贯彻了这一方针，进行了大量工作。

机械工业“大跃进”中的问题比其他部门更加突出。1961年全国工业产值增长速度比上年下降38%，机械工业下降64.5%；1962年机械工业不少主要产品产量低于1957年水平。

当时，机械工业一方面任务不足，严重吃不饱。另一方面，国民经济和“两弹一星”等国防尖端需要的关键产品，要由国内供应，特别是苏联撕毁合同，很多重点项目原来由苏联

主要机械产品产量（1957—1962年）

产品名称	1957年	1960年	1962年
矿山设备（万吨）	5.29	25.2	3.5
冶金设备（万吨）	1.38	23.2	2.2
起重设备（万吨）	3.2	16.7	2.0
工业泵（万台）	4.6	19.4	2.4
金属切削机床（万台）	2.8	15.4	2.3
发电设备（万千瓦）	19.7	338.8	15.2
汽车（万辆）	0.79	2.26	0.97
拖拉机（万台）	—	1.16	0.71

供应的关键设备，我国机械工业无法提供。如高精度机床、原子能设备、新型材料所需大型设备、精密仪器仪表、化肥设备、石油设备等，相关企业管理混乱，产品质量差，经济效果差，基建战线太长等问题都亟须解决。

当时，为了加强国防工业，重新将军工部门和民用机械部门分开；1961 年 1 月，国防工业整风会议召开，贯彻中央军委提出的“军品第一、质量第一，在确保质量的基础上求数量”的方针。

民用机械工业方面，全面贯彻调整时期的方针。一是精简队伍。如一机部系统，1960 年底有企业 2442 个，1963 年减为 1475 个，同期职工人数由 161 万人减为 85 万人，但保留了骨干力量。调整力量加强军工配套设备、原子能设备、氮肥设备、石油设备、精密机床的制造能力，例如原子能设备，就是以发电设备厂为核心，组织了工艺相近的 100 多个企业，大力协同搞出来的；石油设备定点生产企业 66 个；氮肥设备，定点生产企业 100 个；等等。二是压缩在建规模。如一机部系统 1960 年在建的国家安排项目 500 多个（另有地方安排项目 1500 个左右），至 1962 年压缩到 107 个，停缓建 4/5，投资主要用于发展缺口短线产品。当时还从日本、法国等引进了液压件、电动量仪，重型汽车等成套项目，这是中华人民共和国成立以来，中国机械工业第一次从西方国家引进的制造技术。三是为“两弹一星”的研制，发展大型关键装备。机械工业在极端困难和国际严密封锁下，全靠国内自己力量完成了“两弹一星”及其生产装备和试验研究装备，如精密机床、“九套大型设备”的研制；完成了航天、航空、舰船、兵器等国防军工任务。其中最为突出的如原子能设备，充分发挥现有企业潜力，只用了二三年时间陆续研制出第一套原子能反应堆和核原料加工设备及核物理试验设备（加速器），为中国独立自主发展原子能工业作出了贡献。还有包括为发展冶金工业、航天工业、航空工业所需的 3 万 t 模锻水压机、12500 t 卧式挤压水压机、2800 mm 冷轧和热轧铝板轧机、80 ~ 200 mm 钢管冷轧机等 9 套大型关键设备。这个时期还研制了两台 1.2 万 t 水压机、10 万 kW 成套水力及火力发电设备和车轮轮箍轧机等重大新产品（其中有些设备延至 1980 年才完成），标志着中国机械工业在技术上与工业国家的差距开始缩小。这个时期的工作主要还有贯彻《工业企业七十条》，整顿企业管理秩序，改进工业管理，发展工业协作，试行经济办法管理工业。

火车车轮压轧生产线

1961 年 12 月，由太原重型机器制造厂为马鞍山钢铁公司制造的我国第一套火车车轮压轧生产线成套设备及产品，是中国机械工业首次为冶金工业提供的大型成套设备。

沈阳重型机器厂为西南铝加工厂研制的 12500 t 有色金属卧式挤压水压机（九大设备之一），1967 年制造完成，1978 年获全国科学大会奖

第一重型机器厂、太原重型机器厂为西南铝加工厂联合研制的 2800 mm 铝板轧机（九大设备之一），1970 年制造完成，1978 年获全国科学大会奖

第一重型机器厂、机械科学研究院为西南铝加工厂联合研制的 30000 t 模锻水压机（九大设备之一），1970 年完成全部制造任务，1978 年获全国科学大会奖

12500 t 锻造水压机

1962 年，第一机械工业部副部长刘鼎主持完成了 12500 t 锻造水压机。该水压机立柱采用钢锭锻后电渣焊焊接，上中下横梁采用四包钢水合浇，沈阳重型机器厂和第一重型机器厂为主设计制造。

12000 t 级自由锻造水压机

1962 年，第一机械工业部副部长沈鸿任总设计师，以上海江南造船厂为主制造了 12000 t 级自由锻造水压机。该水压机采用全焊接结构、“蚂蚁啃骨头”加工、枕木和油压千斤顶起吊。

第三节 “文化大革命”时期的机械工业

1966 年 5 月至 1976 年 10 月，中国进行了一场“文化大革命”，给机械工业造成了重大损失，许多方面不仅停滞不前，反而倒退，机械工业生产技术之前与工业发达国家日益缩小的差距，又拉大了。但是由于广大职工坚持生产与建设，仍取得一定成绩。

（一）工业管理受到猛烈冲击

不合理的重复建设和生产问题极为严重。汽车，是宜于集中大批量生产的产品，1977 年由“文化大革命”前的 10 个汽车厂发展到 130 个厂点，车型大都是“解放”、“跃进”、“北京 130”等老产品，产品质次价高，其中年产量 1000 辆以上的工厂只有 9 个，不少厂年产量仅 100 ~ 200 辆。1977 年解放牌汽车的成本，第一汽车厂为 9862 元，很多小厂高达 20000 元以上。机床生产方面，仅浙江省即有生产机床的厂点 625 个，而 1965 年全国只有 100 多个机床厂。轴承生产方面，由 44 个厂发展到 600 多个。许多技术要求高、需要量不大的产品也有同样情况，如生产万马力柴油机制造厂仅上海一地即有 3 个，6135 型 160 hp 柴油机全国有 18 个厂生产，除上海、贵阳两厂外，其他厂技术上都没有过关。还有当时为“1980 年全国基本实现农业机械化”的目标，各地大办农业机械，到 1978 年，全国共有大中型拖拉机厂 65 个，小型拖拉机厂 143 个。

企业管理混乱，机械产品质量下降。1972 年年初，据 20 个省、自治区、直辖市的调查，产品抽查合格率下降到 45%；1976 年，调查了全国铲车行业的 11 个企业，只有 1 个企业产品整机性能合格；调往唐山震区的汽车，到现场有 20% 开不动；1972 年援越汽车被越方拒收，宁肯要苏制老旧汽车。周恩来批评：“质量这样下降，如何援外？如何备战？这是路线问题。”

生产指挥系统指挥失灵，不少企业处于瘫痪状态。“文化大革命”期间，第一机械工业部系统 250 个骨干企业中，有 59 个企业生产极不正常，其中 25 个长期瘫痪，34 个半瘫痪。如洛阳轴承厂，1976 年计划生产轴承 1600 万套，只完成 448 万套，而且成品合格率只有 20%；武汉锅炉厂，长期停产；大足汽车厂长期停工停产，从法国引进的重型汽车技术资料，一直不能利用；重庆机床厂，1973—1976 年，四年三次停产，每次长达 10 个月以上。

科研、教育工作遭到巨大破坏。一些学有专长的知识分子和专家受批判、遭迫害，变相劳改，无法开展教学、科研工作，形成了人才、科研断层；一些骨干科研基地被强制解散或搬迁，如上海汽轮机锅炉研究所，是全国唯一的比较完整的电站设备研究基地，被强迫撤掉。

拉大了与国外机械工业水平的差距。由于执行“闭关锁国”的政策，加上“文化大革命”的冲击破坏，而国外此时却在飞速发展，原来与国外水平缩小的差距又拉大了。如解放牌载货汽车，是仿制苏联 20 世纪 50 年代初期产品，至 1965 年苏联已两次改型，而第一汽车制造厂一直到 20 世纪 80 年代才作改进；北京第一机床厂的万能铣床，也是仿制苏联 20 世纪 50 年代初期产品，20 年来改进不多。又如合成氨设备，国外的 30 万 t 设备，采用透平压缩机，能反复回收生产过程余热，吨氨能耗 1000 万大卡[①]，而国内设备，主压缩机为往复式压缩机，吨氨能耗 1800 万大卡以上。

---

① 1 大卡（kcal）=4.18kJ

（二）为国家发展尖端技术产品完成了一批重大设备和科研成果

这一时期的机械装备完成了年产 150 万 t 钢铁的攀枝花钢铁公司从矿山开采到轧制钢材的全套设备，第二汽车厂的冷加工成套设备，年产 150 万吨炼油成套设备，20 万～30 万 kW 水力、火力发电设备和 330 kV 高压输变电设备等。还有许多国防专用设备，如核材料用扩散机、航天工业用 20 t 振动台、航空工业用风洞设备等。

国防装备取得许多历史性突破，如 1970 年成功发射了第一颗人造卫星，第一艘核潜艇研制成功等。

1965 年，沈阳水泵厂、哈尔滨电机厂制造的石墨轻水反应堆主循环泵及 5000 kW 电机

1972 年，上海电机厂、北京重型电机厂等单位制造组装的气体扩散机机组

1972 年，东风电机厂制造的四号气体扩散机机组

1974 年，兰州石油化工机器厂制造的地下核试验用钻机塔架

1977 年，第二重型机器制造厂等单位制造的高通量工程试验堆堆内构件栅格板

1966 年，哈尔滨锅炉厂制造的导弹驱逐舰主锅炉

1968 年，哈尔滨汽轮机厂制造的导弹驱逐舰主汽轮机齿轮联合机组正在总装

第一重型机器制造厂制造的核潜艇反应堆压力壳

1968 年，北京机械自动化研究所等单位研制的 20 t 电液伺服振动试验台（正在进行卫星试验）

1968 年，太原重型机器厂制造的酒泉卫星发射中心移动式发射塔架及脐带塔

1980 年，太原重型机器厂制造的西昌卫星发射中心固定式发射塔架

1980 年，东风电机厂等制造的 6 m×8 m 风洞

（三）“三线建设”

从 1964 年开始，不包括新疆、西藏和内蒙古在内的中西部的 13 个省、自治区进行了一场以战备为指导思想的大规模国防、科技工业和交通基本设施建设，史称“三线建设”。“三线建设”重要工作是迁移沿海工业到内地，对机械工业来说，兴建大批军事工业和民用机械工业，从 1965—1980 年，在三线地区建成了中国一大批国防科研基地，形成了门类齐全、各方配套的国防工业生产基地。

在军工方面，这里不仅能生产轻武器，而且能生产先进的重武器。至 1975 年，西南以重庆为中心的常规兵器工业基地产量已经占全国的一半左右。建成了四川和陕西的战略武器科研生产基地，四川、陕西、贵州和鄂西北等地的航空工业基地，长江中上游地区的船舶研究和生产基地，酒泉和西昌卫星发射基地。到 1975 年，中国三线地区国防工业的生产能力、技术力量和装备水平都超过一、二线地区，改变了中国的国防工业布局。

民用机械方面，在三线地区也进行了大规模的建设。1965—1979 年，在三线地区共投资 93.39 亿元，相当于 1949—1965 年机械工业全部投资的 70% 以上，其中 1966—1970 年占全部投资超过 2/3。1965—1979 年三线地区机械工业施工项目 1623 个；建筑竣工面积 2129 万 m^2，其中生产建筑面积 834 万 m^2；安装金属切削机床 35119 台，锻压设备 5633 台；新增固定资产 64.4 亿元。三线建设，主要采用了沿海老厂迁建或援建的形式，共援建或迁建了 241 个工厂、研究所，内迁职工 62679 人、设备 17727 台。三线地区机械工业拥有的职工、固定资产和设备，1979 年比 1965 年分别增长了 3.3 倍、3.7 倍和 2.7 倍；产值、职工人数固定资产和机

“三线建设”图

三线地区与沿海地区部分民机产品骨干企业对照表

行　业	三线地区	沿海地区
汽车	第二汽车厂、大足汽车厂	第一汽车厂、上海汽车厂、南京汽车厂和济南汽车厂
发电设备	四川东方（锅炉、汽轮机、发电机及水电）	哈尔滨、上海（锅炉、汽轮机、发电机及水电）
输变电	西安 1 套	沈阳 1 套
电机、电器、电材	四川、湖南、贵阳、天水各厂	上海、辽宁、天津、北京各厂
大型机床、精密机床、	昆明、武汉、汉中、西宁、重庆各厂	上海、北京、沈阳、大连、济南、南京、齐齐哈尔各厂
工具砂轮	重庆、成都、郑州、贵州各厂	哈尔滨、上海、沈阳、山东各厂
冶金、矿山等重型机械和大型铸锻件	德阳、太原、洛阳等厂	富拉尔基、沈阳、大连、上海、北京等厂
石化设备及通用机械	兰州、宝鸡、开封、四川、长沙、武汉各厂	上海、沈阳、杭州、天津各厂
轴承	洛阳、襄阳、贵州、汉中、西北等厂	哈尔滨、瓦房店、上海等厂
仪器仪表	西安、重庆、贵州、湘西、贵阳、银川等厂	上海、北京、天津、沈阳、哈尔滨、长春、苏州、南京等厂
拖拉机	洛阳、西宁（20 世纪 80 年代改工程机械）等厂	天津、上海、长春、鞍山等厂
内燃机	重庆、贵阳等厂	上海、杭州、无锡、北京、潍坊等厂
农机和配套	四川、陕西、河南、湖北、湖南各厂	江苏、山东、北京、天津、上海、四平各厂

第二汽车制造厂厂址选定在湖北省郧阳县十堰镇一带，图为十堰镇原貌（1966 年）

1967 年 4 月 1 日，第二汽车制造厂在湖北郧阳县十堰大炉子沟举行开工典礼

1975 年 7 月 1 日，第二汽车厂第一个基型车——两吨半越野车正式投产，饶斌厂长驾驶第一辆车下线

第二汽车厂部分专业厂鸟瞰

床拥有量在全国的比重，1965 年约为 1/4，到 1975 年提高到 1/3。初步形成了以重庆为中心的包括川、贵、滇在内的比较完整的西南机械工业基地；在西北初步建成了汉中、关中、天水、银川、西宁等一批各有特色的机械工业集中的城市，其中佼佼者如在鄂西的第二汽车厂，四川的东方电机、汽轮机、锅炉厂等。

经过“三线建设”，机械工业基本上做到了品种上沿海能生产的，内地都有生产点。汽车厂、机车车辆厂、飞机厂、战略武器厂、船用配套厂、拖拉机厂、内燃机厂、冶金矿山及大型铸锻件厂、机床厂、基础零部件厂、发电设备及电器厂，都建成了与沿海骨干企业相类似的能力。机械工业完成了内地、沿海的战略布局。

第二汽车厂生产的东风牌 5 t 载货车

“大跃进”时期，1958 年 10 月 13 日，德阳水力发电设备厂（现东方电机股份有限公司）开工动员大会会场

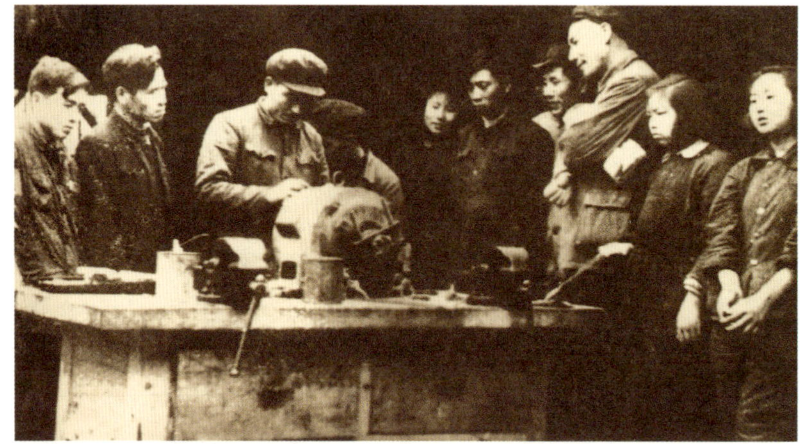

1959 年，德阳水力发电设备厂生产的第一台 7 kW 小电机

德阳水力发电设备厂建厂时安装 15 m 立车车床底盘

“大跃进”时期，1959 年第二重型机器制造厂动工兴建大会会场

第二重型机器制造厂建厂初期的基建兵团

第二重型机器制造厂建厂施工工地

“三线建设”时期，1968 年 9 月 25 日，陕西鼓风机厂搭起的简易值勤窝棚，保护第一批建厂物资

施工中的陕西鼓风机厂金工二车间

陕西鼓风机厂第一炉铁水

“三线建设”时期，1966 年 8 月 29 日，由北京第二机床厂包建的汉川机床厂破土动工

汉川机床厂职工组成的突击连，开赴施工工地

第四节　改革开放以来的机械工业

1978 年 12 月 18 日召开的中共十一届三中全会，确定了在新的历史条件下实行“改革开放”的总方针。由此也启动了中国机械工业改革开放、创新发展的新时期。

（一）成功实现了计划经济体制向社会主义市场经济体制的转变

首先是适时推动产供销管理模式及价格体系的改革。率先突破了多年来计划经济体制下的产品分配方式。十一届三中全会闭幕不久，宁江机床厂于 1979 年 6 月 25 日在《人民日报》上刊登“承接国内外用户直接订货”的广告，突破了过去生产资料不是商品的束缚；1980 年 8 月在长沙举办了具有里程碑意义的产需直接见面交易会，改变了计划经济时期那种“任务靠上级安排，材料靠上级供应，产品靠上级收购”的局面。1982 年之后，随着中共十二大精神的贯彻，市场经济在机械工业发展中的主导作用更为突出，指令性计划产品的范围和数量进一步减少，到 20 世纪 90 年代初期，只有发电设备和汽车尚有少量国家订货。绝大部分机械产品已经由企业根据市场需求自主经营、按照市场规则自主参与市场竞争，中国机械工业平稳地实现了已实施 40 年计划经济体制的大变革。与此配套，进行机械产品的价格体系改革，逐步缩小国家统一定价范围，机械产品价格放开，使价格能够比较灵活地反映社会劳动生产率和市场关系的变化。

第二是国有企业改革成效显著和民营经济快速崛起。机械工业国有企业经过扩大企业自主权、推行承包经营责任制和推进现代企业制度、推进公司制和股份制改造、推进大型企业上市，改革的着力点始终围绕着搞活企业并提高其市场竞争力。国有企业通过改革、改制和改组，机制性不利因素已经明显减少，相对优越于民营企业的较强科研开发实力和规模效应逐步凸现，运行质量和发展速度大幅提高。国民经济发展和国防建设所需的关系国家经济安全的重大装备主要由国有企业承担，是参与国际竞争的主要力量。

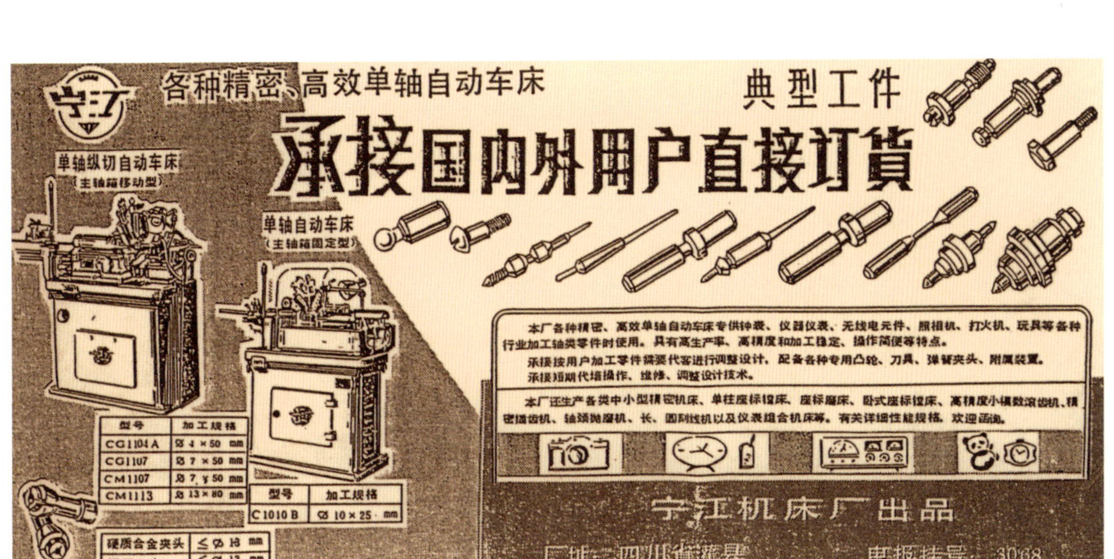

1979 年 6 月 25 日宁江机床厂在《人民日报》刊登的承接国内外用户直接订货广告全版图（这是中华人民共和国成立后中国机械工业突破计划经济体制下“生产资料不是商品的束缚”的第一份广告，影响巨大）

如上海、东方和哈尔滨三大动力设备公司生产的发电设备，一汽、上汽、东风、长安、北汽等大型集团生产的轿车都占全国总产量的70%以上，冷热连轧板设备主要由一重、二重制造。国有企业成为我国重大技术装备自主研发的主体力量，700 MW水电机组、超超临界1000 MW火电机组、大型冷热连轧板机、大型舰船和海洋工程装备、航天和各种飞机等高精技术装备，均由国有和国有控股企业开发研制。国有经济在中国机械工业发展中仍居极为重要地位，特别是一些重大技术装备地位更为突出。

2000—2007年国有企业在机械工业中的比重（%）

	2000年	2005年	2007年
工业增加值	42.16	30.67	23.71
销售收入	43.58	31.77	25.93
利润总额	30.65	26.75	28.30

民营经济，民营企业特别是个体、私营企业，在20世纪50年代中期社会主义改造时退出市场。改革开放以来对其有了新的认识、新的定位，至90年代承认其为社会主义市场经济的“重要组成部分”，对非公经济认识的重大突破，揭开了民营经济发展的新篇章。经过不断改制、创新、发展，一批民营强势机械企业已经崛起，特变电工、中联重科、三一重工、正泰、德力西、华立、万向、吉利、长城、宗申、力帆等机械、汽车集团公司，已具有立足国内，走出国门的实力，在国内外市场有较强的竞争优势。特别是进入21世纪以来，随着混合所有制的出现，一批强势民营企业积极参与国有企业的改革，调整产业结构，获得巨大成功。新疆特变电工并购了大型国有企业沈阳变压器厂，一跃成为研制1000 kV特高压交流输变电和±800 kV直流输电线路装备的明星企业；中联重科与国有浦沅工程机械集团强强联合，走上国际化发展的道路，成为全球混凝土机械制造的强者；万向集团在成为国际知名汽车零件公司后，又投巨资控股汉中的几个机床企业，进入数控机床领域。各种所有制企业平等竞争，特别是民营企业在机械工业发展中的地位更显突出。民营机械工业企业的主要经济指标占规模以上机械工业企业的比重，2000年近40%，2005年已提高到50%左右。

2000年和2007年机械工业各经济类型企业主要指标比重情况（%）

	2000年			2007年		
	国有	民营	三资	国有	民营	三资
工业增加值	42.16	39.49	18.35	23.71	51.45	24.84
销售收入	43.58	37.15	19.27	25.93	48.21	25.86
利润总额	30.65	43.69	25.66	28.30	45.97	25.73

（二）对外开放，融入国际机械市场

1. 对外贸易

1840年鸦片战争后的160年来，中国机械产品对外贸易一直是“进口大于出口”，20世纪80年代以来，成为中国对外贸易逆差最大的行业，逆差最多时达300多亿美元。2001年“入世”后，出口增速大步加快，中国机械产品外贸从逆差大户发展成为顺差大户。以民用机械产品为例，2006年开始少量顺差，2007年顺差达到241.4亿元；外贸净出口率不断提高，1978年为12.06%，1990年为34.97%，2000年为40.97%，2005年为46.87%，2006年为50.13%，首次超过50%成为净出口，实现了历史性改变；2007年达53.34%。

（1）中国已成为机械贸易大国

按《联合国贸易统计》，中国机械工业全行业的进出口贸易，2008年仅次于美国、德国，居全球第三位，占总量的10.1%，2006年为8.5%；其中出口额和进口额分别居全球第四位和第二位。

2008年世界机械工业主要贸易国家

	进出口总额		进口总额		出口总额	
	亿美元	比重（%）	亿美元	比重（%）	亿美元	比重（%）
全世界贸易总额	86827	100.0	42688	100.0	44139	100.0
美国	11445	13.2	5945	13.9	5500	12.5
德国	10775	12.4	3643	8.5	7132	16.2
中国	8806	10.1	4463	10.5	4343	9.8
日本	6094	7.0	1404	3.3	4690	10.6
法国	4619	5.3	2227	5.2	2392	5.4
英国	3239	3.7	1755	4.1	1484	3.4

资料来源:《联合国贸易统计》。统计范围：全部机械工业。

（2）21世纪以来机械产品外贸出口快速发展

1956年中国就开始出口机械产品，但在20世纪60年代，中国机械产品主要是按国家间的协定，以无偿援外的形式出口，70年代才开始商务贸易出口。改革开放初期，机械产品整体出口水平很低，主要是劳动密集型和材料密集型、工艺简单的标准件，手用工具等，主要面向无须进行售后服务的维修市场；出口贸易伙伴主要是亚洲的发展中国家。1985年，亚洲市场占出口贸易的75%；对美、日、西欧等世界外贸主市场只占10.8%。1984年中国机械产品出口额居世界第30位，占当时世界机械产品出口总额的3.4%。

1985年和2001年是中国机械工业扩大外贸出口的两个转折点。1985年，国务院发出扩大机电产品出口的号召，机械产品出口贸易进入新阶段，中国机械产品出口迅速发展；在2001年加入世贸组织后，中国机械出口更是迈开大步，按《联合国贸易统计》，2008年全球机械产品外贸出口总额44139亿美元，其中中国4343亿美元，占9.84%，居世界第四位（日本有关外贸分析报告，2008年出口外贸中国超

2004—2008年主要国家机械产品出口额

	国　家	2004年		2006年		2008年		2005—2008 平均年增（%）
		出口额（亿美元）	比重（%）	出口额（亿美元）	比重（%）	出口额（亿美元）	比重（%）	
	全世界总计	27681	100	39121	100	44139	100	12.4
1	德国	4513	16.3	5740	14.82	7132	16.16	12.1
2	美国	3232	11.7	4902	12.53	5500	12.46	14.2
3	日本	3092	11.2	4095	10.47	4690	10.63	11.0
4	中国	1351	4.9	2612	6.68	4343	9.84	33.9
5	法国	1666	6.0	1418	3.62	2392	5.42	9.5
6	英国	1207	4.4	1982	5.07	1484	3.36	5.3

资料来源:《联合国贸易统计》。统计范围：全部机械工业。

过日本，仅次于德国、美国，居第三位）。

出口机械产品结构不断优化。从20世纪90年代中期机械产品出口逐步向技术含量和附加值较高的产品和成套设备转变。大型远洋船舶、民用飞机、地铁车辆、汽车、成套设备等已批量出口。如船舶工业已成为外向型产业，70%的产量出口，从中小型一般散货轮向万吨级集装箱船、滚装船、超深海洋钻探平台等高技术船和海洋工程装备发展；民用飞机出口1500架；汽车出口发展很快，2002年2万辆，2007年61万辆，出口车型由商用车向轿车转变；大型发电设备已成为重要出口产品，2007年出口53套/498.9万kW，2009年增至287套/1648.13万kW，国产超临界600MW机组已出口土耳其、印度和俄罗斯；日产水泥熟料1万t的世界最大水泥生产线装备，已向阿联酋等中东国家出口多套，3万m^3/h级以上大型制氧机、9000m深井石油钻机均已多台出口。

对外贸易伙伴。21世纪初，贸易伙伴已达216个，市场多元化已经形成。主要伙伴是欧盟、日本和美国，占2007年进出口总额的56.2%，出口主要去向是欧盟、美国、日本和我国香港特别行政区，共占出口总量的61.5%。从贸易平衡看，2007年对我国香港特别行政区、美国顺差最多，仅民机产品，分别为198亿美元和181.8亿美元；对日本、德国逆差最多，2007年分别为271.1亿美元和201.8亿美元。

出口贸易方式发生变化。20世纪80年代末，民机出口额中，加工贸易比重近70%，一般贸易占不到30%。“入世”以来，情况发生了变化，2007年一般贸易比重占49.68%，加工贸易占44.91%，一般贸易出口超过加工贸易出口，发生了历史性变化。

2. 利用外资

1981年12月，湖北汽车公司与美国合资经营的武汉派克密封件厂开业，是中国机械工业最早签约的中外合资经营项目。随后，1984年1月15日北京汽车制造厂与美国汽车公司合营的北京吉普车有限公司开业，这是中外合资经营的第一家汽车公司。当年10月10日上海汽车厂与联邦德国大众汽车公司合营项目合同正式签字，为中国机械工业较大规模利用外资迈出了重要的一步。90 年代以来机械工业利用外资增长迅速，以原机械工业部系统为例，1995 年有三资企业 10303 个，到 2007 年年底达 21317 个，且 2007 年三资企业在机械工业部系统主要经济指标的比重，企业数 7.37%，产值 25.64%，利润 25.73%，资产总额 26.7%。

大量吸收外资，对促进机械工业的发展发挥了十分重要的作用。一是相当程度上弥补了建设资金的不足，20 世纪 90 年代民用机械工业使用的外资相当于同期行业固定资产投资的一半左右。二是提高了产品的档次和水平，如轿车、电梯、文化办公设备、自动化控制装置等，三资企业的产品，填补了产品的技术空白。三是扩大了机械产品的出口，2008 年三资企业出口额为 1308.40 亿美元，占总量的 53.95%。

利用外资作为我国对外开放基本国策的重要内容，对推动中国机械工业持续快速发展功不可没，2001—2007 年，三资企业对机械发展的贡献率，工业增加值为 26.35%、销售收入 27.5%、出口交货值为 59.8%，直接就业人员 340 万人，占总人数的 1/4。

利用外资在为中国机械工业发展注入活力的同时，也出现了一些负面影响和教训。如外资企业对洛阳轴承集团公司、徐工集团机械有限公司被质疑为外资恶意并购，引发公众的关注，催生了国家有关部门《外国投资者并购境内企业的规定》出台。《华尔街日报》评论外资收购徐工案是外国投资基金进入中国的“分水岭”。在此以后，中国对待外资的态度从盲从转变为审慎。

湖北派克密封件有限公司是机械行业第一家中外合资企业，其产品主要为汽车、摩托车、电器开关、液压气动、石油化工、板式换热器等行业配套，图为该公司生产现场

美国派克·汉尼汾公司到湖北派克密封件有限公司访问（右为公司总经理周沛岳）

（三）创新能力提高，重大技术装备跨越式发展

技术创新能力不断提升。据机械科学研究院等有关单位调查，机械工业主导产品的技术来源中，国内占比从20世纪80年代的24.5%，90年代的43%，上升到21世纪初的60%。长期以来，国家高度重视机械装备制造业的发展，特别是2006年2月，国务院颁布了《关于加快振兴装备制造业的若干意见》以后，机械工业结合重大工程建设，引进消化吸收国外先进技术，通过企业再创新、集中创新，开发出一批具有自主知识产权的重大装备，大大提升了创

上海三菱电梯有限公司是1987年1月组建的合资企业，先后利用引进技术国产化和自行开发研制了20多种电梯产品，并为用户提供各类电梯39500余台，图为该公司高120 m的三菱电梯试验塔，为亚洲之最

新能力，实现了许多重大技术装备的跨越式发展。研制完成大批重要技术装备，质和量的快速提高超过了中国机械工业发展史上任何一个时期。

1. 火力发电设备

完成了超临界及超超临界1000 MW煤电机组、300 MW循环流化床锅炉、600 MW空冷机组、包括9 FA重型燃气轮机在内的燃气—蒸汽联合循环机组。

2002年，研发超超临界燃煤发电技术立项时，国际上仅有德国、丹麦、日本的5个电厂投产。中国首台机组于2006年12月在华能玉环电厂建成投产，2007年即生产32台，发展速度之快，中外历史未见。多台超超临界1000 MW机组的投产，使中国电力工业进入“超超临界”时代。

1000 MW级超超临界火电机组

600 MW空冷汽轮机

9FA 重型燃气轮机

2. 水力发电设备

三峡（右岸）700 MW 全空冷水轮发电机组、大型抽水蓄能水电机组、大型贯流式水电机组等大型水电设备都是这一时期完成的。其中自主创新的三峡（右岸）700 MW 水电机组，效率和稳定性要好于引进技术的左岸机组，特别是发电机采用先进的空冷技术，处于国际领先水平。

2007 年投入运行的完全由国内制造的三峡右岸电站 26＃700 MW 水力发电机组

3. 输变电设备

全面掌握了交流、直流 500 KV 和交流 750 KV 超高压输变电设备制造技术，设备国产化率 2008 年分别达到 95% 和 80% 以上。自主研发的百万伏级交流、±800 KV 直流特高压输变电设备分别于 2009 年 1 月和 12 月成功投运，两条示范工程设备的国产化率分别为 91% 和 62.9% 以上。中国特高压输变电设备制造技术处于国际领先水平。

ODFPS-1000000/1000 单相自耦变压器

ZF-1100（L）/Y5000-50 气体绝缘金属封闭开关设备（GIS）

±800 kV 特高压直流输电控制保护和换流阀

4. 大型乙烯成套设备

已实现了以“裂解三机”为代表的关键设备国产化。裂解气、乙烯、丙烯压缩机是百万吨乙烯的关键设备，已实现国产化；1000 t 加氢反应器、15 万～18 万 t／yr 裂解炉已研制成功；2006 年为茂名石化制造的板翅式换热器（冷箱），是迄今为止的世界上最大的三元制冷乙烯冷箱；大型化工空气分离装置，2004 年 5.2 万 m^3／h 空分装置投产、2005 年 2 套 6 万 m^3／h 空分装置出口、2008 年又签订了 1 套 8.3 万 m^3／h 空分装置供货合同，这些装置国外也只有德国林德公司、法国液化空气公司、美国空气产品公司等几家公司能生产。按投资计算，2009 年百万吨乙烯装置的国产化率超过 80%，千万吨级炼油设备为 95%，百万吨级 PTA 装置已实现了国产化。

64 万 t/yr 乙烯装置用裂解气压缩机组

2004 年研制的 50000 Nm^3/h（氧）空分设备

2006 年大型乙烯项目国产化成套乙烯冷箱

5. 石油装备

石油钻机是油田勘探开发的主要设备，2005年研制成功了9000 m深井钻机；2007年，又研制成功了12000 m特深井钻机，标志着中国在世界高端钻井设备研制上的突破。

6. 大型冶金设备

2006—2007年，一重、二重、中重院（原西安重型机械所）等企业研制成功具有世界先进技术水平的焦化、连铸和冷、热连轧等一批大型冶金设备，并成功应用于生产。一是冷热连轧自主研制开创了新局面，除个别要求特高钢材轧机外，大型冷热连轧成套设备基本实现自主化。一重与鞍钢联合自主研制成功中国第一套 1780 mm 大型冷连轧成套设备、1750 mm 大型热连轧成套设备。鞍钢 1780 mm 冷连轧机组，成品厚度 0.3 ~ 3.0 mm，轧制力最大 25 MN，最大轧制速度 22.5 m/s，该轧机的成套集成技术已广泛应用于鞍钢 2150 mm、宝钢 2050 mm、京唐 2250 mm 等轧机上。二是大型连铸成套设备，经“十五”的关键技术攻关，2006—2007 年投产的具有自主化知识产权的大型板坯连铸机达 15 套 / 20 流，其中舞阳新钢 2007 年 1 月投产的 300 mm × 2500 mm 大型宽厚板连铸机，是在市场上与国际知名外商竞标中获得的新建项目。三是这时期国际上稀少的大型宽厚板轧机实现国产化，二重为宝钢研制的 5000 mm 宽厚板轧机于 2005 年投产，单片牌坊重量 397 t（整铸）、轧机最大速度 7.3 m/s、成品厚度 5 ~ 150 mm，号称“轧机之王”；其后一重又为鞍钢研制成功 5500 mm 大

1780 mm 五机架冷连轧机组

大型板坯连铸机

2005 年二重研制的宝钢
5000 mm 宽厚板轧机

型轧机，为中国船舶制造业提供了生产所需宽厚钢板。

7. 大型煤炭井下综合采掘及大型露天矿设备

2000—2007 年研制了一批大型煤矿急需、长期依赖进口的大型设备，并在大型现代化煤矿中得到应用。太矿集团为井下矿研制完成了 1800～2500 kW 大功率厚煤层电牵引采煤机，6.5 m 高端液压支架等设备，提供了年生产能力 1000 万 t 的高产高效综采综掘工作面成套设备；中信重机于 2007 年研制成功了具有完全知识产权、当前世界上钻凿直径最大、钻凿井筒最深的竖井钻机，最大钻凿直径 13 m、最大钻进深度 1000 m。太重和湘潭电机于 2007 年分别

煤矿用 3.5 m 高端液压支架

JkmD-5×4（Ⅲ）特大型多绳摩擦式提升机

研制成功了具有自主知识产权的标准铲斗容量55 m^3 的大型矿用正铲式挖掘机和矿用额定装载质量220 t 电动轮自卸车，可满足2000万t级以上大型露天矿采装作业需要，已用于中煤公司平朔分公司安家岭露天矿。

8. 船舶及海洋工程装备

近年来船舶工业对高附加值船舶的开发，实现了历史性跨越，先后完成了具有国际先进水平的14.72万 m^3 大型液化天然气船（LNG船）、万箱级集装箱船、30万t级超大型油轮（VLCC）、30万t级海上浮式生产储油船（FPSO）、5000车位滚装船、5万hp低速大功率柴油机等高技术、高附加值船舶和船用装备；还完成了400 ft（122 m）水深自升式钻井平台及3000 m水深半潜式深海钻井平台等高技术海洋工程装备。

9. 轨道车辆

CRH2型时速300 km及以上动车组于2007年12月成功下线，CRH3型时速350 km动车组于2008年成功应用于京津城际铁路，为京沪高速及其他客运专线用车，2009年12月9日和谐号动车组在广武客运专线上时速达394 km，创世界新纪录。世界首创的时速120 km 6轴9600 kW大功率货运电力机车已经于2008年完成，此前2007年，8轴9600 kW电力机车已在大秦铁路进行2万t牵引运营。

CRH5型200 km/h动车组

时速 300 km 速度级 CRH2 型动车组

HXD1 型大功率交流传动货运电子机车

10. 民用飞机

2007 年 12 月 21 日，自行研制生产的中国首架自主知识产权喷气支线客机 ARJ21-700 飞机在上海总装下线。同期，具有自主知识产权的新一代 4 t 级多用途 H425 型民用直升机由哈尔滨飞机公司自主研发成功。

ARJ21-700 新型涡扇支线飞机

H425 型民用直升机

11. 大型环保装备

研制出一批重大环保装备，其中有 2006 年开发成功的 1000 MW 电力机组配套电除尘器，除尘效率达到 99.7%；大型电站机组 AFGD 型气动脱硫装置，脱硫率极高。

AFGD 气动脱硫装置

12. 大型施工机械

2005 年上海隧道工程公司研制出具有完全自主知识产权的 ϕ6.3 m 土压平衡盾构机、ϕ11.9 m 泥水平衡盾构机；同时北方重工沈重集团也研制成功双护盾硬岩掘进机、ϕ11.38 m 泥水平衡盾构机等全断面掘进机，从根本上扭转了过去由外国企业垄断的局面。

青海引水工程用 ϕ5.93 m 隧道岩石全断面掘进机

“先行”号国产地铁土压平衡盾构机

QAY300 全地面起重机

13. 高档数控机床

大连机床集团 2006 年自主开发成功用于航天航空制造业的九轴五联动车铣复合中心，桂林机床公司自主开发的五轴联动龙门铣床，上海机床公司 2007 年开发出纳米级精度微型磨床，齐重开发出的超重型曲轴加工机床等。

14. 新型纺织机械

开发出一批对纺织行业结构调整有重大影响的成套装备。郑州纺织机械公司 2006 年开发的日产 200 t 涤纶短纤维数字化成套设备，打破了过去完全进口的局面；经纬纺织机械公司的高效短流程清梳联成套设备，性能达国际先进水平；广东丰凯机械公司 2007 年开发了“超越”型剑杆织机，使中国织机在国际上占有了一席之地。

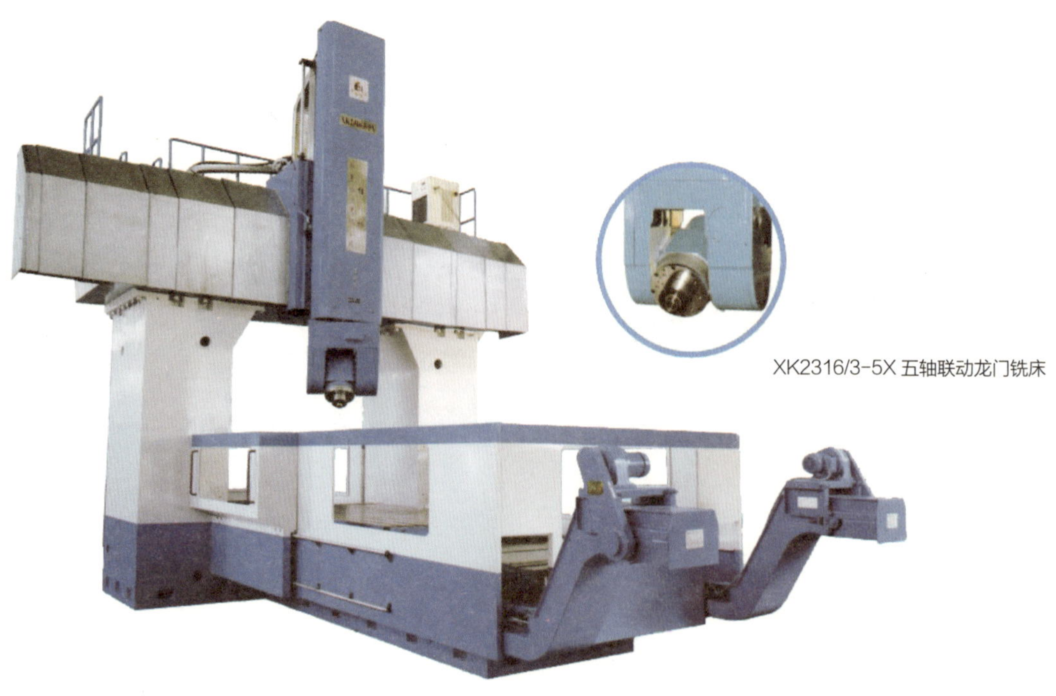

XK2316/3-5X 五轴联动龙门铣床

CHD25 九轴五联动车铣复合中心

高效短流程清梳联成套设备

日产 200 t 涤纶短纤维数字化成套设备

“超越”型剑杆织机

15. 新型大功率农业装备

一拖集团开发的 288 hp 大型轮式拖拉机已经批量生产，山东福田雷沃国际重工公司开发了 265 hp、300 hp 大型拖拉机；还有半喂入式水稻联合收割机、大型自走式玉米联合收割机等新型农业装备。

此外，还有上海振华港口机械公司的一次装卸两个 40 ft 集装箱的岸边集装箱起重机等。

东方红 -1604 / 1804 轮式拖拉机

福田雷沃谷神 4YZ-4 自走式玉米联合收获机

4MZ-5 型自走式采棉机

双 40ft 集装箱岸边集装箱起重机

第五节 中国正由机械大国向机械强国奋进

无论是从行业产销总量、技术水平，还是企业竞争力比较，21 世纪以来，中国机械工业的地位和影响力迅速提升，在全球已居重要地位，逐步具备向机械强国发展的基础。

（一）产销总量在全球的比重已达较高水平

1949 年，中国机械工业在世界机械工业总额中微不足道，只相当于美国的 1/50 左右；1989 年提高到 1/10 左右，相当于日本的 1/5、德国的 1/2；2009 年，从产销量看，已高于日本、美国和德国的水平，分别相当于其 1.25 倍、

1949—2009年中国和美国机械工业产值比较

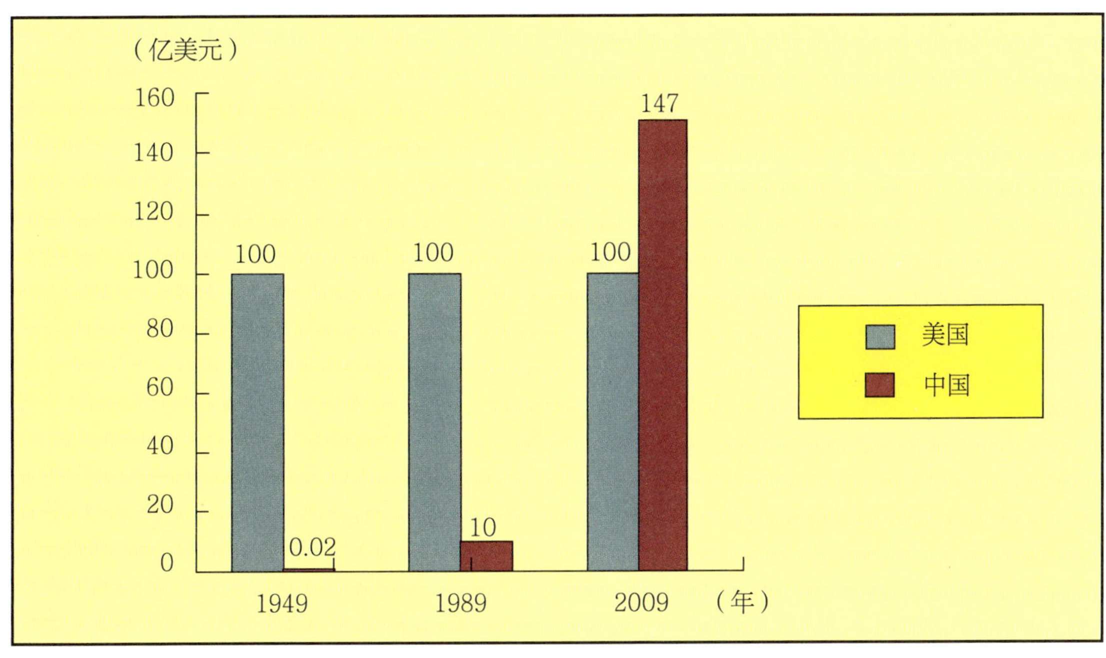

2009年中、日、美、德四国机械工业销售额

	国　家	销售额（亿美元）	比重（%）	与中国比较（%）
排名	四国总计	45140	100.00	
1	中国	15334	33.97	100.00
2	日本	12229	27.09	79.75
3	美国	10453	23.16	68.17
4	德国	7124	15.78	46.46

注：①资料来源：根据机械工业信息中心收集的各国统计局公布数据加工。
②由于统计口径和汇率等原因，各项数据不尽可比，此表只能说明趋势，仅供读者参考。

1.47倍和2.15倍。

许多重要产品，从无到有，不少已居世界前列，对全球机械产品的发展作出重要贡献。以汽车、机床为例：

汽车。1956年中国开始生产汽车，1978年生产14.9万辆，为全球产量4230万辆的0.35%，居第18位；2008年生产930万辆，为全球产量7030万辆的13.22%，居第二位；2009年生产1370多万辆，为全球产量6300万辆的21.89%，居第一位。几十年来，从无到世界第一位，走过了工业先进国家百多年的历程。

机床（金切机床与成形机床）。1949年，中国生产了低档普通金切机床1600台，销售额很少；1987年，机床销售额4.61亿美元，为全球270.77亿美元的1.7%，居第12位。

世界与中国汽车产量增长情况（1978—2009年）

（单位：万辆）

项 目	1978年	2000年	2007年	2008年	2009年	2009年比1978年	2009年比2000年
世界汽车产量	4229.9	5759	7327	7030	6300		
中国汽车产量	14.9	207	888	929.9	1379		
中国比重（%）	0.35	3.59	12.12	13.23	21.89		
中国汽车产量世界排名	18	8	3	2	1		
世界汽车比上年净增长量		210	406	−297	−730	2070.1	541
中国汽车比上年净增长量		24	160	41.9	449.2	1364.2	1172
中国对世界汽车净增长量的贡献率（%）		11.43	39.40			65.90	216.64

世界与中国汽车产量增长情况（1978—2009年）

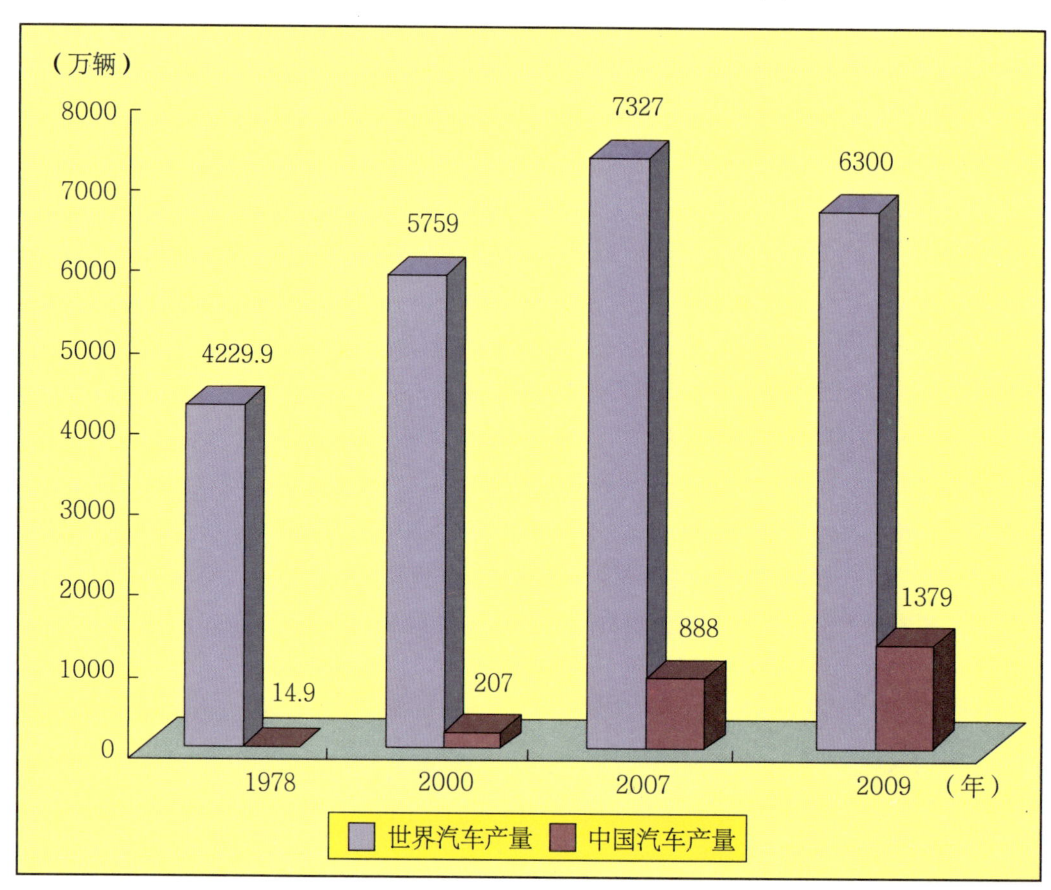

2009年生产金切机床58万台，机床销售额153亿美元，为全球554.90亿美元的27.57%，居第一位。

世界与中国机床销售发展情况（1987—2009年）

（单位：亿美元）

项目	1987年	1997年	2007年	2008年	2009年	1988—2008年	1988—2009年
世界机床销售额	270.77	387.00	708.58	816.00	554.9		
中国机床销售额	4.61	17.42	107.50	142.20	153.00		
中国比重（%）	1.70	4.50	15.20	17.43	27.57		
世界机床净增销售额				107.42	−261.1	284.13	545.23
中国机床净增额				39.7	10.8	137.59	148.39
中国对世界机床净增销售额贡献率（%）				32.30		25.23	52.23

1987年世界主要生产机床国家（地区）销售额

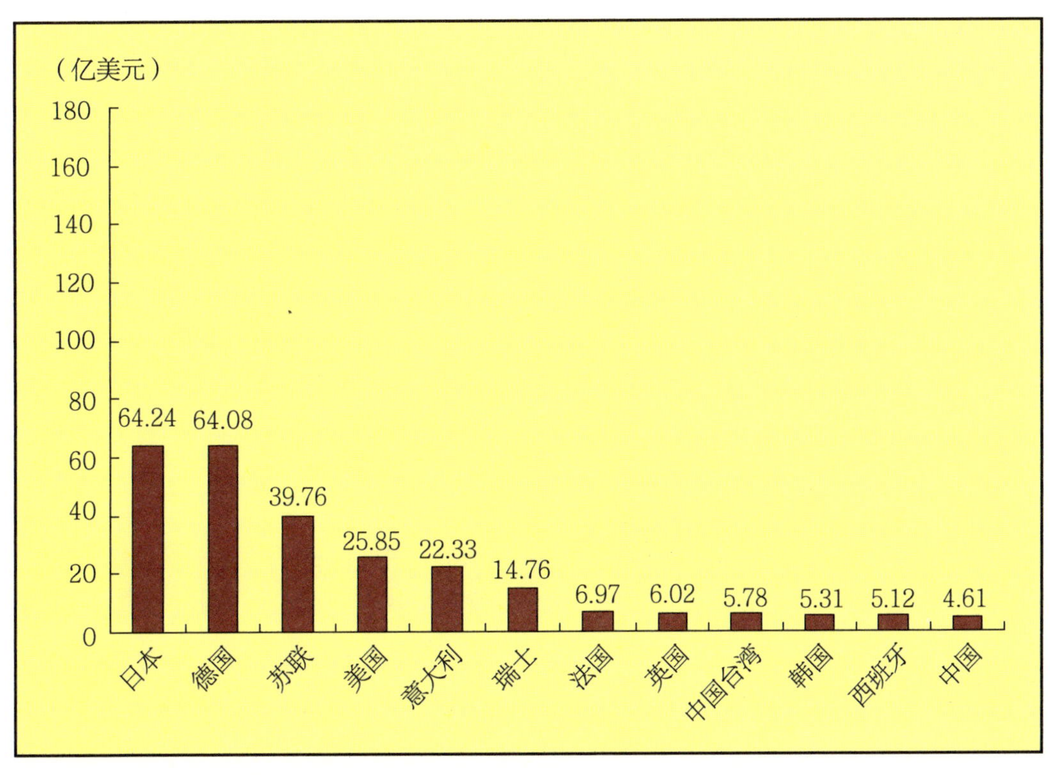

1997年世界主要生产机床国家和地区销售额

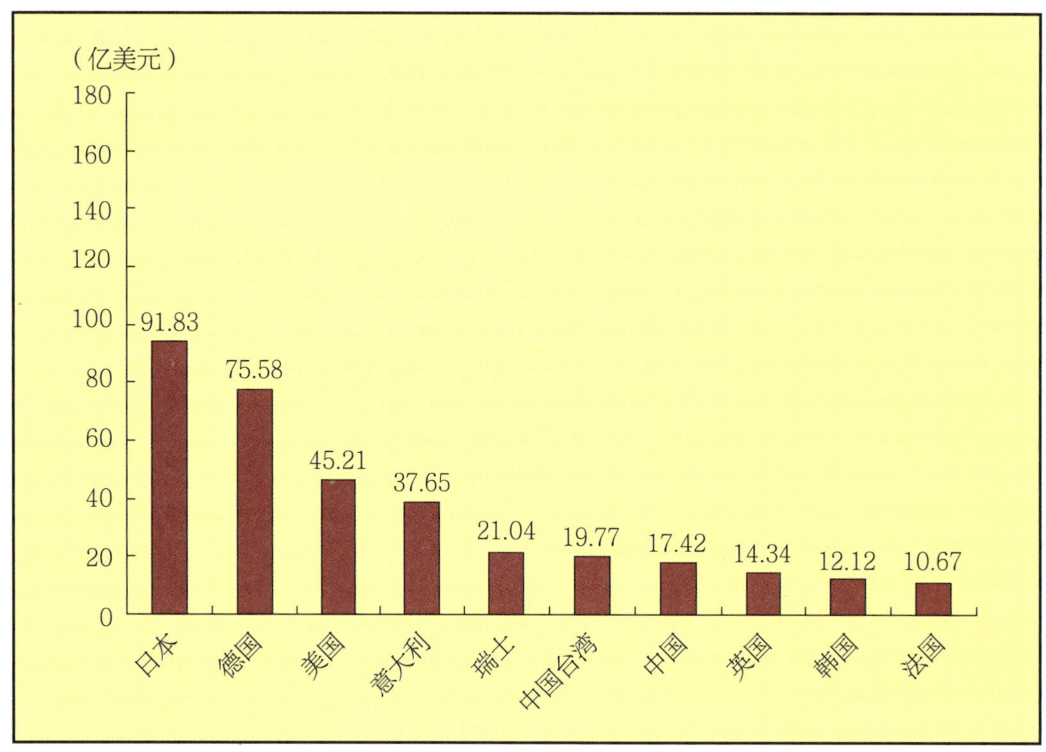

2009年世界主要生产机床国家和地区销售额

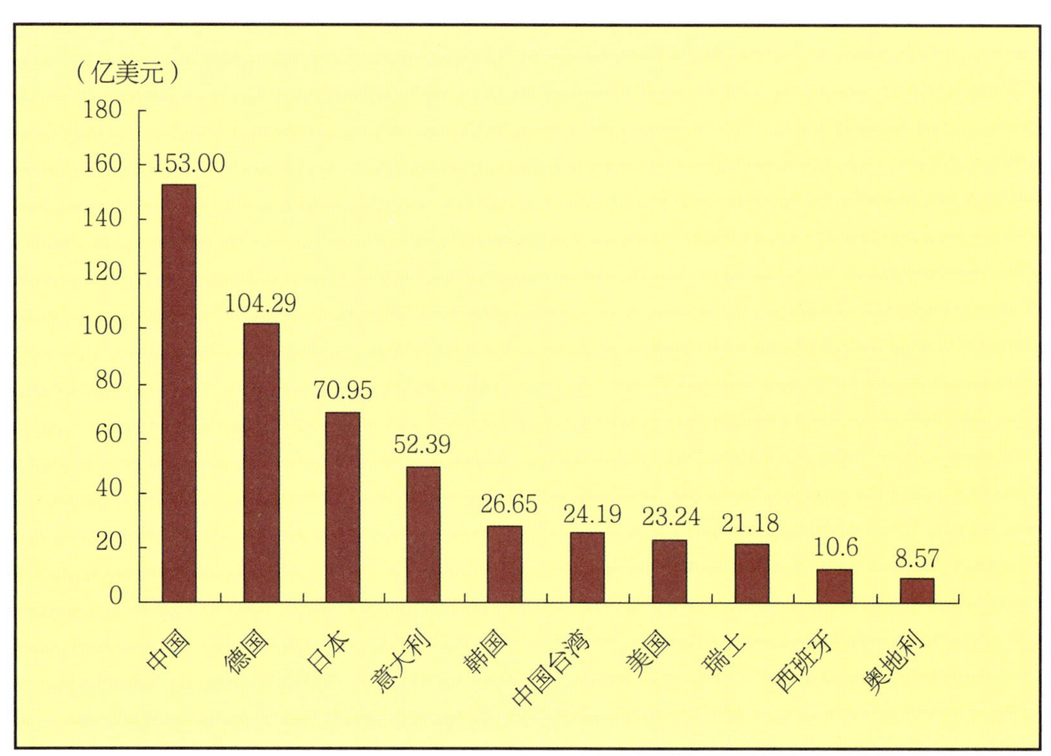

中国、日本、德国机床销售额比较

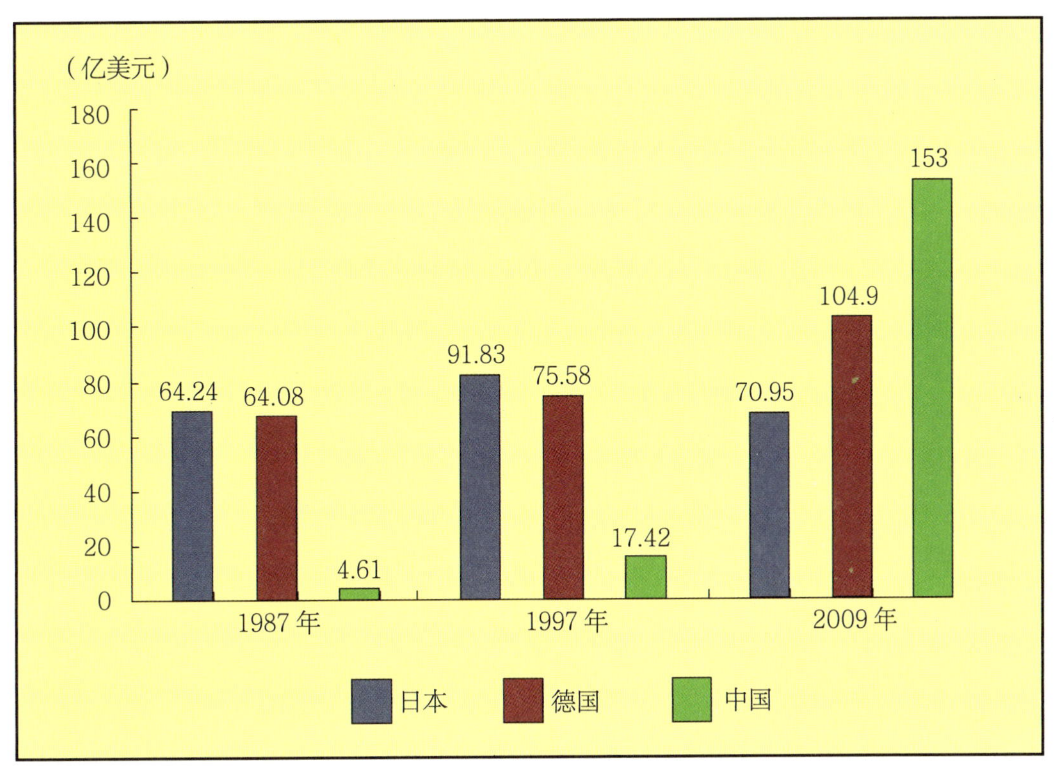

（二）中西机械工业产品技术水平差距缩小

1949 年，中西机械工业技术水平不在一个层次上，到 20 世纪 60 年代中期差距曾有所缩小，由于“文化大革命”的影响，到 70 年代末期差距拉大到 20 年左右；21 世纪以来，差距迅速缩小，一些重要行业、产品的差距已缩小到 10 年左右，中国个别的产品达到世界领先水平。

21世纪初中国机械工业重大技术装备产品的技术水平

行　业	主要产品	技术水平
重型机械	矿山设备（2000 万 t 露天矿、1000 万 t 井下煤矿） 冶金轧制设备（冷、热连续板轧机） 石化容器热壁加氢反应器 大型水、火电铸锻件 工程机械（工程起重设备、混凝土泵车、盾构机）	20 世纪 90 年代国际水平 20 世纪 90 年代国际水平 20 世纪 90 年代国际水平 20 世纪 90 年代国际水平 20 世纪 90 年代国际水平
发电设备	水电设备（三峡右岸 700 MW 机组） 火电设备（1000 MW 超超临界压力火电机组） 核电设备	国际先进水平 20 世纪 90 年代国际水平 20 世纪 90 年代国际水平
输变设备	1000 kV 特高压交流输变电设备 ±800 kV 特高压直流输电设备	国际先进水平 国际先进水平

（续表）

行　业	主要产品	技术水平
机床	大型锻压机械设备 数控机床	20 世纪 90 年代国际水平 20 世纪 90 年代国际水平
石油及石化设备	石油钻机（12000 m 石油钻机） 石化专用设备、压缩机、空分设备	20 世纪 90 年代国际水平 20 世纪 90 年代国际水平
机车车辆	机车、客车、货车 动车组（350 km/h）	20 世纪 90 年代国际水平 国际先进水平
船舶	远洋船舶 海洋工程装备	20 世纪 90 年代国际水平 20 世纪 90 年代国际水平
航空	“歼 -10”、“歼 -11”战机 航空发动机	20 世纪 90 年代国际水平 20 世纪 90 年代国际水平
兵器	99 式坦克	国际水平

注：多数为引进消化国外先进技术。在具备自主知识产权的基础上，整合国际资源研制完成，产品技术水平未经正式评估，仅供读者参考。

（三）机械工业大公司开始进入“世界 500 强”

2004 年，美国《财富》杂志公布的世界 500 强公司榜单中，中国一汽集团赫然在目。这是中国机械工业企业首家进入全球 500 强的大公司，是一个重要的进步。2005 年，上汽集团又进入了世界 500 强。2009 年，中国航空工业集团（中航工业）和中国南方工业集团也进入了 500 强。透过这个新榜单，人们可以得到一个新的信息，20 世纪中国机械工业还没有一家企业上榜，进入 21 世纪至 2009 年先后有 4 家进入，说明中国机械工业企业竞争力不断增强。人们期望中国机械工业更多行业的企业进入 500 强。

2007—2009年度入选《财富》世界500强中国机械工业公司名单

排序	2007年			2008年			2009年			主要业务
	公司名称	500强排名	营业收入（亿美元）	公司名称	500强排名	营业收入（亿美元）	公司名称	500强排名	营业收入（亿美元）	
1	一汽集团	385	187.11	一汽集团	303	263.9	上海集团	359	248.82	汽车
2	上海集团	402	180.10	上海集团	373	226.07	一汽集团	385	236.64	汽车
3							中国航空工业集团	426	217.38	航空航天
4							中国南方工业集团	428	216.75	多样化

第六节 存在的问题

改革开放特别是进入21世纪以来，中国机械工业持续快速发展，总量规模已居世界前列，基本上可以满足国内经济建设发展需要。但总体上，与工业发达国家相比差距仍较大，特别是缺乏创新、自主开发能力弱。技术含量高、附加价值高的重大装备，无论是三峡700 MW水轮发电机组，还是1000 MW超超临界火电机组、大型石化成套设备、大型冶金轧制设备，多是直接引进专利软件，或是合作生产；精密测试仪器和关键零部件的技术水平较低；产业基础技术薄弱，基础制造设备、基础材料、基础元器件、自动化仪表、标准体系等发展滞后，制约机械工业的发展。总体来看，中国机械工业进步很快，但在国际竞争中仍然处于弱势地位，与发达国家相比仍存在着阶段性差距。

第一章

机床与工具

金属加工机床是机械工业的“工作母机”，是国际公认的基础装备。

中华人民共和国成立初期，只有上海、沈阳、昆明等城市一些机械修配厂兼产少量皮带车床、刨床、冲床等普通机床，1952年约有30来个品种。2009年，中国机床工业以153亿美元产值居世界首位，占世界产值的27.6%。中国已成为机床工具制造大国。

国家一直把机床工业作为重点发展对象。1960年，为突破西方工业国家和苏联对中国发展航天航空工业的封锁，国家计委、科委、一机部等部门成立了精密机床6人领导小组，对精密机床的发展进行统一指挥，到1965年，发展了精密机床5大类26种，有的产品达到比较先进水平，满足了国防尖端产品发展的需要；为提供第二汽车厂的冷加工成套设备，采取“聚宝”的形式，集中了机械工业的先进工艺，从1966年开始，组织了138个机床科研和生产单位共同承担这项任务，1971—1975年，共提供了较高水平的机床7664台，第二汽车厂的机床设备国产化率按台计达到98%，按金额计达到80%。数控机床是当代机械制造业的主流设备，国家从20世纪80年代开始，多次组织专项支持其发展。2006年2月颁布的《国务院关于加快振兴装备制造业的若干意见》，把“发展大型、精密、高速数控装备和数控系统及功能部件”作为对国家经济安全和国防建设有重要影响的重大技术装备和产品，加大政策支持力度。

21世纪以来，中国机床行业年开发自主产权新产品达400多种，至2008年年底，全国更新后的金属切削机床品种，总计近3500种，其中数控机床及其他高新技术产品达1500种，基本上已无重要缺门空白，这在全球范围也是位居前列的。

锻压设备。济南第二机床厂的成系列机械压力机一直处于国际先进行列，压力吨位由20000~63000 kN，居于国际前沿；上海锻压机床厂的压制12 m汽车大梁、压力吨位50000 kN的液压机，世界处于同一水平的只有德、日等国。

数控机床。中国在20世纪60年代即开始研制，起步并不晚，由于整个工业综合水平所限，成长较慢，1980年才逐步形成产业，但高档数控机床主要依靠进口，五轴联动等高技能产品长期被西方国家当成战略物资禁运。1999年，江苏多梭机床公司率先研制首台国产高速五轴联动数控龙门铣床，这些仍受到禁运的数控五轴联动产品技术，中国均已陆续掌控。2001年中国第七届国际机床展览会上展出5种此类产品，2009年第十一届展览会上，中国已展出此类机床40种以上。21世纪以来，在国家大力支持下，高档数控机床得到迅速发展，近年来研制出一大批多坐标、复合、智能、高精、高效的新产品，用于加工神舟系列太空船、航天运载火箭的零部件，用于加工飞机发动机、汽轮机等的精密叶片，用于加工舰艇和重型远洋船推进器和曲轴……特别是2007年以来，一批世界水平的首台首套产品，如工作台宽11 m的数控龙门镗铣床，加工直径16 m、20 m、22 m的超重型数控立式车床，ϕ5 m×20 m加工件重500 t的超重型卧式车床，ϕ5 m×14.5m加工250 t的大型船用柴油机曲轴的旋风切削加工中心，ϕ320 mm超重型落地镗床、ϕ2.5 m×15 m超重型轧辊磨床、11 m超重型龙门机床的研制，新产品开发成果显著。数控机床的技术进步取得明显成效，机床复合技术进一步扩展，复合加工技术日趋成熟，“一台机床就是一个加工厂”、“一次装卡，完全加工”等理念正在被更多应用。智能化技术有了新的突破，如加工零件检测和自动补偿学习功能，高精度加工零件智能化参数选用功能等已经实用化。精密加工技术不断进展，数控金切机床的加工精度已从原来的丝级（0.01 mm）提升到2009年的微米级（0.001 mm），有些品种已达到0.05 μm左右，超精密数控机床的微细切削和磨削加工，精度可稳定到0.05 μm左右，形状精度可达0.01 μm左右；采用光、电、化学等能源的特种加工精度可达到纳米级（0.001 μm），从而进入亚微米、纳米级超精加工时代。数控机床整体水平全面提升，数控系统和功能部件的攻关也取得进展。金切机床按产值计算的数控化率2005年47.3%，2008年48.6%，2009年52.0%；2008年按价值计算的国产数控机床市场占有率达48%。

1950年9月，上海虬江机器厂（上海机床厂前身）制造的“虬13式万能工具磨床”

1986 年，北京机床研究所研制的超精密轴系和 JCS-027 超精密车床，获国家科技进步奖一等奖

上海机床厂有限公司 20 世纪 80 年代生产的具有当代国际先进水平的 H236 数控曲轴主轴颈磨床

昆明机床股份有限公司（昆明机床厂）20世纪80年代研发的TK42100/2大型数控双柱坐标镗床

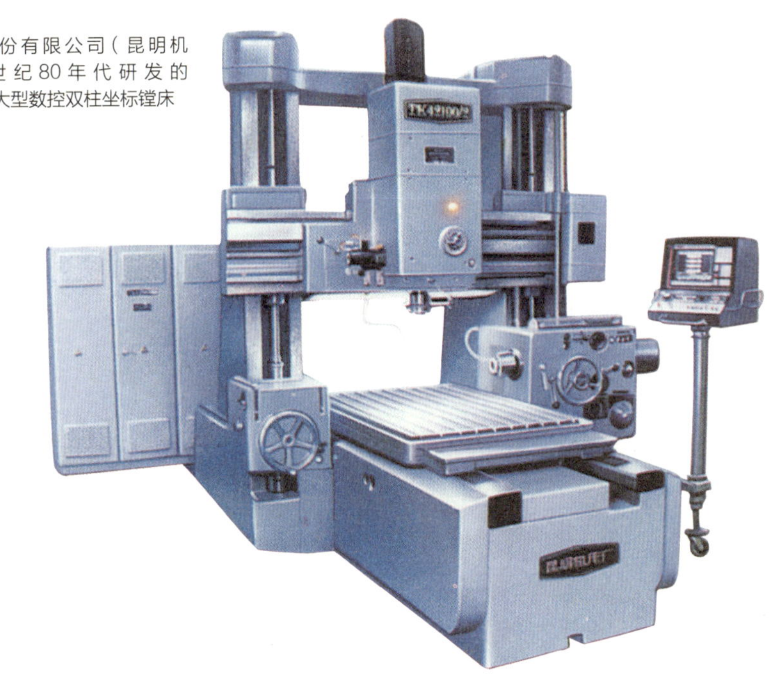

北京第一机床厂为太原重型机器厂制造的5 m×20 m数控天桥铣

秦川机床厂研制的可程序控制自动磨削高精度 Y7032A 碟形砂轮磨齿机，获国家科技进步奖一等奖

武汉重型机床厂是制造重型、数控机床和超重型机床的骨干企业，可为用户提供立式车床、卧式车床、龙门刨床、激光加工机床、齿轮加工机床、镗床、铣镗床、龙门镗铣床、专用机床等。图为该厂生产的 CKX53160 数控单柱立式铣车床

2007 年上海机床公司成功开发出的纳米级精度微型磨床。砂轮主轴转速：60000 rpm，重复定位精度：X、Y 轴 50 nm，Z 轴 100 nm

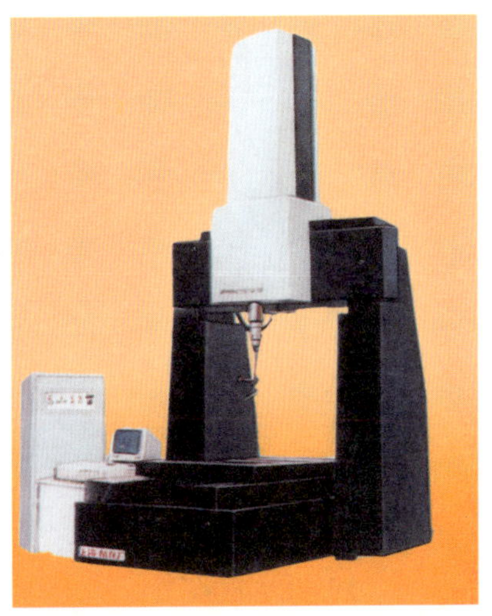

上海机床厂有限公司制造的 PMM12106 三坐标测量机

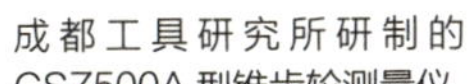

成都工具研究所研制的 CSZ500A 型锥齿轮测量仪

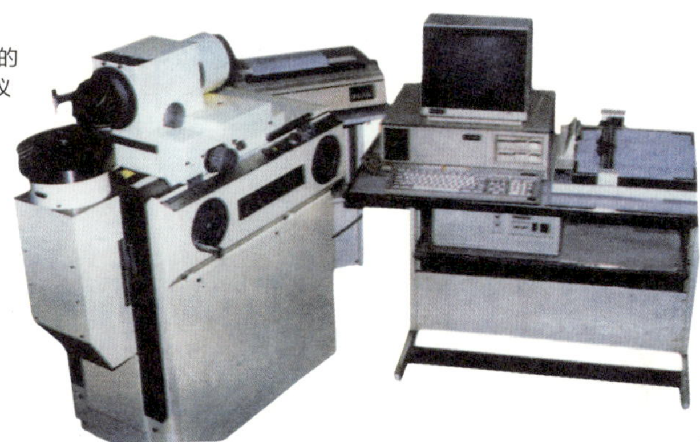

昆明机床股份有限公司制造的为我国长度基准奠定基础的光电光波比长仪

齐重数控装备有限公司 2007 年自行研制开发的数控重型曲轴旋风切削加工中心。这台机床长 32.25 m、宽 12.6 m、最高 6.9 m，重达 400 t，可加工万吨巨轮的柴油机重 260 t、长 14.5 m 的大型曲轴

武汉重型机床厂自主研制的 DL250 多功能重型卧式镗车床，具有 13 个数控轴，最大工件回转直径 5 m，最大加工长度 20 m，是当前世界承重量最大的车床，可达 500 t

上海机床厂 2008 年自行研制开发的大型数控曲轴磨床，主要用于大型动力机械的曲轴主轴颈及连杆颈加工

齐齐哈尔第二机床厂“十一五”期间自行研制开发的大型龙门式五轴混联机床

北京第一机床厂 2007 年自主研发的 XKAU2750 五轴联动双龙门移动镗铣床，工作台 5000 mm × 22000 mm，主要用于水轮机叶片曲面的加工

北京机电院高技术公司 2004 年研制的立式五轴叶片加工中心

沈阳机床集团 2001 年研制的上海磁悬浮轨道梁加工生产线

沈阳机床集团 2007 年推出的 GMC2060u 桥式龙门五轴加工中心，是航空、航天、模具等行业的关键加工设备

沈阳机床集团生产的面向船舶发动机，集车、铣、钻、镗、攻丝等功能于一身的 HTMI25600 复合车铣五轴加工中心

大连机床集团“十一五”期间研制的中国首条矩型柔性加工自动线

齐齐哈尔第一机床厂“十一五”期间研制的数控 DVT500X25-NC 型数控双柱重型立式车床

济南二机床集团 XH2720A 五轴联动定梁双龙门移动数控镗铣床

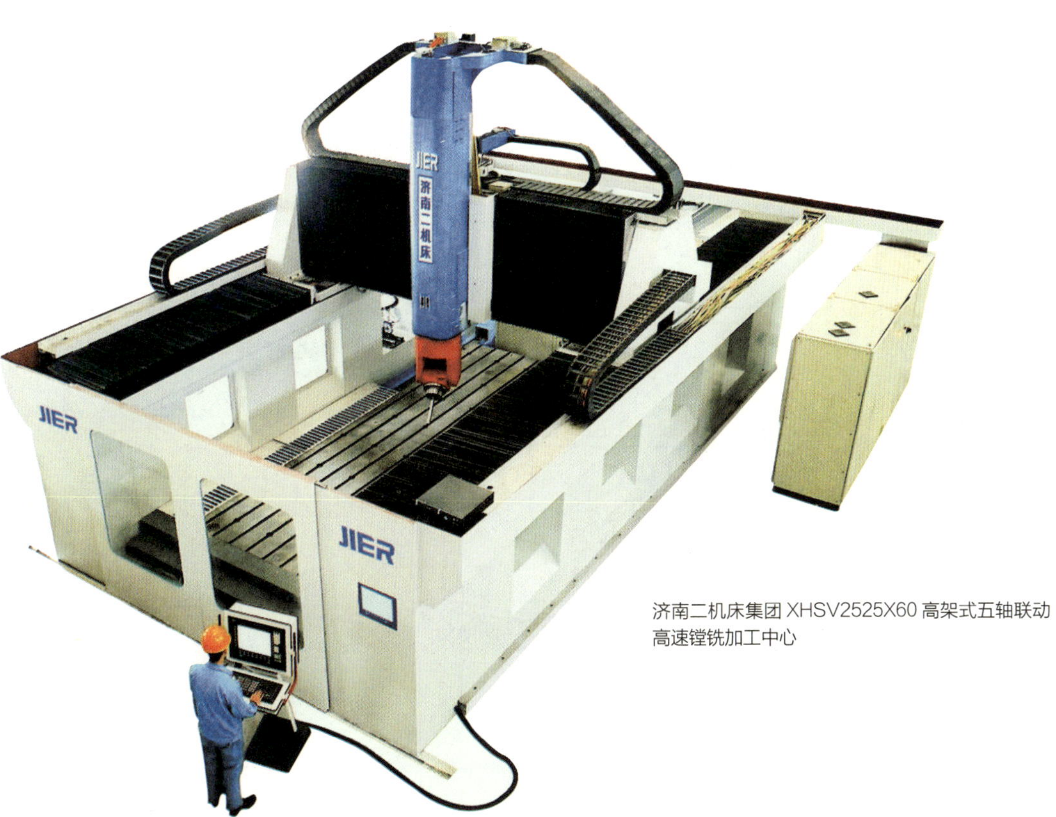

济南二机床集团 XHSV2525X60 高架式五轴联动
高速镗铣加工中心

济南二机床集团为泰国萨密特公司提供的由 1 台 S4-800B 型、3 台 S4-500B 型闭式四点单动压力机组成的大型冲压生产线

武汉重型机床集团 2007 年完成的 16 m 数控立式铣车床

武汉重型机床集团 2007 年完成的 CKX5680 七轴五联动车铣复合加工机床，最大加工直径 8 m，高度 2 m，加工件重量 100 t，工作台直径 ϕ 7200 mm，是中国船舶工业加工远洋巨轮超重型船用螺旋桨的关键设备，打破了国外技术封锁

哈量集团凯狮公司生产的 HSK 刀柄

第二章

机械基础零部件

机械基础件是机械工业关键的配套零部件。包括：轴承、模具、液压件、气动件、密封件，机械通用零部件等。

中华人民共和国成立初期只能少量生产低档标准件和球轴承。液压件、齿轮、模具等都是以后各时期逐步发展起来的。

轴承。至 2008 年，已能生产 6.6 万多个品种规格的轴承，覆盖了当前世界上滚动轴承的各种类型。已开发生产最小内径 ϕ0.207 mm、最轻 0.017 kg 的微型轴承，最大外径 ϕ6.07 m、最重 16.87 t 的特大型轴承，套圈壁厚 0.275 mm 的薄壁柔性轴承，速度参数 $d_m n$ 值达 2.5×10^6 mm · r/min 的高速轴承，以及高温（300 ℃）、超低温、防磁、耐腐蚀、防辐射、高真空和低噪音等特殊工况用轴承。为主机发展配套取得重大突破，没有受制于人，如中国航天航空和军事装备所用的轴承 100% 立足国内。各类飞行器的全套轴承，从发动机主轴轴承到起落架轴承、微型陀螺仪表轴承；从“99 式”主战坦克开始到现在国产各种型号战车的全部配套轴承；全部国产军用舰船配套轴承；各种型号鱼雷配套的轴承；核反应堆用的原子能工业全部配套轴承；神舟系列飞船轴承；飞船导航及姿态控制系统轴承、CCD 高精度照相机轴承、生命保障系统轴承、飞船返回舱、逃逸舱等有关部位用轴承及其运载火箭、发射装置和测控系统

洛阳轴承公司为国家重点专项攻关项目（国家“863”计划）研制生产的中国首套机床主轴用高精度特大型轴承

装置用的轴承等，都是中国自行研制供应。还为国民经济的发展发挥了不可替代的作用，如海上油田用的外径 4.3 m、重 9.503 t 的重大型轴承；时速 140 km 的提速铁路货车轴承和时速 160～200 km 的准高速铁路客车和机车轴承；北京世纪坛 3000 t 重的旋转体用组合轴承等，都是国内轴承行业经过艰苦攻关、设计、研究制造供应的。

洛阳轴承公司生产的重量最重（16.87 t）、直径最大（ϕ 6.07 m）的转盘轴承，填补国内空白，达到世界先进水平

瓦房店轴承公司制造的重大装备轴承

瓦房店轴承公司制造的特大精密转盘轴承

哈尔滨轴承集团的精良产品

液压技术。20世纪50年代从机床行业生产仿苏的磨床、拉床、仿形车床等液压传动装置起步到20世纪60年代，液压技术的应用从机床逐渐推广到农业机械和工程机械等领域；由机床厂液压车间生产，逐步发展了一些液压件专业厂。20世纪80年代形成了一个独立的行业。改革开放以来，已成功装备了各种重点型号的军用飞机、海军舰船、主战坦克和装甲运兵车、航天领域的宇宙飞船等重大装备。中国虽已成为流体动力传动装置大国，但国内企业主要生产中低端产品，高端产品仍需大量进口，与先进国家仍有较大差距。

北京华德液压集团研制的鞍钢1450 mm厚板液压系统

北京华德液压集团研制的承钢 1780 热轧阀组

模具。1953 年第一汽车制造厂率先建立了冲模车间，1955 年中国出现了第一个专业模具厂——天津电讯模具厂。模具制造发展很快，2008 年生产企业已达 3 万多家，销售额达 950 亿元。产品水平从过去的只能生产简单（单工序、单型腔、单一材质、简单结构）模具发展到已能生产大型（最大模具单套重量达 100 t）、精密（精密度可达 1 μm）、复杂（多工序、多工位、多型腔、多材质、复杂结构）、长寿命（多工位级进模最长寿命可达 3 亿次）的模具。至 2008 年中国已能生产中档轿车的全部模具和高档轿车的部分模具，精度 0.001 mm、寿命 3 亿冲次以上的精密多工位级进模，重达 70 t 的大型塑料模具，60 t 的大型冲压模具和 100 t 的工程轮胎橡胶模具，8 注射头 7800 腔的精密塑封模具和精度达 0.01 mm、寿命 100 万模次以上内镶式滴灌管滴头热流道精密塑料模具及多腔精密小模数塑料齿轮模具，全钢子午线橡胶轮胎活络模等。2008 年，中国模具产值已至 1600 亿元，约占世界模具总额的 19%。除满足国内需要外，2008 年出口模具已由 20 世纪 80 年代以前不足销售总额的 1%，发展到 15% 以上。

第一汽车集团模具制造公司生产的天津威志轿车整体侧围模具

宁波鸿达电机模具公司生产的电机铁心多工位级进模具

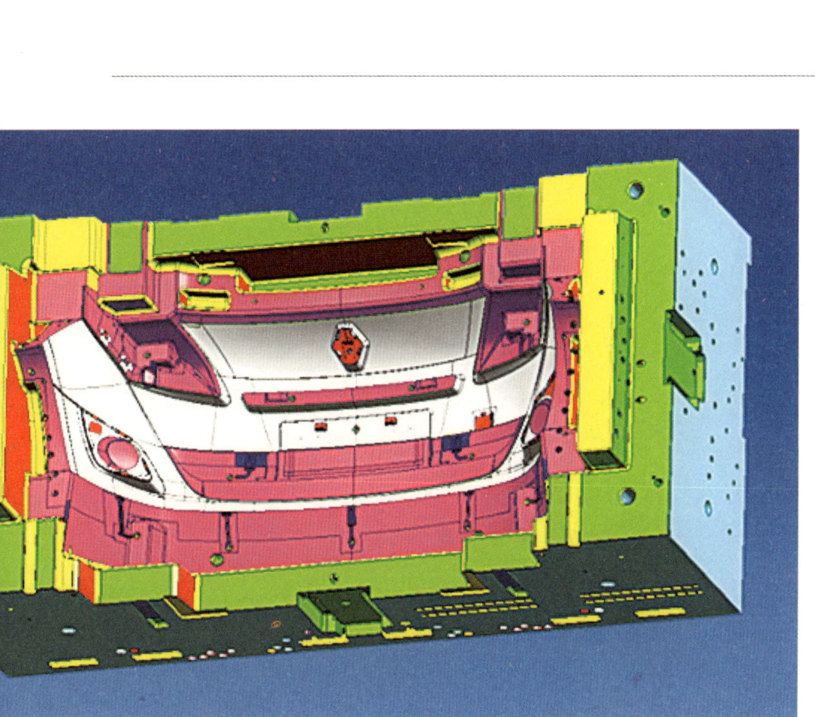

青岛海尔模具有限公司的保险杠模具设计

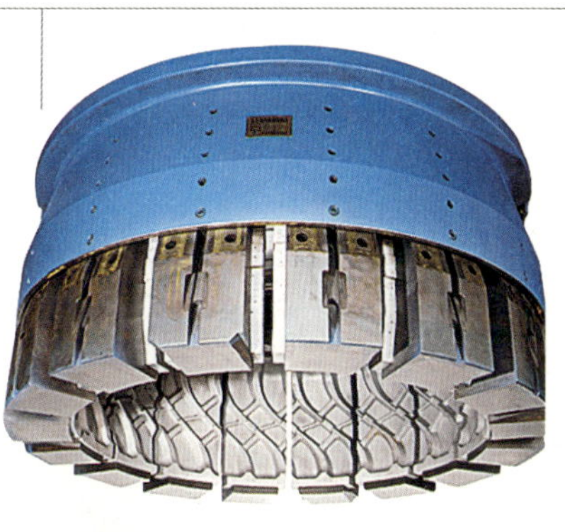

广东巨轮模具公司生产的工程车子午线轮胎活络模具

第三章

内燃机

1908年广州均和安机器厂、1909年上海求新机器轮船厂先后制造出2.9~7.4 kW煤气机，标志着中国内燃机工业的诞生。到1949年，中国内燃机累计产量14.7万kW。1949年当年产量7300 kW，均系仿制国外产品，重要零部件依赖进口。1932年以华丰机器厂仿英的15 hp柴油机为代表机型，单缸卧式，缸径/行程185/330 mm，功率/转速11.03 kW/330 $r \cdot min^{-1}$，平均有效压力值仅452 kPa，活塞平均速度3.6 m/s；而净重高达1950 kg，比质量为176.8 kg/kW。这就是新中国成立前中国内燃机制造业的水平。

中华人民共和国成立之初1950—1952年恢复时期，为支援国家建设和抗美援朝，面对西方封锁，开发出几种新机型。单缸柴油机有吴淞机器厂（上海柴油机厂）的1140型，缸径/行程为140/210 mm，出力8.9 kW（12 ps），压力446 kPa，活塞速度5.25 m/s，净重600 kg，比质量67.4 kg/kW。多缸中速柴油机有天津动力机厂的4146型，为仿美卡特彼勒公司产品，缸径/行程为146/204 mm，出力59 kW，活塞速度6.8 m/s，净重1850 kg，比质量31.5 kg/kW，从所列指标看，这些产品虽不先进，但较1949年前的水平有明显提高。柴油机的油泵油嘴也在上海柴油机厂、天津动力机厂试制成功。

20世纪50年代，中国内燃机的生产开始走上有组织有计划的发展道路。新建和改造了一批大型企业，这些企业成为中国内燃机创业发展的骨干力量；特点是引进苏联和东欧国家技术，如第一汽车厂1956年投产的CA10型汽油机，6缸5.55 L排量、最大功率70 kW/2800 $r \cdot min^{-1}$、升功率17.1 kW/L、比质量6.21 kg/kW，是中国批量生产车用发动机的开始；潍坊柴油机厂6160型中速柴油机，新中动力机厂的6350型柴油机及大连机车车辆厂10207型柴油机等转速较低产品，为船用或铁路内燃机车动力。这时期产品接近苏联和东欧水平，但与发达国家水平相比还有不小差距。50年代由于石油燃料供应不足，发展了不少煤气机，1952年，煤气机产量占内燃机产量的一半，直到1959年大庆油田的开发，煤气机才逐步退出市场。

1958年，“大跃进”虽然给中国内燃机工业带来较大的损失，但也促进了科技发展，自行设计的发动机开始问世。中国自主开发了第一个中小功率柴油机系列——上海柴油机厂135系列柴油机，在此期间得到成功发展，首先是2、4、6缸机型，每缸功率

14.7 kW/1500 rpm，烧油耗 238 g/kW·h，比质量 13.2 kg/kW，用途广泛，改进后长期生产。至 1968 年总计生产了 68 万台。沪东造船厂的 6ESD243/82 型低速船用柴油机，1198.5 kW/200 rpm，几经改进，到 1988 年总计生产了 150 余台，装船 100 余艘。

1966 年开始的十年"文化大革命"，严重干扰了内燃机的发展。河北省 1970 年开始，组织了 200 多个企业搞小柴油机会战，4 年内建成 16 个小柴油机厂，达到了年产 200 万 hp 的生产能力，这种用政治运动完成经济任务的办法，产品质量没保证。河北省当时生产的小柴油机多数质量不高，不仅量大面广，重复生产严重。技术要求高、需要量不大的产品也是如此。如万马力大型柴油机，仅上海一地就有 3 个生产点；6135 型 160 hp 柴油机，全国有 18 个厂生产，除上海、贵阳两厂外，其他厂技术都没有过关。

根据农业发展的需要，20 世纪 60 年代中期开发的 175、195 等适配小型拖拉机、小型工程机械的小型单缸柴油机，195 型柴油机 8.8 kW/2000 rpm，油耗 252 g/kW·h，比质量 17 kg/kW，在全国各地广为生产。成为 20 世纪 60—80 年代中国内燃机生产的一大特点。

1978 年改革开放以来，内燃机工业蓬勃发展，由于与信息化技术结合，已成为高新技术产品。自行研发与引进吸收并举，推进产品技术水平快速发展。引进先进技术，"六五"、"七五"期间仅整机技术即引进 72 项，小至 0.735 kW 小汽油机，大到 4.2 万 kW 的船用低速长冲程柴油机。如船舶系统 1979 年以来先后引进了苏尔寿（SULZER）公司、曼恩（MAN-B&W）公司等世界名牌柴油机制造技术，至 1988 年底引进生产的柴油机国产化率达到 75%。济南柴油机厂的 190 系列、大连机车车辆工厂的 240 系列、青岛四方机车工厂的 J180 系列和红岩机器厂的 250 系列柴油机，通过与国外合作改进的方式，产品水平获得显著提高。实现了生产机型和世界当代最新技术水平同步。

内燃机企业优化资源配置，生产集中度提高。经过兼并重组，通过优化改造，使内燃机企业做大做强。如 2006 年，单缸机年产量超过 60 万台的有 4 家，产量占总量 816 万台的 44% 左右；通用小型汽油机销量超过 100 万台的 5 家，销量占总销量 911 万台的 54% 左右；车用汽油机销量超过 20 万台的 10 家，销量占总销量 468 万台的 66.2%。

中国已经成为世界内燃机生产大国。单缸柴油机、小型汽油机、车用内燃机、大型低速柴油机产销量及内燃机总产量都名列世界前茅。

排放标准成为推动中国内燃机技术进步的主要动力。中国等效采用欧洲排放法规，2000 年开始执行国Ⅰ标准，2004 年开始执行国Ⅱ标准，2007 年开始执行国Ⅲ标准，计划 2011 年开始执行国Ⅳ标准。国Ⅱ标准比国Ⅰ标准 CO 降低 30.4%，HC 和 NO_x 降低 55.8%；国Ⅲ标准又降低了 50% 左右。

我国正逐渐向世界内燃机强国迈进，随着电子技术及相关学科的不断发展，内燃机的产品技术和制造技术将更加完善，在 21 世纪再创新的辉煌。

1946—1955 年，无锡农具厂生产的单缸卧式柴油机

1953 年，上海柴油机厂生产的 6110 柴油机

1951 年，江苏江淮动力股份有限公司（原江淮农具厂）工场工作情景

1964 年，上海工农动力机厂（诚孚）生产的 195-1 型单缸柴油机

20 世纪 80 年代初，上海内燃机厂生产的 TS4100 型拖拉机用柴油机

1965年，上海沪东造船厂生产的7ESDZ75160柴油机

20世纪后期风靡我国乘用越野车用动力——北内492汽油机

21世纪初诞生在常柴股份有限公司的新一代单缸L32型柴油机

2005 年昆明云内动力公司自主开发的 D19TC1 型电控高压共轨轿车用柴油机

2005 年潍柴动力股份有限公司率先推出满足“国Ⅲ排放标准”的柴油机

潍柴动力开发的 16V200 船用柴油机

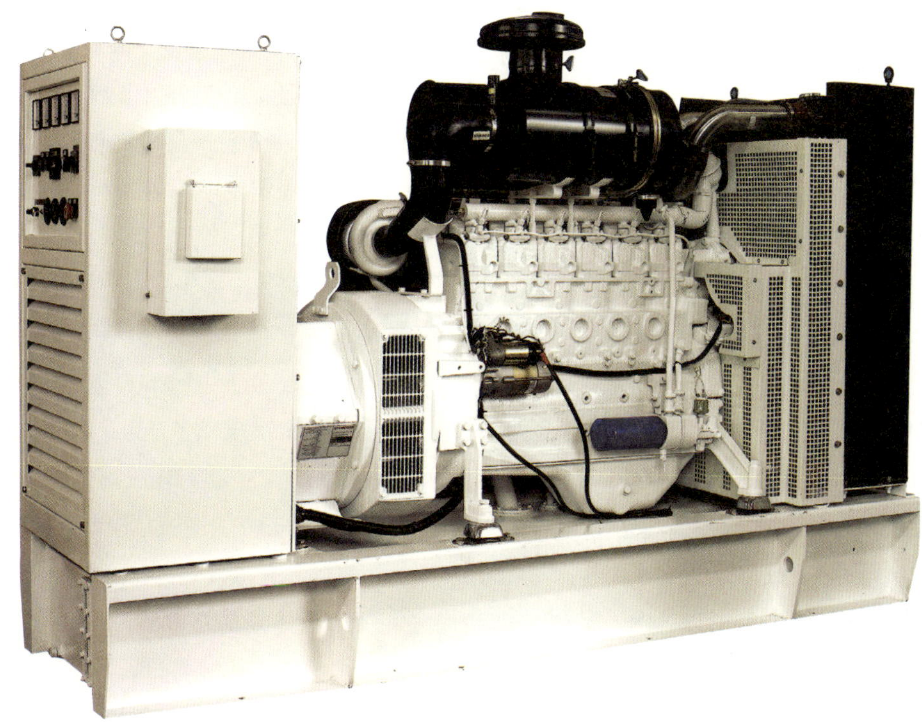

潍柴动力开发的 226B 陆用柴油发电机组

第四章
仪器仪表

中华人民共和国成立以前，中国没有自己的仪器仪表工业。20世纪50年代初期，上海、天津、沈阳、大连等沿海城市有一些小型仪器仪表修理厂（点），兼产一些简易产品，如玻璃温度计、压力表、电表、低倍显微镜等；上海大华科学仪器厂、黄河理工仪器厂、天津联昌电机厂等是当时比较有影响的民营仪表制造厂。

“一五”计划开始，我国逐步建立仪器仪表工业，1956年建成苏联援建属于“156项”的哈尔滨电表仪器厂和太行仪表厂，生产安装式板表、电度表、汽车表、部分精密电表、仪器和航空仪表。1960年建成由民主德国设计的西安仪表厂，这是中国第一座现代化的测量温度、压力、流量和记录、调节、控制等多种系列产品的综合性热工仪表制造工厂；同期还建立了分析仪器、流量计等一批仪表仪器制造厂。1964年开始的“三线建设”，陆续建成了重庆、贵阳、湘西、甘肃、宁夏、江西等地的仪器仪表生产和科研基地，至此，中国仪器仪表制造业的布局基本完成。

通过科研开发和对外合作，形成了一定的技术基础。20世纪60年代初期重点发展了气动单元组合仪表系统和各种流程分析仪器。60年代中期，研制了电动单元组合仪表系列。70年代研制工业控制机和数据处理计算机。80年代着重开发小型、微型工业控制机、分散型控制系统、数控系统、模板系列和汉字信息系统等，并且开发出一批机电一体化产品。进入90年代实现国产化分散型自动化系统优化。至90年代末，仪器仪表工业大型工程成套率达60%，可承担30/60万kW火电机组，30万t合成氨、120 t转炉、日产30万m^3城市煤气化工程、成组大型炉窑等成套任务，做到从系统设计到交钥匙。

21世纪以来，中国仪器仪表工业高速发展。2007年工业总产值是1978年的96.3倍；职工人数、固定资产净值分别是1978年的2.5倍、35.4倍。

中国为常用仪表生产大国，21世纪初年产电度表1亿只，水表2500万只，煤气表800万只，数字万用表2500万只，望远镜2000万台，显微镜500多万台，均位居世界第一；另外，变送器、执行器、测绘仪器和金属材料试验机等产品的产量也位居世界前列。

中国仪器仪表行业技术总体已达到20世纪90年代中期的国际水平，少数产品接近或达到当前国际水平。

工业自动化仪表及控制系统品种系列较多，为国家重点大型工程配套能力大大提高。一般的产品掌握核心技术，产品可满足国内需要，并有出口。

“十五”计划以来，自行开发研制了一批高中档产品，如中控科技集团、北京和利时、北京国电智深等公司，自主研制的DCS产品，性能水平与国外产品接近。已承接的大型工程并已投运成功的有600 MW超临界火电机组、500万t/年炼油、2万m^3/h空分装置，58 m^3 PVC、400万t/年氧化铝、265 m^2烧结装置、轨道交通信号控制项目；同时，1000 MW超超临界火电机组签约国电智深公司的国产DCS系统已于2009年完成。将改变大型工程系统长期由外商垄断的局面，在国家经济安全上有重要的战略意义。

科学仪器具有一定的自主创新能力，色谱仪器、光谱仪器、电化学仪器、研究型光学显微镜、扫描电子显微镜等，接近或达到当前国际同类产品的先进水平。

21世纪以来，进出口贸易发展迅速。2007年仪器仪表行业进出口总额达260亿美元，其中进口172亿美元，出口88亿美元，与改革开放初期基本为进口的局面发生了根本改变。仪器仪表出口发展很快（见下表），许多出口产品在国际上已占有一定地位。年出口量较大的产品有电能表1700万只、万用表1300万只、水表1000万只、望远镜2000万台、煤气表200万只、测绘仪器3000万台、衡器8000万台。出口产品的档次逐年提升，已进入中高档产品范围，如集装箱检测系统、数字示波器、气相和液相色谱仪等都有大量出口。

改革开放30年仪器仪表行业发展情况（1978—2007年）

年份	企业数（个）	职工数（人）	固定资产净值（亿元）	工业总产值（亿元）	人均产值（元）
1978	728	302031	14.23	31.96	10581
1980	739	345840	15.49	36.84	10652
1990	983	373987	56.64	102.67	27453
2000	1681	562384	257.356	899.09	159871
2005	3391	648987	373.41	1777.00	273810
2007	3954	766603	504.39	3077.66	401467
2007/1978（倍）	5.4	2.5	35.4	96.3	40

中国仪器仪表发展很快，但是与国家建设需要和国际同行业比较，相对比较薄弱。集中表现在产品结构不合理，成套率低。数字化、智能化、机电一体化的新型仪表品种总量不足，自动化控制系统跟不上大型成套设备配套的要求，科学测试仪器产品品种满足率仅60%左右。突出反映在外贸不平衡上，外贸逆差2007年84亿美元、2009年102亿美元，净进口率分别高达66.2%和66.14%，居机械工业各行业之首。

仪器仪表行业出口创汇情况（1981—2009年）

（亿美元）

年　份	1981	1985	1990	1995	2002	2005	2007	2009
出口创汇额	0.26	0.11	0.53	9.80	30.32	52.45	88.35	107

2007 年庄河电厂 600 MW 超临界机组采用国电智深 DCS 通过 168 h 满负荷试运行——控制室

中国四联仪器仪表集团有限公司的自动贴片生产线

华立集团股份有限公司仪表制造基地模块车间

上海自动化仪表股份有限公司生产的轨道交通主控室

上海自动化仪表股份有限公司生产的外高桥电厂控制室

上海自动化仪表股份有限公司生产的核电主控室

中控科技集团有限公司研发的ECS-700大规模联合控制系统

上海自动化仪表股份有限公司生产的具有自主知识产权的分散控制系统（SUPMAX-800）

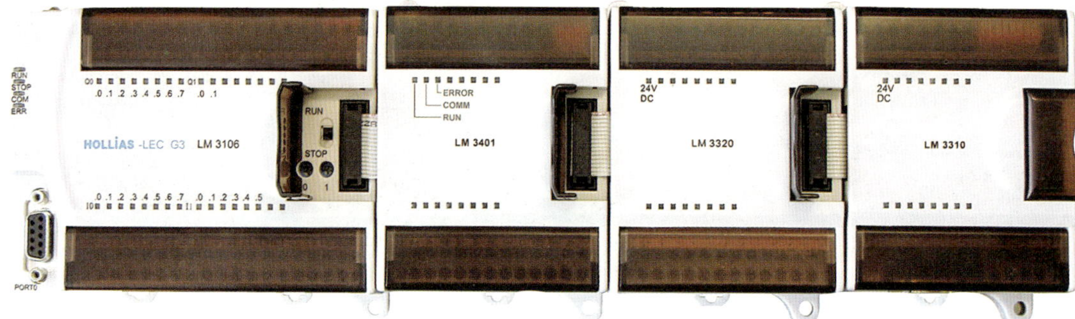

北京和利时系统工程有限公司生产的LM小型PLC产品组合

北京和利时系统工程有限公司生产的 LK 大型 PLC 产品

北京和利时系统工程有限公司生产的 SM 模块

北京北分瑞利分析仪器（集团）有限责任公司提供装备的水质自动监测站

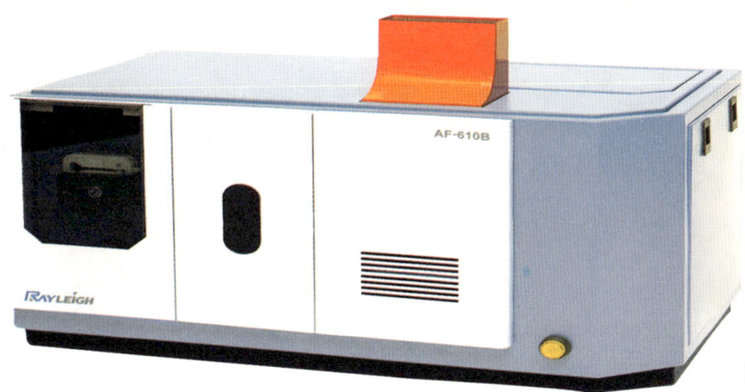

2001 年以来北京北分瑞利分析仪器（集团）有限责任公司生产的 AF-610B 型原子荧光光谱仪

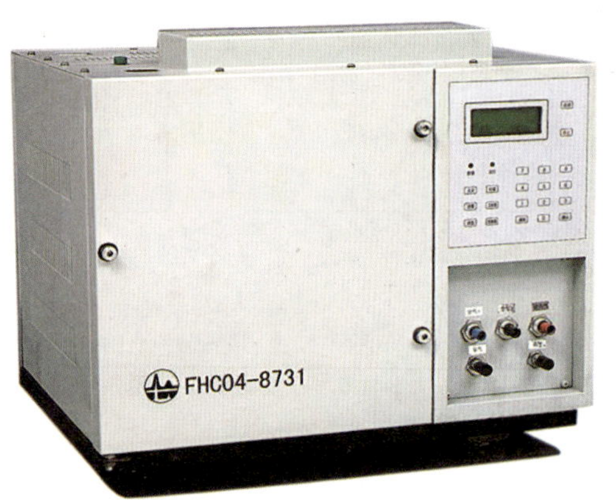

北京北分瑞利分析仪器（集团）有限责任公司生产的FHC04-8731型气相色谱仪

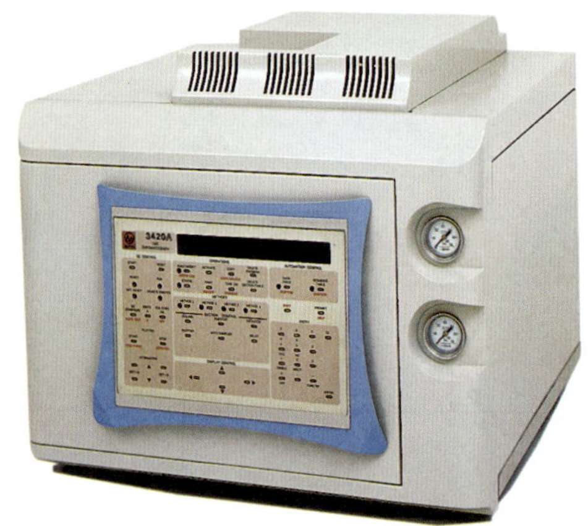

北京北分瑞利分析仪器（集团）有限责任公司生产的SP-3420A型气相色谱仪

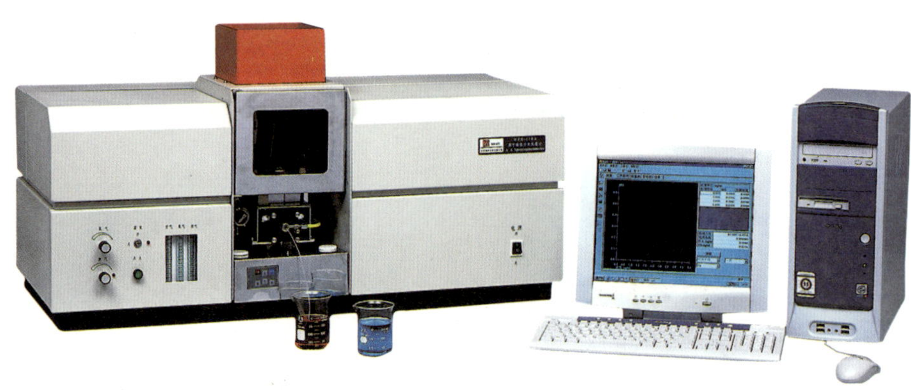

北京北分瑞利分析仪器（集团）有限责任公司生产的AFX-110/120原子吸收分光光度仪

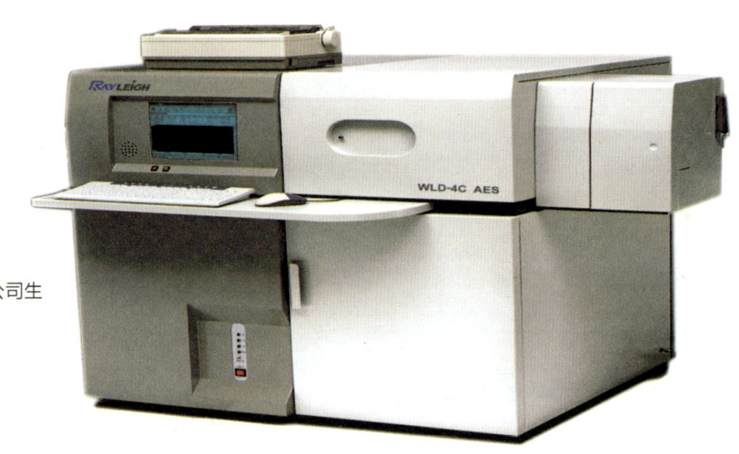

北京北分瑞利分析仪器（集团）有限责任公司生产的WLD-4C型多道光电直读光谱仪

WAW 系列微机控制全自动万能试验机

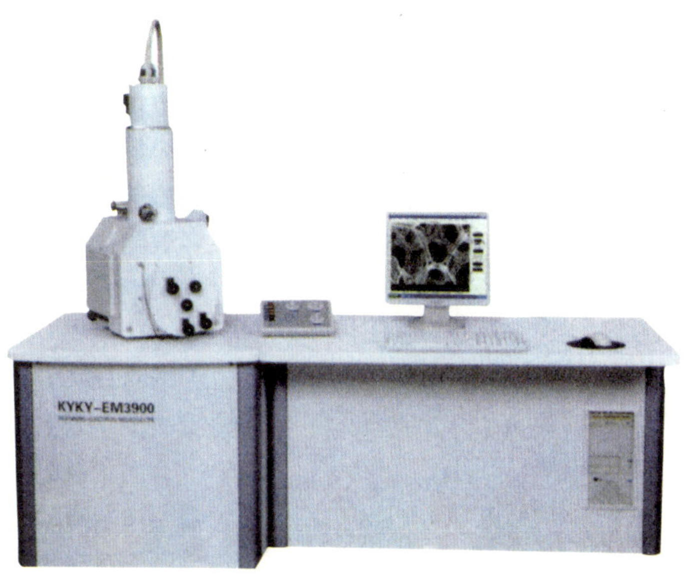

北京科学仪器厂近年研制的 KYKY- EM3900 型扫描电子显微镜

第五章 电力装备

电力工业是中国机械工业主要服务领域之一。中国电力设备制造业完全是中华人民共和国成立后发展起来的，从 20 世纪 50 年代开始，陆续建立了上海、哈尔滨、四川三大动力设备制造厂和沈阳、西安两套高压电器厂，以及分布在全国各地的中小型电力装备制造厂。60 年来生产了以三峡 700 MW 为代表的水电机组、以超超临界 1000 MW 为代表的火电机组、以 1000 kV 交流和 ±800 kV 直流特高压输变电设备为代表的输电设备，这些装备都达到当代世界最高水平。

从 1952 年中国开始制造第一台 800 kW 水电机组，1954 年生产第一台 6000 kW 火电机组起，到 2009 年累计制造了各类发电设备约 97594 万 kW，其中 2006—2009 年制造了 49243 万 kW，占全部产量的 50.44%，并连续四年产量超过 1 亿 kW。2008 年年底，中国电力发电设备装机拥有量 79251 万 kW，其中 80% 以上为国产机组。近年来每年出口机组都是 1500 万 kW 以上。

第一节　火力发电设备

燃煤火力发电设备。50 多年来，单机容量从 2.5 MW、6 MW、25 MW 发展到 1000 MW；参数从低压、中压、高压、超高压、亚临界压力到超临界和超超临界压力；能耗从每千瓦时 500 多克标准煤降至不到 300 g。

1952 年从捷克斯洛伐克引进 6 MW 和 12 MW 火电机组制造技术，1953 年从苏联引进 6～50 MW 机组的制造技术。1956 年在上海生产了第一台 6 MW 火电机组。国产 125 MW、200 MW 和 300 MW 机组分别于 1966 年和 1969 年完成设计，于 1969 年、1972 年和 1974 年相继投入运行。由于当时中国尚未掌握火电设备核心技术，这些机型基本上是按简单放大的思路发展的，性能质量满足不了国民经济发展的需求。1977 年开始酝酿引进国外制造技术，1980 年与美国西屋公司（WH）和燃烧工程公司（CE）签订了引进亚临界压力 300 MW、600 MW 火电机组成套制造技术，除三大主机和电站工程设计技术之外，还包括按火电机组工艺流程的 10 大系统 240 项配套设备和有关自动控制系统等 168 种产品，涉及的主辅机制造工厂、科研院所和电力设计院等约 200 家。在消化引进技术过程中，共派出近千名技术人员分别到美国等 8 个国家 38 家厂商进行培训提高；共转化了 4 万张图纸、上千个计算程序；还同步对发电设备制造业主机、辅机、自动化等企业进行了相应的技术改造，仅“六五”期间国家即投资近1亿美元和30亿元人民币进行工厂改造。亚临界压力300 MW、600 MW火电设备制造技术是中国机械工业最大的一项成套设备技术引进项目。经过300多家主辅机承制企业七八年的努力，引进型第一套300 MW、600 MW考核机组分别于1985年12月20日和1987年12月17日完成，并于1987年6月30日和1988年11月4日投入运行。其后在"七五"、"八五"期间还进行了优化攻关，提高了国产化率，降低了煤耗。300/600 MW火电设备技术引进消化吸收和再创新的扎实工作，为尔后中国研制超临界和超超临界火电设备打下了基础，创造了条件。

超临界和超超临界火电机组。具有明显的高效节能和低排放优势，是世界各国竞相发展的成熟的发电新技术。中国从2002年开始，在已能批量生产亚临界300/600 MW火电机组的基础上决定发展超临界和超超临界机组。沁北电厂为中国首台生产600 MW超临界火电机组的依托工程，机组参数为24.2 MPa/566 ℃，于2004年11月23日投产发电。

2002年中国开始超超临界机组研发应用立项时，国际上仅有德国、丹麦、日本的5座电厂投产。2003年下半年中国开始了超超临界机组的建设，起步为1000 MW级，参数为26.25 MPa/600 ℃，以华能玉环电厂为依托工程，于2006年11月18日正式投运，宣告了中国首台国产大型节能环保型燃煤机组的诞生，从而使中国火电装备技术水平步入国际先进水平。上海电气（与西门子合作生产）、哈尔滨电气（锅炉与三井巴布科克、汽轮机及电机与三菱合作生产）和东方电气（与日立合作生产）三大集团依靠国外产品的性能和质量保证等合作方式制造了1000 MW超超临界机组。到2008年年底累计共制造了19台，已有11台国产1000 MW超超临界机组成功投入运行，同期全球只投入运行70台，中国占15.71%，中国电力工业开始进入"超超临界"时代。（注：至2010年年底在运机组已达33台，还有11台在建）。

中国电力工业火电设备的主力机组，20世纪50—70年代为50～100 MW，70—80年代为125～200 MW，80年代以后长期为125～300 MW机组，2005年以后600～1000 MW超临界和超超临界机组产量占整个火电设备的45%以上，已经开始进入电力工业主力机组范围。

经对玉环电厂投运机组考核，机组每度电能耗为282.6 g标准煤，比2006年全国火电平均煤耗低80多g；发电热效率45.4%。

大型空冷机组。燃煤电厂是耗水大户，一个百万千瓦电厂年耗水约2000万t左右，富煤缺水的三北地区急需大型空冷机组。20世纪80年代，中国从匈牙利引进了混合式凝汽器的间接空气冷却系统后，自主开发了200 MW间接空冷汽轮机，在山西大同电厂成功投运。2007年中国掌握了亚临界参数300/600 MW和超临界600 MW直接空冷机组，首台600 MW超临界间接空冷机组在山西阳城电厂投运，1000 MW直接空冷机组于2010年在宁夏灵武电厂投运，为世界上最大的直接空冷机组。到2007年，中国累计有1600万kW空冷机组在运行，是世界上拥有空冷机组最多的国家，各项指标达到世界先进水平。

循环流化床锅炉（CFB）。循环流化技术是国际公认的经济有效的低污染燃煤技术，20世纪七八十年代得到迅速发展，90年代向大型化发展。中国从1995年首台国产50 MW级CFB锅炉投运以来，开发了100/200 MW和300 MW级CFB锅炉，2006年又启动自主

1954 年，上海电机厂制造的国产第一台 6000 kW 汽轮发电机组用于淮南电厂

研制和建设 600 MW 级超临界 CFB 锅炉示范电站的计划。中国现有 35～1100 t/h 循环流化床锅炉 2000 台，是世界上拥有 CFB 锅炉最多的国家。

重型燃气轮机。随着“西气东输”工程建设的进行，E 级、F 级燃气轮机及联合循环机组的需求不断增长。从 2002 年开始，国家发改委组织了三次以市场换技术的“打捆招标”，国内 4 家企业（哈、沪、川、宁）分别从 GE、三菱、西门子 3 家公司引进了 E 级、F 级燃气轮机制造技术，并为制造燃气轮机的高温热部件相继成立了合资厂，已经制造了一批燃气轮机，国产化率 30%～60%。F 级燃气蒸汽联合循环的效率可达 57%，发供电标准煤耗约 215g/kWh、220g/kWh，以天然气为燃料的燃机电厂，SO_X 的排放约 45 mg/m^3，NO_X 的排放控制在 51 mg/m^3。

1958 年 4 月，哈尔滨汽轮机厂生产的首台 2.5 万 kW 汽轮机组

1959 年，哈尔滨汽轮机厂制造的 5 万 kW 单轴式汽轮机组

上海电机厂制造的世界第一台双水内冷 1.2 万 kW 汽轮发电机组，获国家科技进步奖一等奖

1960 年 4 月，哈尔滨汽轮机厂生产的首台 10 万 kW 汽轮机组

1960 年 8 月，哈尔滨汽轮机厂生产的首台 20 万 kW 汽轮机组

东方汽轮机厂制造的我国最大电站出口项目——伊朗 4 台 32.5 万 kW 空冷型汽轮机总装现场

东方汽轮机厂制造的东方 - 日立型 60 万 kW 汽轮机在山东邹县电厂运行

哈尔滨电机有限责任公司引进美国西屋公司技术并与之合作制造的 60 万 kW 汽轮发电机组，1988 年 11 月在安徽平圩电厂运行

哈尔滨汽轮机厂正在装配首台 60 万 kW 汽轮机组

上海电气电站集团制造的浙江玉环电厂 1000 MW 超超临界火电机组

2006 年，哈尔滨锅炉厂为华能浙江玉环电厂生产了国内首台 1000 MW 超超临界锅炉机组

哈电集团制造的泰州电厂 1000 MW 超超临界汽轮发电机组

东方电气为山东邹县制造的 1000 MW 超超临界发电机组

东方电气集团大型火电设备汽轮机转子吊运

上海电气电站集团工人正在吊装百万千瓦火电机组汽轮机转子

哈尔滨电气集团的两缸结构600 MW超超临界汽轮机

哈尔滨电气集团制造的600 MW直接空冷汽轮机组用于大同发电厂

2006 年哈尔滨锅炉厂的首台国产 300 MW 循环流化床锅炉——开远电厂锅炉机组

上海电气电站集团制造的镇江电厂 600 MW 超临界火电机组

2005 年 6 月哈尔滨电气集团制造的首台国产半山 1 号 9FA 燃气轮机

东方电气集团首台 M701F 级重型燃机转子吊入汽缸现场

第二节　水力发电设备

中华人民共和国成立初期曾生产了 0.8 MW 的小型水电机组，1955 年制造首台官厅 10 MW 混流式机组，以后陆续发展了新安江 72.5 MW 机组、刘家峡 225 MW 机组。1978 年改革开放以来，先后发展了一些水平较高的大型机组。1979 年研制成功转轮直径达 11.3 m 葛洲坝 170 MW 机组，至今仍是世界上转轮直径最大的轴流式机组。1984 年制造了转轮直径

葛洲坝水力发电站鸟瞰图

6 m 的龙羊峡 320 MW 混流式机组，1991 年制造了转轮直径 8 m 的岩滩 302.5 MW 混流式机组。1996 年以来与国外阿尔斯通、伏易特、西门子、东芝、通用电气等公司合作制造了达到世界先进水平的三峡左岸 700 MW 混流式机组，其转轮直径 9.8 m，推力轴承负荷 5500 t。随后在消化国外先进技术的基础上创新提高，2004 年实现三峡右岸 700 MW 水电机组的完全国产化，其水平高于左岸进口机组。此前，中国只设计制造了 300 MW 级混流式水电机组，而国外制造三峡机组等级的特大型水电机组已有 30 年历史，三峡工程大型机组，从介入到完成只用 7 年时间，一步跨越 30 年，是成功消化吸收引进国外先进技术的典范。国内外对此都给予高度评价。

东方电机厂为葛洲坝水电站制造的 170 MW 轴流式水轮机转轮正在组装

哈尔滨电机厂制造的 125 MW 轴流式水轮机正在葛洲坝水力发电站安装

20 世纪 80 年代，东方电机厂制造的龙羊峡 320 MW 水轮发电机的直径 11.8 m、重 878 t 的发电机转子正在吊装

三峡大坝泄洪

哈尔滨电机厂自主研制的三峡右岸电站 700 MW 水轮机转轮（外径 10.44 m，净重 440 t）

东方电气集团自主研制的三峡右岸电站 700 MW 水轮机转轮（外径 9.88 m，净重 473.3 t）发运出厂

拥有自主知识产权的国产首台特大型水电机组——三峡右岸 26 号机组吊装

首台三峡机组定子机座制造成功

第三节　核电设备

核电与火电、水电一起，是世界三大电力支柱，作为一种清洁、经济的一次性能源，受到国家重视。1980 年 12 月国务院决定自主研制第一座核电站——秦山一期 300 MW 等级的压水堆核电机组，国内首台 300 MW 核电机组于 1987 年制造完成，国产设备占价值总量的 70%，1991 年 12 月 15 日投入商运，结束了中国无核电的历史。随后中国为巴基斯坦建设一座 300 MW 核电站恰希玛一号电站，主设备于 1997 年交付，其中第一重型机器厂制造的反应堆压力容器和大连起重机厂制造的安全壳内环形吊车两项设备于 1996 年 9 月获得国家“八五”科技攻关重大科技成果奖。继秦山一期之后又进行了二期核电工程，分批建设 4 台 650 MW 核电机组，1993 年初二期工程开工，我国首台 650 MW 压水堆核电机组于 2002 年 4 月 15 日投入运行，第二台由于上海锅炉厂制造时严重质量事故，拖到 2004 年 5 月才商用发电，国产化率 55%。引进法国设备建设的大亚湾 2×900 MW 核电机组分别在 1993 年 8 月和 1994 年 2 月投运。截至 2009 年，我国已运行核电机组 11 个，总装机 910 万 kW；正在建设核电机组 11 个，装机 1100 万 kW；已核准拟建设核电机组 22 个，装机 2400 万 kW。截至 2010 年年底，我国已运行核电机组 13 个，总装机 1080 万 kW，是当今全世界在建和已定建设核电机组最多的国家。

国内装备制造企业基本掌握了二代改进型核电站设备设计制造技术，引进型 AP1000 三代核电站关键设备正在消化引进技术或合作制造，逐步掌握其设计制造技术。现已基本形成了东北、上海、四川三套核电设备主辅机制造基地。

国产首座秦山核电站一期外景

东方电气集团 1000 MW 核电部套装配

东方电气集团 1000 MW 核电蒸发器

上海电气电站集团制造安装于浙江秦山核电站的国内首台 310 MW 核电机组

百万级核电高压给水加热器

组装完的万吨级海水淡化蒸发器——为火力发电设备提供冷却水

上海电气电站集团吊装完成后的万吨级海水淡化蒸发器筒体——为火力发电设备提供冷却水

第四节　风力发电设备

长期以来，中国的风力发电设备停留在为内蒙古、新疆解决农牧民用电的离网小型机阶段。21 世纪以来，节能减排已成共识，风电是重要的新能源，2005 年，国家《可再生能源法》明确了国家支持风电等能源发展的政策，中国风力发电设备得到始料不及的迅猛发展。通过引进 259 W、1 MW、1.5 MW、2 MW、3 MW 和 5 MW 级机组制造技术，中国很快与世界先进技术接轨，中国的风电设备制造业迎来了大发展。2006 年国家尚无关于风电设备产量的统计，2007 年即生产逾 230 万 kW，2009 年生产了 7551 台 / 1075.9 万 kW。2008 年以后，1.5 MW 机组为主力机组，在 2009 年生产了 5530 台 /829.5 万 kW，2 MW 机组和 3 MW 机组已批量生产，2010 年 12 月湘潭电机厂等研制的 5 MW 直驱式海上风电机组成功下线。主机制造企业约 80 家，年产能超千万千瓦。

湘电集团生产的国内第一套 5 MW 海上风力发电机组

大连重工 · 起重集团公司生产的风电机组

第五节　输变电设备

中华人民共和国成立前，中国只能少量生产部分10 kV以下输变电产品。20世纪50年代，中国已掌握了110 kV、60年代220 kV、70年代330 kV高压输变电成套设备的制造技术。改革开放后，80年代自行研制了锦辽线500 kV交流输变电成套设备和舟山 ±100 kV直流输电设备，但技术水平与国外仍有一定差距。

“十五”计划期间，自行研制成功西宁至兰州的750 kV超高压交流输变电设备，创造了世界上海拔最高（3000 m）、运行电压最高的输变电技术。其后，与国外合作生产三峡的输变电线路装备，先后全面掌握了500 kV超高压交直流输变电技术装备的制造。

“十一五”规划期间攻关1000 kV交流和 ±800 kV直流特高压设备。国外特高压交流输变电技术的研究始于20世纪60年代前

西安高压电器研究所合成试验回路大厅

锦辽线董家变电站出线——20世纪80年代我国自行研制的500 kV输变电线路

后，苏联、日本、意大利均建设了特高压试验站、线段，但都没有进行商业运作。巴西依泰普 ±600 kV 直流输电工程是世界上电压等级最高的直流工程。建设特高压电网是优化我国能源资源配置方式的途径，而且已掌握了 500 kV 和 750 kV 超高压交流输变电工程和 ±500 kV 直流输电工程的装备制造，为特高压技术装备研制打下基础。世界首个 1000 kV 交流特高压示范工程，晋东南—南阳—荆门线已于 2009 年 1 月 6 日正式运行，国产化率达到 90%。2009 年 12 月世界首个 ±800 kV 直流输电特高压示范工程在云南—广东线开始单极运行，2010 年 6 月 18 日全面建成双极运行，国产化率 62.9% 以上。这两个特高压交直流输变电设备的研制成功，把中国输变电产品技术提高到世界最高水平。

舟山 100 kV 高压直流输电工程——20 世纪 80 年代我国自行研制 ±100 kV 直流输电工程

2009 年 12 月甘肃实施电网升级，跨入 750 kV 主电网时代。这是永登 750 kV 变电站设备区

在武汉特高压试验基地运行的 1100 kV 变压器套管，西安电器开关有限公司生产

1100 kV 气体绝缘金属封闭开关设备（DS、ES、母线、出线套管试验场景），西安电器开关有限公司生产

中国首台自主研发的 ±500 kV 直流换流变压器，用于贵广二回直流输电工程，特变电工股份有限公司生产

西安变压器有限公司为南方电网公司云南至广东世界首条 ±800 kV 特高压直流输电工程研制的 ±800 kV 干式平波电抗器

为我国首条 1000 kV 交流特高压试验线路研制的 400 MV · A、1000 kV 变压器，特变电工股份有限公司生产

特变电工股份有限公司为南方电网公司云南至广东世界首条 ±800 kV 特高压直流输电工程研制的 ±800 kV 干式平波电抗器

2008 年 2 月西电集团自主研制成功的世界首台 1000 kV、200 Mvar 并联电抗器，是世界上电压等级最高、容量最大的并联电抗器

西安变压器有限公司换流变压器直流极性翻转试验同时局部放电

贵广二回工程换流阀运行现场

新沈高 1100 kV GIS 用隔离开关开合小电流试验

新沈高 1100 kV GIS 在特高压南阳开关站现场安装

国家电网公司荆门变电站的世界第一组投入商业运行的特高压 1000 MV · A，1000 kV 变压器，特变电工生产

云广工程用 ±800 kV 换流变压器，特变电工生产

中国西安集团自主研发的 800 kV 气体绝缘金属封闭开关设备（GIS）

西安西电电力整流器有限责任公司制造的 ±500 kV 直流换流器

第六章

农业机械

中华人民共和国成立以来，党和国家十分重视农业机械的发展。1959 年 4 月毛泽东作出“农业的根本出路在于机械化”的论断；1991 年中共十三届八中全会提出“大力发展农用工业，推进农业机械化”；2004 年颁布《农业机械化促进法》；中央财政投入购置农机具补贴，从 2004 年 0.7 亿元开始，从 3 亿元、6 亿元、20 亿元、40 亿元增长到 2009 年的 130 亿元，一年比一年大幅提高。

1949 年以前，中国的农业机械工业基本上是空白。1951 年，国家召开农具工作会议，提出了迅速增补旧式农具和制造推广新式农具的工作方针。为了配合国营农场和拖拉机站的迅速发展，从 1953 年开始研制机械化农具，到 1957 年已能生产犁、耙、播及谷物联合收割机等机械化农机具。20 世纪 60 年代到 70 年代，农机工业有了较快发展，开发了大批新产品，如东方红系列履带式拖拉机、铁牛系列轮式拖拉机、3 ~ 12 hp（2.6 ~ 8.8 kW）手扶拖拉机、东风牌自走式联合收割机等，到 1978 年已拥有农机产品 2100 多种。1959 年第一拖拉机厂建成投产，各地还建设了一批大中型农机具制造企业。到 1978 年年底，全国共拥有大中型拖拉机厂 65 个，小型拖拉机厂 143 个。

1978 年改革开放以前，中国农机产品主要是满足拖拉机站、国营农场（农垦）集体耕作的需要，产品以大型化为主。改革开放以后，农村经济改革，土地经营规模变小，多种经营有所发展，原有的农机产品适应不了“三农”发展的需要。根据农村新的需求，相应调整农业机械的产品结构，之后发展了农用运输车、小型农业机械、多种谷物联合收割机及农村多种经营所需农机产品。

进入 21 世纪，随着工业化、城市化进程加快，孕育了土地规模化经营方式的发展，中国农机行业的规模经济水平显著提高，逐步培育出一拖、时风、福田雷沃重工等多家大型农机制造企业集团，形成了具有产业集群效应凸显的山东、河南、江苏、浙江和河北等农机生产大省。通过技术引进、自主开发，开发了一大批高科技含量的农机具，21 世纪初还依靠进口的 120 ~ 180 hp 大功率轮式拖拉机，现已批量生产并出口；在具备自主知识产权整机技术的基础上，通过整合国际资源开发研制出一拖东方红 2884（288 hp）和福田雷沃 2854（285 hp）、3004（300 hp）等大功率拖拉机，已成为新一轮带动中国农机工业经济增长的引擎；大型自走式玉米联合收割机技术获得突破，延吉春苗插秧机走向成熟等，为加速中国农业现代化的进程发挥重要作用。

我国主要农业机械1952—2008年末拥有量增长情况

年份	农业机械总动力（万kW）	大中型拖拉机（万台）	小型拖拉机（万台）	联合收割机（万台）
1952	18	0.13		0.03
1957	121	1.47		0.18
1978	11750	55.74	137.3	1.90
2000	55172	97.45	1264.4	
2007	76590	206.27	1619.1	
2008	82190	299.52	1722.4	

60多年来，中国农业机械工业为农村提供了1.2万亿元以上的农业机械，使我国农业机械保有量快速增长。

随着农业机械保有量的增加，农业机械化水平不断提高。全国耕种收综合机械化水平2004年年底为35.7%，2008年为45%，其中全国机耕面积占全国耕地面积的比重，1977年为38.7%，2007年为57.0%；机播面积占播种面积的比重，1977年为7.30%，2007年增为33.00%；机收面积占收获面积的比重，1977年为1.8%，2007年为27%（注：2008年小麦机收面积占82%、水稻54%、玉米12%）。

全国农业机械作业水平（1977—2008年）

年份	机耕		机播		机收	
	面积（100 km²）	水平（%）	面积（100 km²）	水平（%）	面积（100 km²）	水平（%）
1977	3841	38.70	1087	7.30	267	1.80
1978	4067	40.90	1333	8.9	313	2.10
1986	3931	40.85	1316	9.12	492	3.41
1996	5518	57.81	3259	21.38	1835	12.05
2007	6933	57.00	5200	33.00	4067	27.00
2008		61.80		35.30		32.00

中国已经成为世界农业机械制造大国，主要农机产品产量远远超越其他国家。2009年，中国大中型拖拉机产量37.1万台，高于德国、日本，约占全球总产量的30%以上；小型拖拉机年产量200万台，是日本的10倍；中国联合收割机产量居世界首位，2007年生产10万台，是欧美的4倍，日本的3倍多。除特殊产品外，农业生产主要所需机械基本自给，为中国农业生产的现代化、机械化的发展提供了坚实的物质基础。

20世纪80年代，一拖集团生产的东方红1202型履带拖拉机带五铧犁在田间作业

20世纪80年代，一拖集团生产的东方红1202型履带拖拉机带联合播种机在田间作业

20 世纪 80 年代，一拖集团生产的东方红 1202 型轮式拖拉机牵引犁带合墒器作业

新联（集团）公司研制的摘棉机，填补了国内空白

20 世纪 90 年代中期以来发展的“新疆 -2”自走式联合收割机在田间作业

20 世纪 90 年代中期以来逐步形成的跨地区的收割机队（整装待发的“新疆 -2”收割机队）

20 世纪 90 年代中期以来发展的手扶拖拉机稻田机耕作业

20 世纪 80 年代中期以来发展的小型拖拉机翻耕水田

20 世纪 90 年代以来发展的水稻收割机收稻作业

牧草搂草作业

牧草收割机作业

2008 年中国一拖研制的国内最大功率拖拉机之一的东方红 -2884 大功率轮式拖拉机

20 世纪 80 年代以来发展的钢架玻璃温室内景

20 世纪 80 年代以来发展的三层全阶梯蛋鸡笼养设备

21 世纪初中国一拖大功率轮式拖拉机总装配线

21 世纪初的福田欧豹拖拉机生产线

中国一拖生产的 4LZ-2.5YA 玉米籽粒收获机

20 世纪末以来中国农业机械化科学研究院组织研发的部分农机具

20 世纪末以来开发的部分农机具：
4Mz-5 型自走式采棉机演示

8120 甘蔗种植机

半喂入水稻联合收割机

1240A 四行马铃薯种植机（牵引）

6119 免耕播种机

9265A 自走式饲料收获机

1710 马铃薯联合收获机

山东时风（集团）有限责任公司生产的低速货车、三轮车和拖拉机

第七章

矿山采掘及起重、运输机械

20 世纪 50 年代中国只能生产少量小型矿山设备。1978 年改革开放前装备年产 500 万 t 露天矿的设备主要是冲击式钻孔机和 4 m^3 电铲、80 t 矿用电机车，以此装备了攀枝花钢铁公司矿山；井下矿沿用打眼放炮、凿岩台车等设备。

改革开放后，我国开始研制现代化大型露天矿装备。“七五”、“八五”计划期间提供了首钢水厂铁矿 1000 万 t 级露天矿成套设备，采用单斗电铲加汽车运输工艺，主要装备为 10 m^3 矿用挖掘机、108 t 电动轮矿用自卸车等；井下矿开始采用综采装备，液压支架和割煤机等先进装备。“九五”计划期间，已能提供总体水平相当国际 20 世纪 80 年代水平的平朔煤矿 2000 万 t 级露天矿成套设备，主要装备为 16 m^3 和 23 m^3 单斗挖掘机、154 t 电动轮矿用自卸车等；还开发了 3600 m^3/h 采矿型斗轮挖掘机和 5000 m^3/h 排土机的连续开采露天矿成套设备。20 世纪 90 年代为矿山采掘提供的装备能力，大体是 2000 万 t/yr 露天煤矿、300 万 t/yr 井下煤矿，年处理能力 300 万～400 万 t 选煤厂和 2000 t/d 熟料干法工艺水泥厂成套装备。

进入 21 世纪，中国开发了很多高档装备，如太重集团的 35 m^3、55 m^3 巨型矿用挖掘机、1800～2500 kW 采煤机、7.5 m 高井下液压支架、湘电集团的 220 t 电动轮矿用自卸车和中信重工的 ϕ13 m 竖井钻机等。综合起来看，21

20 世纪 80 年代，第一重型机器厂和湘潭电机厂引进美国 P&H 公司技术合作制造的 2800XP 型斗容 23 m^3 挖掘机

世纪初，中国机械工业有能力提供较高水平的矿用采掘设备。主要有装备水平较高的 2000 万 t/yr 露天金属矿和煤矿、60 万～70 万 t/yr 井下金属矿、1000 万 t/yr 井下煤矿（单井工作面）、300 万～400 万 t/yr 选煤厂、单系列 300 万 t/yr 选矿厂、1 万 t/d 熟料干法工艺水泥厂成套设备等。中国是世界上少数能成套提供各类矿山设备的国家之一。

20 世纪 80 年代，太原重型机器厂与湘潭电机厂引进美国 P&H 公司技术合作制造的 2300XP 型挖掘机，斗容 16 m^3（2000 万吨级露天矿成套设备）

20 世纪 80 年代，湘潭电机厂研制的 SF3103 型 108 t 耐寒型电动轮自卸车在霍林河煤矿使用（千万吨级露天矿成套设备）

20 世纪 90 年代，上海彭浦机器厂引进日本小松公司技术制造的用于年产 2000 万 t 露天矿的 410 hp 履带推土机

20 世纪 80 年代，中信重型机械公司制造的 KY-380 型牙轮钻机

20 世纪 80 年代，柳州工程机械厂研制的 ZL100 型斗容 5 m^3 轮式装载机

20 世纪 80 年代，湘潭电机厂与美国 DRESSER 公司合作生产的 154 t 电动轮自卸车在平朔露天煤矿使用

20 世纪 80 年代，抚顺挖掘机厂研制的 WD-1200 型挖掘机，斗容 12 m^3

20 世纪 80 年代，湘潭电机集团有限公司制造的 150 t 工矿电机车

20 世纪 80 年代，天津工程机械研究所、杭州重型机器厂、沈阳矿山机器厂、大连重型机器厂等研制的每小时 1500 ~ 2000 m^3 斗轮连续开采成套设备在云南小龙潭煤矿使用

20 世纪 90 年代，大重集团公司与德国 MAN/TAKRAF 公司合作为元宝山露天煤矿制造的每小时 5000 m^3 矿用大型排土机

20 世纪 90 年代，沈阳重型机械集团有限责任公司与德国 MAN/TAKRAF 公司合作为元宝山露天煤矿制造的每小时 3600 m^3 矿用大型斗轮挖掘机

20 世纪 90 年代，沈阳矿山机械集团公司与德国 MAN/TAKRAF 合作制造的元宝山矿带式输送机驱动站

20 世纪 90 年代，沈阳矿山机械集团公司与德国 MAN/TAKRAF 公司合作为元宝山露天煤矿制造的重型卸料车

20 世纪 80 年代，中信重型机械公司制造的 AS9/500 型钻孔 ϕ9 m 竖井钻机

20 世纪 80 年代，中信重型机械公司制造的矿用竖井 JKMD-6×4 型多绳摩擦式提升机

20 世纪 80 年代，中信重型机械公司制造的年处理 200 万 t 洗煤成套设备装备的洗煤厂

1986 年，太原矿山机器集团有限公司制造的 AM500 型采煤机已用于阳泉、枣庄等 20 多个煤矿，年创百万吨水平

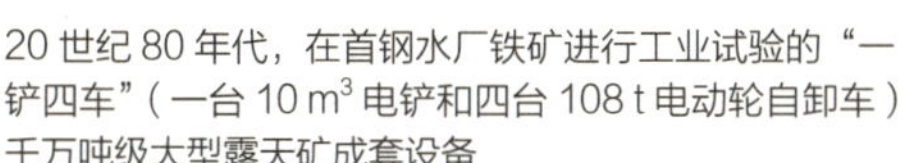

20 世纪 80 年代，在首钢水厂铁矿进行工业试验的“一铲四车”（一台 10 m^3 电铲和四台 108 t 电动轮自卸车）千万吨级大型露天矿成套设备

20 世纪 80 年代，太原重型机器厂研制的 WK-10A 型挖掘机，斗容 10 ~ 14 m^3（获 1988 年国家质量金牌奖）

20 世纪 80 年代，宣化采掘机械厂制造的露天潜孔钻机在鞍钢弓长岭铁矿作业

2006年，中信重工研制出钻孔 ϕ 13 m的竖井钻机

大连重工·起重集团制造的出口澳大利亚的12500 t/h 斗轮取料机

大连重工 · 起重集团被国家发改委确定为第三代核环吊研制基地

2007 年太重集团制造的 900 t 架桥机

大连重工 · 起重集团制造的国内第一台直径 8 m 敞开式岩石隧道掘进机

2003 年太原重工集团制造的三峡 1200 t 桥式起重机

2008 年 1 月 26 日，国内首台、世界最大的矿用 55 m^3 挖掘机在山西太原重型机械集团下线，这是 2000 万吨级以上大型露天矿成套设备中的关键设备，具有完全自主知识产权

WK-55 挖掘机正在平朔安家岭施工中

2008 年，湘电集团研制生产拥有完全自主知识产权的 SF33900 型 220 t 电动轮自卸车，这是我国 2000 万吨级大型露天矿成套设备的关键设备

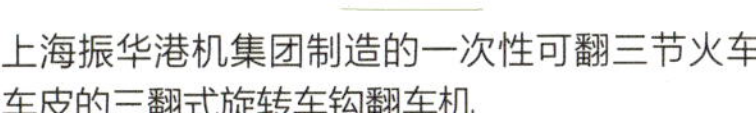

上海振华港机集团制造的一次性可翻三节火车车皮的三翻式旋转车钩翻车机

2007 年，上海建设路桥机械设备公司制造的 5.5 ~ 6.0 m 大型掩护式液压支架

2006 年，上海振华港机集团制造的安装在法国勒哈佛码头的全自动化双小车岸桥

2006 年，上海振华港机集团制造的 ZPMC 可吊三个 40 ft 集装箱的岸桥

2007年，北方重工集团有限公司生产的ϕ11 m双护盾硬岩掘进机

2007年，沈重集团研制成功ϕ11 m全断面隧道掘进机（盾构机）

2009年9月，太原矿山机器集团制造的世界最大的2500 kW电牵引采煤机成功下线，该机以25 m/min的速度前进，每小时采煤3500 t，该机为当前世界上最大的年产千万吨综采成套设备，现在山西西山煤电集团斜沟煤矿运行

中信重工“十一五”规划时期提供的 10000 t/d 水泥生产线

安徽海螺集团日产万吨新型干法水泥生产线

第八章
石油和石油化工设备

第一节　石油工业装备

从1957年太原重型机器厂制造了中国第一台钻深1200 m轻型石油钻机起步，20世纪70年代，兰州石油机器厂和兰州通用机器厂等，已能批量生产适应中浅陆上油田的钻深1500 m、3000 m钻机为代表的钻、采、集设备，大庆油田基本依靠国产设备装备。为适应油气开发向海洋大陆架、沙漠油田和深层油田开发的需要，20世纪80年代中期以来，我国先后研制了4500 m丛式钻机和6000 m电驱动钻机。2005年宝鸡石油机械公司成功研制了9000 m交流变频顶部驱动特深井钻机，2007年又研制了12000 m特深井钻机，标志着我国在世界高端钻井装备上的突破。目前国内87%的大中型钻机、90%的修井机、100%的抽油机都是国内制造；国产9000 m等钻机已实现了对俄罗斯、美国、中东等地的批量出口。

海上油气钻采集运装备在20世纪80年代即开始研制，21世纪以来获得重大进展。30万t大型油轮、14万m^3大型液化气船、深海钻井平台都已出口，中国已成为世界上少数几个石油装备制造强国之一（另详见海洋工程介绍）。

四川宏华石油设备公司研制成功ZJ90DBS型9000 m超深井钻机

2007 年，宝鸡石油机械公司成功研制了 12000 m 特超深井钻机，此前只有美国、德国和挪威等少数国家具备生产此类钻机的能力

2006 年，南阳二机石油装备集团研制的 ZJ700B/7000 m 型撬装钻机

四川宏华石油设备有限公司的高寒钻机在北极圈附近作业

1998 年，南阳二机石油装备集团研制的 3000 m 车装钻机

江汉油田第四机械厂生产的车载钻机

2005 年，南阳二机石油装备集团研制成功的适应 -45℃高寒环境的低温钻机

华油一机厂抽油机测试

荣盛机械公司生产的泥浆泵

四川宏华公司生产的泥浆泵

第二节　石油化工设备

中国在炼油、石化以及煤化等重大设备国产化方面也取得了可喜的成绩。

按项目的装备投资计算：千万吨级炼油设备的 95%，百万吨级乙烯装置的 78%（天津乙烯）以及百万吨级 PTA 装置的主要装备已实现国产化。针对国内乙烯、合成氨、尿素、常减压、催化裂化和催化重整、重油加氢脱硫等装置，以及丙烯腈、聚丙烯等配套装置的需要，解决了所需装置设备的研制。

20 世纪 80 年代，由国内成套供应装备的四川化工总厂年产 20 万 t 的合成氨装置

20 世纪 70 年代末，我国自行研制成套装备的上海吴泾化工厂 30 万 t 氨装置鸟瞰图

20 世纪 80 年代，我国自行研制的镇海石油化工总厂第一套年产 52 万 t 二氧化碳汽提法尿素装置，设备国产化率达 77 %，随后第二套、第三套相继建成投产

沈阳鼓风机集团为四川华天股份有限公司30万t合成氨装置研制的氨冷冻压缩机

沈阳鼓风机集团为四川华天股份有限公司30万t合成氨装置研制的天然气压缩机

陕西鼓风机集团研发的高效节能TRT成套装置

高压热壁加氢反应器。1991 年，上海重型机器厂和上海锅炉厂成功研制出镇海 80 万 t/yr 加氢裂化装置中的 560 t 和 400 t 热壁加氢反应器；20 世纪 90 年代末，第一重型机械集团研制了千吨级加氢反应器；2007 年，第一重型机械集团又为神华百万吨级煤直接制油装置，成功制造了世界上最大、单台重量 2103 t、高 64 m 的煤液化反应器。

1991 年，上海锅炉厂、上海重型机器厂为镇海石化总厂制造的 560 t 锻焊结构加氢裂化反应器

2000 年，第一重型机械集团制造世界第一台两千吨级煤液化反应器，安装于神华煤制油工程

1998 年，第一重型机械集团公司为齐鲁石化公司制造的首台千吨级热壁加氢反应器

中运物流祝贺中国一重成功制造首台1400吨级

第一重型机械集团于 21 世纪初制造的中国第一台 1400 t 加氢裂化反应器

裂解装置。这是乙烯成套设备中的关键装置，1985年开始，中国先后研制了CBL型2万、3万、4万、5万、6万t/yr的裂解炉，应用于辽化、抚顺、扬子、齐鲁乙烯的改造工程，国产化率90%以上。21世纪初与国外合作制造了年产10万t、12万t大型裂解炉，已投产运行；年产15万~18万t和20万t的裂解炉已验收或正在开发，可满足百万吨级乙烯裂解装置的需要。

1988年，兰州化工机械研究院等单位研制辽阳石油化纤公司使用的CBL型2万t乙烯裂解试验炉，采用2-1炉管、二次注入蒸汽、二级急冷等技术

乙烯三机。裂解气压缩机、乙烯压缩机、丙烯压缩机是乙烯装置的核心动力设备，世界上只有少数国家具备设计制造能力，曾经是乙烯装备国产化的禁区。“九五”以来，乙烯装置设备国产化取得了突破，沈阳鼓风机集团于1998年成功为大庆48万t/yr乙烯改造项目提供了裂解气压缩机和丙烯压缩机之后，为中国石化行业第二轮大中型乙烯改造奠定了基础，陆续为金山、扬子、茂名等石化60万~80万t/yr乙烯改造工程提供了乙烯装置用离心压缩机；2006年，该厂承制的茂名80万t/yr乙烯改造工程用乙烯裂解气压缩机一次开车成功，实现了国产裂解气压缩机大型化的工程应用。2007年，沈阳鼓风机集团承接了镇海、天津、抚顺3个百万吨级乙烯工程的裂解气压缩机、乙烯压缩机、丙烯压缩机各1台，已经陆续完成，实现了百万吨级乙烯裂解三机的国产化。

1993年，兰州石油化工机器总厂等单位为大庆石化总厂研制的CF-62钢制1500 m^3 大型乙烯球罐

2007 年，沈阳鼓风机集团为上海金山石化 70 万 t 乙烯装置生产的 DMCL804+2MCL804+2MCL706 裂解气体压缩机

沈阳鼓风机集团生产的大型炼油装置富气压缩机

锦西化工机械厂研制的聚乙烯 90 m^3 聚合反应釜

沈阳鼓风机集团的 4M80 往复式压缩机

沈阳鼓风机集团的 800 万 t 炼油装置用裂解气压缩机

沈阳鼓风机集团的空分装置用压缩机

杭州制氧机集团自行设计制造的乙烯冷箱用于齐鲁石化 72 万 t/yr 改扩建工程

沈阳鼓风机集团的乙烯装置用裂解气和丙烯压缩机

陕西鼓风机集团大型冶金装置高炉鼓风机

上海压缩机厂为镇海石化总厂制造的循环氢压缩机

大型化工用空气分离装置。大型空分装置是石化、煤化及冶金工业装置的重要设备。2002年，杭州制氧机集团设计制造的首台30000 m^3/h大型空分设备在上海宝钢开车成功，结束了中国长期以来30000 m^3/h以上大型空分设备依赖进口的历史。2004年，52000 m^3/h空分装置成功应用于中原大化项目，2005年，有2套60000 m^3/h空分装置出口国外，显示了我国的技术水平。2007年，开封空分集团研制的53000 m^3/h特大型双泵内压缩空分装置成功后，又中标煤制烯烃项目4组60000 m^3/h特大型空分装置；2008年，签订了1套83000 m^3/h的大型空分装置。这类大型空分装置国外也只有德国林德公司，法国液化空气有限公司和美国空气产品公司能生产。

杭州制氧机集团板式钎接炉

2005年开封空分集团研发制造的、安装在永城龙宇煤化工的53000 m^3/h大型空分设备

2006年杭州制氧机集团研制的60000 m^3/h“宝钢6万”空分设备

杭州制氧机集团自行设计制造的4.8 Nm^3/h空分设备

第九章
冶金设备

20世纪50年代末“大跃进”时期，为“大炼钢铁”提供了大量小高炉及低档轧机。现代化大型冶金设备是20世纪70年代以来为“备战”而开始的。曾研制完成“九大设备”和攀枝花钢铁公司一期年产150万t的钢铁联合企业成套设备，主要有1200 m^3高炉、130 m^2烧结机等，自动化水平低，大体相当于工业发达国家20世纪50年代水平。还研制了本溪钢铁公司1700 mm热连轧板机，轧速6~8 m/s、厚度公差0.2 mm，手动控制，只相当于20世纪60年代初期水平，因设计、质量等原因，该机当时未能正常投产。

1984年以来，通过宝钢三期工程装备的联合设计、合作生产，冶金设备的水平和国产化率迅速提高。宝钢一期工程（1979—1985年）国产化率12%，二期（1984—1991年，高炉、焦炉、烧结机、1900 mm板坯连铸机、2050 mm热连轧板机、2030 mm冷连轧板机、制氧机等工程）为61%，三期工程（1991—1999年，包括4350 m^3高炉、250 t转炉，150 t超高功率电炉，450 m^2烧结机，1450 mm板坯连铸机，及轧速分别为25.4 m/s和40 m/s的1580 mm热连轧板机和1400 mm及1550 mm冷连轧板机等）为80%，其中轧钢设备国产化率70%，冶炼设备国产化率达95%。通过宝钢二、三期现代化冶炼轧制设备的合作制造，为尔后自主研制年产300万~600万t钢的高水平成套设备打下基础，当时制造的宝钢第三期工程成套设备，要求其技术水平在21世纪初仍能保持世界一流水平。

21世纪以来，通过鞍钢1780 mm和1700 mm冷、热连轧板机等高水平设备的自主研发，特别是鞍钢500万t现代化板材精品基地从冶炼到连续冷、热连轧板机的锻炼，国内设计、制造技术已臻成熟。此后鞍钢建设所需2150 mm、2130 mm热、冷连轧机和5.5 m宽厚板轧机等大型成套设备，均由国内制造。首钢搬迁建设的曹妃甸钢厂是新一代钢厂，具有很高的技术含量，按设备重量计，国产化率达93%以上。

21世纪初期，中国机械工业已有能力提供年产600万t级以上钢铁联合企业所用常规流程的成套设备。包括4350 m^3高炉，7.63 m焦炉，450 m^2烧结机，方坯、圆坯和板坯连铸机，大型冷、热连轧板机，无缝钢管热连轧机，高速线材轧机，大型中厚板轧机及大型螺旋焊管机组等成套设备。

1967 年，沈阳重型机器厂为西南铝加工厂研制的 12500 t 有色金属卧式挤压水压机（九大设备之一）

1970 年，第一重型机器厂、太原重型机器厂为西南铝加工厂联合研制的 2800 mm 铝板轧机（九大设备之一）

1967—1970 年，第一重型机器厂、机械科学研究院为西南铝加工厂联合研制的 30000 t 模锻水压机（九大设备之一）

一重集团为宝山钢铁公司三期（1991—1999 年）制造的 1450 mm 板坯连铸机（1998 年投产）

二重集团 1996 年为宝山钢铁公司三期工程制造的 1580 mm 热连轧机

第一重型机器厂建厂初期（20 世纪 50 年代末期）为包头钢铁公司制造的高炉

第二重型机器厂、太原重型机器厂、洛阳矿山机器厂 1974 年为舞阳钢铁公司联合承制的 4200 mm 特厚板轧机

第一重型机器厂于建厂初期（20 世纪 50 年代末期）为包头钢铁公司制造的第一代 1150 mm 方坯初轧机

1986 年上海重型机器厂与德国、美国、日本等外国公司联合设计、合作制造安装在宝山钢铁公司二期工程（1984—1991 年）的 2030 mm 冷轧板机

西安重型机械研究所、天津重型机器厂联合为太原钢铁公司研制的国产第一台 160 mm × 1280 mm 立式回转出坯型不锈钢板连铸机，1985 年投产

第一重型机械集团公司为本溪钢铁公司制造的 1150 mm 万能初轧机

年产 400 万 t 的板坯连铸机，两机四流，1988 年第一重型机械集团、太原重型机械集团、西安重型机器研究所和上海东风机器厂与日本日立造船公司合作制造，供宝钢二期工程

沈阳重型机器厂与日立造船公司合作制造，于 1991 年投产的宝钢二期工程 450 m^2 烧结机

以太原矿山机器厂为主要单位，为沙市钢管厂制造的第一套 1020 mm 螺旋焊管机组

大连重型机器厂为宝钢二期工程研制的 6 m 焦炉推焦机，1991 年投产

2006 年一重集团自行设计制造的我国第一台 15000 t 自由锻造水压机试车成功

二重集团 2007 年自行研制的 160 MN 水压机

上海重型机器厂有限公司 2008 年制造的 165 MN 自由锻造油压机

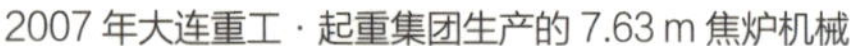
2007 年大连重工 · 起重集团生产的 7.63 m 焦炉机械

上重集团生产的万吨铝挤压机
（获 2003 年工业博览会金奖）

2003 年，一重集团与鞍钢联合研制、具有自主知识产权、荣获国家科技进步奖一等奖的鞍钢 1780 mm 冷连轧机

一重集团制造的我国第一套 2300 mm 宽厚板坯连铸机

一重集团 2007 年制造的我国第一套 2150 mm 热连轧机组

一重集团制造的我国第一台 2000 t 多连杆压力机

一重集团制造的我国第一套 1780 mm 热连轧机

4300 锻造支承辊，一重集团产品

1000 MW 超超临界低压转子，一重集团产品

600 MW 核反应堆压力容器，一重集团产品

二重集团 2006 年为波兰制造的 2250 mm 热轧机

二重集团为武钢制造的 2250 mm 热连轧机

二重集团为攀钢制造的 1350 mm 连铸机

二重集团的 150 t LRF 钢包精炼炉

上重集团为鞍钢制造的1700 mm 中薄板连铸连轧工程——精轧机组

上重集团生产的船用曲轴

2009 年中信重工为 18500 t 自由锻造油压机制造，成功组织 829.5 t 钢水合浇了世界最大的 550 t 铸钢件

2007 年二重集团为宝钢生产制造的 5000 mm 宽厚板轧机

2008 年一重集团研制的 5500 mm 厚板轧机

第十章

工程机械

1949—1952 年国民经济恢复时期，中国开始制造一些经济建设急需的低端工程机械产品，如凿岩机、混凝土搅拌机、压路机、柴油机打桩锤等。经过“一五”、“二五”计划的建设，中国工程机械制造业逐步成型；经过“三五”、“四五”计划期间国家的建设改造，整个行业已初具规模。挖掘机、装载机、推土机、压路机、工程起重机等都已能系列生产。但直到 20 世纪七八十年代，工程机械的发展仍满足不了军民建设的急需，推土机等产品依靠大量进口，是当年机械工业能力薄弱的典型表现。

1978 年改革开放以来，工程机械行业是机械工业各行业中经济活动最活跃的行业之一。特别是进入 21 世纪，工程机械行业异军突起，发展势头强劲。这期间，三峡建设、西部开发、南水北调、西气东输、西电东送、高速公路网建设、铁路提速、海空港口建设和城镇化建设等，为工程机械开辟了越来越宽广的国内市场，促进了行业的快速发展。到 2007 年，已由机械工业中的一个小行业，发展成为仅次于汽车、电工、石化和机床的行业，居第五位。

实施改革开放政策，走国际化发展道路。“八五”时期以来，工程机械行业逐步进入国际化发展轨道。国际上卡特匹勒公司、小松公司等知名跨国公司，看准了中国市场和中国工程机械工业的薄弱，蜂拥般进入中国，除兴办独资企业外，还兼并了一批中方企业，曾一度成为中国机械行业的主要力量。工程机械工业内资企业也逐步振兴发展，跨地区、跨行业、境内外兼并重组活跃。中联重科于 2004 年与国有企业湖南浦沅工程机械集团联合后，规模和技术水平都跃上新台阶，2008 年收购了黄河工程等企业发展推土机和挖掘机等产品，同时在海外收购了英国保路捷公司、世界排名第三的

中国工程机械行业发展主要指标（1978—2007年）

	1978年	1997年	2007年
企业数（个）	380	1008	1488
固定资产原值（亿元）	35.0	210	360
固定资产净值（亿元）	17.5	140	270
工业总产值（亿元）	18.8	350	2223
利润总额（亿元）	4.6	14	180

意大利 GFA 混凝土机械制造商，大力推进混凝土机械国际业务。三一重工集团在国内重组兼并多家企业的同时，高速进军海外。徐工集团、柳工集团兼并许多企业，在国外设立子公司。

自主创新能力增强，开发了许多高水平新产品。工程机械的重点骨干企业，都非常重视自主创新发展，每年投入的研发经费达到销售额的 2% ~ 4%，有的企业甚至达到 5% 以上。近年来开发了 500 t 全路面起重机、900 t 履带起重机、68 m 登高平台消防车，130 t 汽车起重机、6.4 m^3 装载机、臂架长度 72 m 的混凝土泵车等。

对外贸易大发展，我国已成为工程机械产业大国。2007 年，进入世界工程机械 50 强企业中的中国内资企业有 8 家。2006 年，工程机械进出口贸易由长期逆差转变为顺差；2007 年，出口额达 87 亿美元，是进口额的 1.76 倍，产品销售台数仅次于美国，居世界第二位；出口拉动已经成为中国工程机械发展的主要动力之一。

中国工程机械产品进出口情况（2000—2007年）

		2000年	2001年	2002年	2003年	2004年	2005年	2006年	2007年
金额（亿美元）	进口	13.1	15.5	20.5	35.6	36.4	30.26	39.1	49
	出口	5.09	6.86	7.47	10.5	18.5	29.4	50.12	87
增长率（%）	进口	−10.27	18.32	32.26	73.66	2.25	−16.87	29.21	25.31
	出口	21.24	34.77	8.89	40.56	76.19	58.92	70.48	73.58

1953 年，我国第一台机械式挖掘机在抚顺挖掘机厂试制成功。到 1985 年，该产品的国内市场占有率达 90%

三一重工集团自主研发的 66 m 长臂架混凝土输送泵车，2008 年 1 月 24 日在美国拉斯维加斯西曼哈顿商住群楼宇工地泵送混凝土

2007 年，三一重工集团生产的泵送设备在上海环球金融中心施工

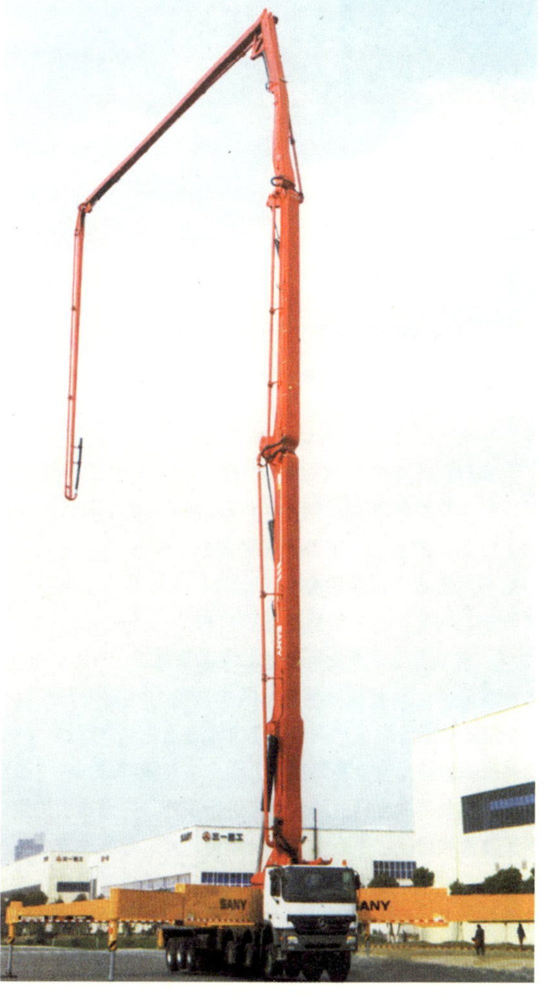

2008 年，三一重工集团研制成功世界最长 72 m 臂架 SY5650THB72 混凝土泵车

上海环球金融中心 492 m 混凝土泵送现场

现代化的长沙中联重科泵车生产线

2008 年，徐工集团开发成功国内最大吨位的 QAY500 型全地面起重机

多家企业的工程机械在“5·12”汶川地震的抗震救灾现场

三一重工集团有限公司自主研发的大吨位 SR360 旋挖钻机，填补了国内大功率大口径旋挖钻机的空白

2008 年，三一重工集团研制的 SCC9000 型 900 t 履带起重机，被誉为“亚洲第一吊”

中国最大轮式装载机 CLG899III 型斗容 6.4 m³，2009 年在柳工集团诞生

天水风动机械公司的凿岩钻车

第十一章

汽　车

生产汽车在新中国成立初期还是可望而不可即的事，毛泽东主席曾在论述“论十大关系”时感叹：“什么时候我们能坐上自己生产的小汽车就好了。”国家非常重视汽车工业的建设，第一汽车制造厂是国家“一五”计划的156项重点建设项目之一。1953年，毛泽东主席签发《中共中央关于力争三年建设长春汽车厂的指示》。第一汽车厂的建设，1953年7月15日奠基，在全国的支援下，1956年7月13日第一辆解放牌汽车下线，标志着一汽三年建厂目标的如期实现，结束了中国自己不能制造汽车的历史。

汽车发明于1796年，批量生产于1886年，到2009年分别为213年和123年。中国1956年生产出第一辆汽车，1958年生产出第一辆轿车；2009年中国年产汽车1379.10万辆，其中轿车747.12万辆，都位居全球第一位，超过了世界上几个汽车生产大国历史最高年产量（美国2000年1278万辆，日本1990年1325万辆，德国2007年621万辆）。从开始生产出第一辆汽车到总量居世界第一，历经53年时间，超越了西方工业国家200多年历史。

中国汽车在全球汽车产量中的比重逐年上升，1970年0.31%、1978年0.35%、2000年3.59%、2008年13.28%，2009年跃升至21.89%。

中国汽车生产对全球汽车产量的增长作出重要贡献。1978年全世界共生产汽车4230万辆，其中中国14.9万辆，居世界第18位；2000年分别为5759万辆和207万辆；2008年分别为7030万辆和934.6万辆，居世界第二位。2008年比1978年和2000年，全世界增加汽车产量2800万辆和1271万辆，其中中国净增915万辆和723万辆，中国对世界汽车新增产量的贡献率1978—2008年为32.6%，2000—2008年为56.9%。至2009年则更高一些。

中国制造汽车是从载货汽车开始的。1956年7月13日第一辆“解放”牌CA10型4 t载货汽车在第一汽车厂下线。1958年5月一汽试制成功“东风”牌71型轿车，送到北京中南海向中共八大二次会议献礼，毛泽东主席等党中央和国务院领导同志观看试坐，毛泽东主席高兴地赞许：“坐上我们自己制造的小轿车了。”6月21日，北京第一汽车附件厂试制成功“井冈山”牌轿车。7月，一汽试制成功第一辆“红旗”牌CA72型高级轿车。1959年9月，35辆“红旗”牌高级轿车发送北京，其中6辆参加国庆10周年游行，2辆“红旗”牌敞篷轿车提供国家领导人阅兵乘用，成为载入中国汽车工业史册的一个重要篇章。同时还有上海试制的“凤凰”牌（后改为名“上海”牌）中级轿车。但

中国在世界汽车产量中的比重（1970—2009年）

（单位：万辆）

年份	世界汽车总产量	中国		美国	德国	日本
		产量	占世界汽车总产量的比重（%）			
1970	2940	9	0.31	827	384	529
1975	3300	14	0.42	899	319	694
1978	4230	15	0.35			
1980	2857	22	0.77	801	388	1104
1985	3229	44	1.36	1165	445	1227
1990	3611	51	1.41	881	503	1325
1995	5015	145	2.89	1199	467	1020
2000	5759	207	3.59	1278	553	1014
2001	5577	233	4.18	1143	561	978
2002	5878	325	5.53	1227	547	1026
2003	6058	444	7.33	1211	551	1029
2004	6396	507	7.93	1199	557	1051
2005	6655	572	8.60	1195	353	1080
2006	6921	728	10.52	1129	582	1148
2007	7327	888	12.12	1078	621	1160
2008	7030	930	13.23	868	604	1156
2009	6300	1379	21.89	570	521	793

注：数据来源：1990年以前来自《世界汽车工业参考》，以后年份据《中国汽车工业年鉴》。

长期以来，能商品供应的轿车只有“上海”牌轿车，而且数量很少。

中国汽车工业发展，得益于改革开放，得益于轿车进入家庭。1987年，国务院北戴河会议确定了通过加快发展轿车工业来振兴中国汽车工业的发展战略；同时确定一汽、二汽、上汽作为我国轿车生产的三大基地。此后中国汽车工业的发展逐步加快。特别是2001年11月11日加入WTO后，进入高速发展期。从2002年开始，基本上每年新增汽车100万辆，而2009年一年就增加了450万辆。

改革开放初期，中国生产的汽车主要是中型载货汽车，外人形容中国汽车制造的产品结构为“缺重、少轻、轿车近乎无”。20世纪80年代末这一状态逐步改观，轿车、客车、货车三类汽车的产品结构比例，1990年为8.33%∶25.04%∶66.63%；至1995年已调整为26.69%∶19.52%∶53.79%。21世纪以来，特别是“轿车进入家庭”以来，三类车型构成比例迅速改善，2007年已调整为71.83%（包括MPV、SUV，如仅为轿车则为52.10%）∶3.87%∶24.34%。过去载货车的结构是缺重少轻，现在也发生很大变化，2007年重型、中型、轻型三类货车之比为6.12%∶8.52%∶85.34%。中国汽车产品结构已经与世界比例相衔接，基本适应汽车市场需求。

产品品种和技术水平。轿车，从A级、B级到C级，低、中、高档品种俱全。从排量0.6 L的微型轿车到5.6 L的红旗高级轿车应有尽

2007 年前 10 名跨国汽车公司生产情况

（单位：万辆）

	企业名称	全球产量	在华企业产量
1	丰田	949.8	45.5
2	通用	881.8	98.9
3	福特	636.5	18.0
4	大众	621.3	95.6
5	现代起亚	398.7	33.8
6	本田	391.2	46.4
7	日产	343.1	28.8
8	菲亚特	323.3	16.7
9	PSA 集团	281.4	21.3
10	铃木	259.6	20.5

有，近几年每年都会有几十个、一百多个车型品种上市。载货汽车，从总质量 1.8 t 及以下微型车至总质量≤ 40 t 的重型车，重型载货汽车技术含量提高，达到了国际同类产品水平。发展了各种要求的特种车，在 2009 年国庆节大阅兵中表现突出。客车从车长 3.5 m 以下的微型客车至车长 10 m 以上的大型客车；中高客车水平不断提升，城市客车宽敞、舒适、低地板、超长双铰接产品，尤其是 BRT（快速公交）车型投入运营，成为城市的一道靓丽风景线。改革开放前，中国汽车工业与发达国家在技术上整体有 30 年左右的巨大差距，通过技术引进和自主开发相结合，至 21 世纪前 5 年，在商用车领域已经与国际先进水平接近，轿车已基本完成了全面自主化开发的准备，新能源汽车研制基本与国外同步。

1984 年 1 月 15 日，中美合资经营的北京吉普汽车有限公司开业，10 月 10 日中德双方签署上海大众汽车有限公司合营合同，以此为契机，排名在世界汽车工业前列的国际轿车生产商和最大汽车零部件企业绝大部分进入中国投资设厂。

2009 年，中国汽车工业已有上汽集团、一汽集团和南方工业集团（长安汽车）入选美国《财富》世界 500 强，营业收入分别为 248.82 亿美元、236.64 亿美元和 216.75 亿美元的业绩，排名分别为 359、385 和 428 位。在入选世界 500 强企业中的汽车板块 21 家企业中，上汽、一汽和南方分别居 17、19 和 20 位。虽然中国汽车企业已有三家入选 500 强，规模空前，但仍需增强竞争力。

2008、2009年度入选《财富》500强的中国汽车企业

	2008年			2009年		
	营业收入（亿美元）	排名		营业收入（亿美元）	排名	
		在500强中	在汽车板块中		在500强中	在汽车板块中
上汽	226.07	373	20	248.82	359	17
一汽	263.91	303	17	236.64	385	19
南方工业集团	—	—	—	216.75	428	20

我国第一辆国产“东风”牌轿车

1956 年 7 月 13 日，我国第一汽车制造厂建成并试制出第一批国产“解放”牌载重汽车

1958 年 9 月 28 日，第一辆“凤凰”牌轿车诞生，开创了“上海”牌轿车制造的历史

1983 年 4 月 11 日，第一辆上海桑塔纳轿车组装成功，开创了上海汽车工业面向世界、开门造车的新纪元

上海大众和一汽大众汽车有限公司是中德合资企业，2009 年分别生产轿车 70.8 万辆和 67.1 万辆。图为上海大众桑塔纳轿车在 20 世纪 90 年代初期，总装后调试厂房一角

道路模拟试验

东风汽车公司襄樊试车场

一汽大众捷达轿车生产线

1992 年，东风汽车公司与法国雪铁龙汽车公司等合资成立神龙汽车有限公司。图为该公司生产的“富康”轿车

1992 年 8 月 27 日，神龙汽车有限公司生产的第一辆“富康”轿车在神龙襄樊装试厂通过工艺调试，正式下线

“改革开放 30 年中国汽车成就展”展示的红旗检阅车

红旗检阅车

一汽从 20 世纪 50 年代后期开始制造红旗检阅车，并用于 1959 年国庆。

2008 年产红旗检阅车：重量 4.5 t，车长 6 m，前高后低的船型车身看上去低调而气势非凡，前脸的水箱面罩是扇形格栅，继承了老式红旗检阅车的基因。轮辋造型也设计成太阳花状，旋转起来轮盘光芒四射。该车搭载一汽自主研发的 V12 发动机，采用双电脑动力控制系统，每 6 个汽缸用一套电控单元控制，以保证正常行驶。红旗检阅车达到了重度防弹级别，常规军用、警用制式武器都不能奈何得了它。它的防弹轮胎即使中弹，仍可以 50 km/h 的速度行驶 50 km；油箱采用防爆炸技术，几乎没有被点燃的可能。还有达到军事标准的抗电磁干扰能力。

北京吉普汽车有限公司生产的第 50 万辆北京 Jeep 汽车下线仪式

2006年10月12日，中国第一个中高级自主品牌——上汽“荣威”问世。图为上汽“荣威”550 轿车

北汽集团生产的“勇士”军用越野车

东风汽车公司生产的“东风猛士”军用越野车

长城MPV嘉誉

东风菱智

长安奔奔

吉利金刚

奇瑞A5

长丰猎豹CS6

一汽奔腾

天津一汽夏利N3

2008年自主品牌群车像

出口的吉利轿车

2002 年 6 月 14 日，一汽集团与天汽集团公司在北京签署重组协议

2006 年 12 月 26 日，上汽和南汽在北京人民大会堂正式签署全面合作协议，这是中国汽车工业的里程碑

2007 年 12 月 17 日，中国重汽集团 2007 年第 10 万辆重卡下线。中国重汽集团位居国内行业之首，产量规模进入全球前五大重卡制造商行列

2008年7月11日，“奥运节能与新能源汽车示范运行交车仪式”在北京奥运公交车场站举行

奇瑞混合动力轿车

2009年10月20日10时45分，中国年产1000万辆汽车在长春一汽诞生（中国是继美、日之后第三个年产量突破千万辆的国家）

纯电动客车

第十二章

航空工业

1951年4月17日，中央军委和政务院颁发《关于航空工业建设的决定》，从而正式宣告中国航空工业的创建。近60年来，逐步形成了专业门类齐全、科研、试验、生产相配套，具备研制生产当代航空装备能力的高科技工业体系。发展了多类型、多用途的飞机、发动机、导弹，已跻身于能够研制先进的歼击机、歼击轰炸机、直升机、运输机、教练机、特种飞机和航空发动机等多种航空装备的少数国家之列。2009年7月8日，中国航空工业集团公司成功入选美国《财富》世界500强，以营业收入217.38亿美元、利润5.68亿美元的业绩排名第426位，成为首家跻身世界500强的中国军工企业，并在航空航天与防务板块位居全球第11位。历经58年努力，中国航空工业终于站在了与欧洲宇航防务集团（EADS）、波音公司等世界级航空企业同台竞技的新起点上。

1954年7月25日，中国生产的第一架飞机"初教-5"（仿苏雅克-18型）试制成功；1956年9月8日，中国又成功生产了第一架喷气式歼击机"歼-5"飞机（仿苏米格-17F型）。此后，中国第一架直升机——"直5"、超音速喷气式飞机——"歼-6"相继试制成功。20世纪六七十年代，虽然受到"文化大革命"的严重干扰和破坏，但中国航空工业继续发展，由"歼-5"、"歼-6"发展至"歼-7"、"歼-8"，1968年中国第一架自行设计制造的高空高速歼击机——"歼-8"飞机首飞成功，飞机性能和速度不断提高，由亚音速到超音速再到2倍音速。60年代，中国的"霹雳"1号空对空导弹、"红旗"1号、2号地对空导弹、"上游"1号舰对舰导弹相继试制成功、批量生产，结束了中国不能制造战术导弹的历史。

进入21世纪，中国航空工业迎来了发展的重大机遇，突破了一大批具有自主知识产权的航空工业核心技术，以"歼-10"飞机为代表，实现了中国军机从第二代向第三代的跨越；以"太行"发动机为代表，实现了中国航空发动机从第二代向第三代，从涡喷向涡扇，从中推力向大推力的跨越；空空、空地导弹实现了从第三代向第四代的跨越；重大特种飞机实现了从无到有，直升机专项研制取得重大成果的一系列历史性跨越，一批赶超世界先进水平的国产第三代战斗机"FC-1"（枭龙）、"歼-10"（猛龙、轻型战斗机）、"歼-11"（重型战斗机）的问世，标志着中国歼击机研制取得突破性进展。民机产业发展翻开了崭新的一页，继2000年2月，中国第一个品牌民用客机"新舟-60"涡桨支线客机首飞成功后，2008年11月，中国首架具有自主知识产权的 92 座支线飞机 ARJ21 成功首飞。国家重大专项 150 座干线大飞机项目于 2007 年 2 月获国家批准立项。

航空工业主要成就（1954—2007年）

年 份	成 就
1954	我国生产的第一架飞机——“初教 -5”试制成功
1956	第一架喷气歼击机——“歼 -5”飞机试制成功
1958	多用途运输机——“运 -5”飞机和我国第一架直升机——“直 -5”试制成功
1959	超音速喷气式飞机——“歼 -6”试制成功
1965	自行设计的强击机——“强 -5”实现设计定型，投入成批生产
1966	2 倍音速的歼击机——“歼 -7”试制成功
1968	第一架自行设计制造的高空高速歼击机——“歼 -8”飞机首飞成功
1998	第一架自主设计的第三代战斗机——“歼 -10”（猛龙、轻型战斗机）首飞成功 引进研发、改进的第三代战斗机——“歼 -11”（重型战斗机）试制成功
2000	第一个世界品牌民用客机“新舟 -60”首飞成功
2003	面向国内外两个市场的新一代轻型战斗机——“枭龙 FC-1”首飞成功
2005	“太行”大推力发动机、涡扇发动机试制成功
2007	首架自主研制的 90 座支线客机——ARJ21-700 下线 国务院批准 150 座干线客机项目立项

新中国制造的第一种飞机——“初教 -5”

1954 年 7 月首飞成功。“初教 -5”的试制成功，标志着中国航空工业从修理阶段跨入制造阶段。1954 年 8 月 1 日，毛泽东为“初教 -5”的试制成功签署嘉勉信，称赞“这在建立我国的飞机制造业和增强国防力量上都是一个良好的开端”。

新中国自主研制的第一种飞机——“歼教-1”

1958年7月首飞成功。它是为了满足喷气式飞机的训练要求而设计、制造的。该机从图纸发完到首飞上天不超过100天，在新中国航空史上占有重要的地位。

新中国生产的第一种喷气式战斗机——“歼-5”

1956年7月首飞成功。1956年10月1日，4架“歼-5”战斗机参加庆祝中华人民共和国成立七周年庆典，从天安门上空飞过。1959年下半年停产，共生产767架。

新中国第一种大型水上巡逻反潜轰炸机——“水轰-5”

1976年4月首飞成功，具有超低空、大航程、全天候、大载弹量、短距起降和抗波浪性好等特性，主要用于中近海域海上侦察、巡逻警戒、搜索反潜等任务，也可监视和攻击水面舰艇。

新中国制造的第一种战术轰炸机——“轰-5”

1966年9月首飞成功，是一种亚音速轻型战术轰炸机，在当时是相当先进的一种前线轰炸机。1967年4月，该机正式投入批量生产，并开始装备空军部队。“轰-5”的众多改进型号在空军和海军航空兵中担负了重要角色。

新中国研制生产的第一代中型/中程运输机——“运-8”

1974年12月首飞成功。“运-8”是我国批量生产的最大的飞机，主要用于装备部队，也有一定数量的飞机进入民用市场和国际市场。该机是我国当时唯一能进西藏的国产飞机，用途广泛，具有空投、空降、空运、救生及海上作业等多种功能，一次可装载货物20 t，可同时装载两辆解放牌卡车，可运载直升机。

新中国第一种取得通往国际市场“绿卡”的飞机——“运-12”

1982年7月首飞成功，对中国民机走向世界飞机市场、提升我国飞机的制造和管理水平具有开拓性意义。该机可载客17人，也可用于运输、跳伞、海上巡逻和农业飞行。

中型多用途直升机——“直-9”

1982年2月首飞成功，主要用于人员运输、近海支援、海上救护、空中摄影、海上巡逻、鱼群观测、护林防火等，并可作为舰载机使用。军事用途包括侦察、火力支援、反坦克、搜索救护、反潜、通信等。1997年，12架“直-9”随驻港部队进驻中国香港特别行政区。“直-9”还多次参加极地科学考察，并在2008年汶川抗震救灾、海军索马里护航行动中发挥了重要作用。

新中国第一个世界品牌民用客机——“新舟-60”

2000年2月首飞成功，是我国已在航线上运营的性能最好的涡桨支线客机，该机在安全性、经济性、舒适性、维护性等方面达到或接近世界同类飞机的水平。截至2009年8月，“新舟-60”飞机已累计获得国内外订单160余架，已经交付津巴布韦、刚果（布）、赞比亚、老挝、印度尼西亚、玻利维亚等国。

“空警 -2000”预警机

该飞机是一种大型全天候、多传感器、高性能、多用途的空中预警与指挥控制飞机，是空军未来战争中夺取空中优势、实施战略、战术及战役打击的重点武器装备。由载机和任务电子系统两部分组成。

ARJ21 支线飞机

2007 年，我国首架具有自主知识产权的新支线飞机 ARJ21 成功下线，2008 年 11 月 28 日成功实现首飞。

空警－200预警机

采用“运－8”作为基础平台，安装平衡木式相控阵雷达，是我国自行研制的另外一种轻型、全天候、多传感器空中预警飞机，是我军预警探测系统、指挥控制系统的重要组成部分。

我国目前最先进的高级教练机——L-15“猎鹰”

2006年3月首飞成功。“猎鹰”飞机集成了许多当代最尖端的技术，整体技术水平在国际上处于一流。该机能完全模拟三代战斗机的飞行性能，是中国教练机发展史上的一个重要里程碑。

新中国第一种面向国内、国际两个市场的新一代轻型战斗机——“枭龙”FC-1

2003年8月首飞成功，具有突出的机动能力、较大的航程、留空时间和作战半径，以及较好的截击和对地攻击能力。“枭龙”战机的研制充分利用了国内国外两个市场、两种资源，使得军工高技术出口成为我国外贸经济中一道靓丽的风景线。

新中国第一种自主设计的第三代战斗机——“歼-10”

1998年3月首飞成功。“歼-10”具有高可靠性、高生存力和高机动性能，作战半径大，起降距离短，攻击能力强，综合作战效能达到国际同类战斗机的先进水平。“歼-10”的研制成功，标志着我国成为少数几个能独立研制先进战斗机的国家之一。

“歼-11”飞机

该机是我国于20世纪90年代以来，引进、研发、改进的第三代战机，是人民空军的新型主战飞机。

"昆仑"发动机

该发动机是我国第一台走完自行设计、试制、试验、试飞全过程的航空发动机，是国内目前最先进的中等推力级的军用涡喷发动机。该发动机经过几百项严格的地面考核试验和空中考核试飞后，于 2002 年 7 月被国家军工产品定型委员会正式批准设计定型。它的研制成功使我国成为继美、俄、英、法之后世界上第五个能够独立研制航空发动机的国家。

"太行"发动机

该发动机是 20 世纪 80 年代初期面对中国航空界的严峻局面，发展的新一代大推力涡扇发动机。"太行"发动机研制成功，标志着中国在自主研制航空发动机的道路上实现了重大跨越，为今后加速中国航空发动机事业跨越式发展打下了基础。

第十三章

船　舶

中国船舶工业，从1865年江南制造局发轫，至中华人民共和国成立初期虽已有80多年历史，相对机械工业其他行业基础较好，但中华人民共和国成立前钢质船累计产量只有50万t。

中国曾经是“有海无防”，因此中华人民共和国成立后，为海军研制技术装备，成为当时船舶工业的首要任务。在改革开放前，中国已成为世界上第五个制造核潜艇和第三个拥有远洋靶场船队的国家。

核潜艇的研制。1958年7月，中共中央批准正式研制核潜艇。1959年6月苏联中止对华援助，当时，毛泽东说：“核潜艇，一万年也要搞出来”。1975年8月，第一艘鱼雷攻击型核动力潜艇“长征”1号定型；1983年8月20日，中国第一艘导弹核潜艇建成；1988年9月，导弹核潜艇水下发射运载火箭成功。从1958年上马至核潜艇水下发射试验成功，历时30年（20世纪60年代初期曾一度下马停建）。

远洋靶场船队舰船的研制。1965年8月，中央专委决定建立远洋靶场测量船队（即远洋测量船队）。1968年6月，毛泽东、周恩来正式批准研制工程计划。1977年12月到1979年，远洋测量船队各船陆续建成，此后还在不断扩建。2007年以来，中国自主设计研制的新一代航天远洋测量船“远望”5号、“远望”6号交付中国卫星海上测控部使用，这是两艘具有国际先进水平的大型航天远洋测量船。

1977年12月6日对于中国船舶工业来说，是一个具有历史转折意义的日子，邓小平在接见三机部、五机部、六机部主要负责同志时指出：国防工业应“军民结合，以军为主，发展民用，以民养军”；1978年6月28日，邓小平在听取六机部、海军汇报造船工业情况时指出：“我们造船工业应该打进国际市场。我们的船比日本便宜，我们的劳动力便宜，一定可以竞争过，要多造船，出口船，赚外汇，主要多搞小型船，以民养军。”邓小平积极支持船舶工业选择我国香港作为突破口，并亲自作香港船东包玉刚家族的工作，2.7万t“长城”号散货船就是包氏家族订购的首船，是新中国成立以来的首条出口船，也是新中国首次按照国外船级社规范和标准建造的船舶；1982年1月4日“长城”号散货轮交船，英国劳氏船级社主席表示，“长城”号散货船的建造标志着中国船舶工业跨入了一个新纪元。

20世纪80年代初，改革开放伊始，中国造船产业敏捷地完成了“军转民”，产品主体从舰艇改为商船，开创了船舶工业新局面。进入21世纪，船舶工业抓住机遇，向世界造船大国、强国挺进。从 20 世纪 90 年代中期开始，中国船舶工业生产能力已跃居世界前列，并且成为世界上最重要的船舶出口国之一。到 1994 年，中国已成为继日本、韩国后的世界第三大船舶生产国，2008 年仅次于韩国，居世界第二位，2009 年已居全球第一位。

中国造船产量（1980—2009年）

年　份	总产量（万t）	占世界总产量份额（%）	中国排序	船舶产量超过中国的国家（地区）
1980	20.0	0.6	17	
1990	40.4	2.5	8	日、韩、德、中国台湾、南斯拉夫、苏联、丹麦
1993	72.1	3.5	5	日、韩、德、丹麦
1994	103.9	5.0	3	日、韩
2000	346.3	6.4	3	日、韩
2005	1000	18	3	日、韩
2006	1453	19	3	日、韩
2007	2164	25.0	3	韩、日
2008	2882	29.5	2	韩
2009	4243	40	1	—

中国已经能够自主设计和建造几乎所有类型的船舶，14.7 万 m^3 液化天然气（LNG）船、10000TEU 集装箱船、11300 t 滚装船、钻井生产储油船（EDPSO）、半潜式深海钻井平台等高附加价值（高技术）① 船舶和海洋工程陆续建造完成。出口船舶中 90% 以上为自主品牌船型。

① 高附加值船舶是一个相对概念，泛指依靠先进技术、技能、工艺、复杂劳动、创造性等要素设计和建造的，比同吨位船舶具有更高价位的船舶。主要包括 LNG 船（液化天然气船）、超大型集装箱船、化学品船、豪华游船、汽车运输船、滚装船、挖泥船、冷藏船；特种船舶和海洋平台，比如破冰船、科考船和海洋工程装备，通常也属于高附加值船舶。高附加值船舶价位高。例如，一艘 15 万 m^3 容积的 LNG 船价格高达 2.2 亿美元，一艘超大型集装箱船价格 1.5 亿美元，一艘豪华游轮价格高达 5 亿美元以上，而普通油船或散货船价格仅为 3000 万～ 8000 万美元。

中国船舶工业成就概览（1958—2007年）

年 份	成 就
1958	5000 t 级沿海散货船“和平”25 号与“和平”28 号建成，建造速度创当时纪录
1960	第一艘自行设计建造的万 t 级货轮“东风”号下水
1979	建成首批远洋航天测量船“远望”1 号和“远望”2 号，成为世界上第 3 个（美、苏、中）拥有此类船舰的国家；首艘万 t 级远洋科学考察船“向阳红”10 号建成
1982	首艘按国际船舶通行规范建造的出口船“长城”号建成
2002	首艘自行建造的 30 万 t 级超大型油轮（VLCC）“远大湖”号首航
2007	第一艘自主设计建造的 8530TEU 超大型集装箱船下水。我国自主建造的第一座有海洋工程中“航空母舰”之称的 3000 m 深水半潜式钻井平台

21 世纪初，中船重工研制的战略导弹核潜艇

中船重工研制的新型导弹驱逐舰（海军成立 60 周年阅兵式阅兵舰）

大连造船厂制造的“长城”号 2.7 万 t 散货船是 1982 年我国船舶行业第一艘出口船舶，也是第一次按照国际规范和标准建造的船舶

自行开发研制的水下智能机器人（ARV）

第一节　航天测量船和科考船

2009 年，“远望”6 号航天测量船航行在黄浦江上（可见主桅和第一个测控天线之间预留了一个天线的位置，这个部位以后可以根据需要加装一个大型测控天线）

2009 年在南极冰海中的“雪龙”号科考船

第二节　工作船

中国交通建设集团研发的世界最大浮吊——7500 t“蓝鲸”号浮吊

10000TEU 超巴拿马型集装箱船建造图

2007 年 12 月 24 日，南通中远川崎公司为中远集装箱运输公司建造的集装箱船下水。该船长 349 m，型宽 45.6 m，造价 10 亿人民币，可装载 10062 个 20 ft 标准集装箱，最大服务航速 25.8 节，入级美国 ABS 船级社。是 4 艘同型船中的第一艘，是中远川崎公司继 2001 年成功交付两艘 5400TEU 集装箱船之后再次建造出中国最大箱位的集装箱船。它的建造刷新了中国造船业承接高箱位船的纪录，是亚洲首艘、世界第三艘超 1 万个标准箱的集装箱船。

中国造亚洲最大集装箱船公海试航

由南通中远川崎船舶工程有限公司建造的10000TEU（标准箱）集装箱船“中远川崎”48号于2008年3月16日开始的试航，从长江南通水道航行至东海，为期5天。

16888m³ 自航耙吸挖泥船“新海凤”号

由中国船舶工业集团公司第708研究所设计、广州文冲船厂有限责任公司建造的16888 m^3 自航耙吸挖泥船“新海凤”号，于2008年11月28日交付中港疏浚股份有限公司使用。该船载泥量23750 t，总载重量25000 t，泥舱舱容约16888 m^3，吸泥管内径为1.2 m，满载航速16节。

11300 t 滚装船

2008年1月18日，南京金陵船厂为瑞典船东建造的一艘万吨级滚装船顺利下水。该船总长187 m，载重11300 t，主要用于装运卷纸及拖车等。

第三节 油气运输船

中国第一艘LNG船顺利交付船东

2008年4月3日，中国第一艘液化天然气船（LNG）在上海顺利交付船东。该船由中船集团公司所属沪东中华造船公司建造，历经三年多。它的建成，标志着我国基本掌握了世界造船尖端技术。该船是为广东大型LNG运输项目建造的第一艘147000 m^{3}LNG船，船长292 m，船宽43.35 m，型深26.25 m，航速19.5节。货舱类型为GTNO. 96E-2薄膜型，是当前世界上最大的薄膜型LNG船。

30.8万t原油船（VLCC）“新埔洋”号出坞

2009年6月19日，由中船龙穴造船有限公司、中国船舶及海洋工程设计研究院联合研发设计的“新埔洋”号30.8万t原油船出坞。该船长333 m、宽60 m、型深29.8 m，采用国际船级社协会双壳油船结构统一规范设计，用于装载闪点低于60℃的原油，甲板设有直升机平台，航速15.7节。该船是中国拥有自主知识产权的最大型原油船。

"海洋石油"116号海上浮式生产储油船

2007年，大连船舶重工为中海石油基地建造的文昌油田群海上浮式生产储油船（FPSO-5）。该船长234 m，型宽46 m，型深24.6 m。采用了分段建造、后在船坞对接合拢的建造方式，船体和上部模块前期异地建造，后期同地进行联调，上部模块首次采用浮吊在FPSO上进行模块安装。

首艘30万t级矿砂运输船（VLOC）"合恒"号

船长327 m，型宽35 m，型深29 m，服务航速17节。该船由南通中远川崎船舶工程有限公司自主设计、建造，为当前中国至巴西和澳大利亚航线的主流船型，2008年12月17日交付中远香港航运公司，并投入使用，为中国进口铁矿石运输船队主力。

中国第一艘完全自主设计建造的全球最大的 30 万吨级 FPSO“海洋石油”117 号，2009 年由中船集团外高桥造船公司建造

第四节 海洋工程

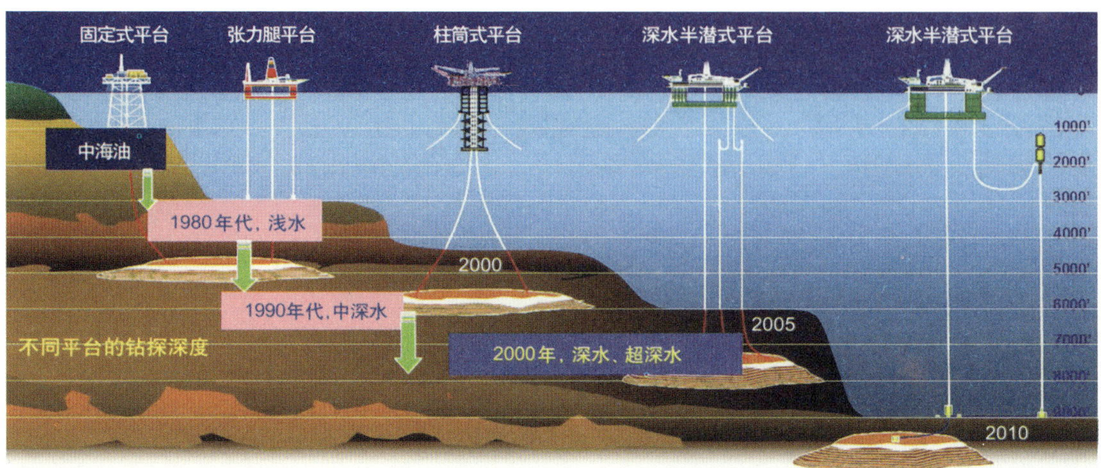

中国不同平台的海洋油田的钻探深度示意图

半潜式深海钻井平台

2009 年 1 月 5 日，大连船舶重工海洋工程有限公司为美国 NOBLE 公司建造的、也是中国船企第一次完整建造的半潜式深海钻井平台交付。该平台总长 111.6 m，宽 66.4 m。作业水域最大水深 3048 m，钻井最大深度为 10668 m。此前国内建造半潜式深海钻井平台大都是造其主体部分及部分上体，而此次交付的半潜式深海钻井平台则全部在国内完成。该平台作业水深在 3000 m 左右，工作时必须保证在固定的位置才能进行钻井工作。在深海无法通过锚链或者桩腿固定，因此采用动力定位技术，通过本身 8 个 360° 回旋推进器，保证该平台在固定的位置。该产品属于第六代深水半潜式钻井平台，代表当今世界海洋石油钻井的最高水平。标志着中国钻井平台已进入超深水领域。

中国首座出口 400 ft 自升式钻井平台

由大连船舶重工为美国诺贝尔钻井公司设计建造的 400 ft（122 m）自升式钻井平台，整个平台设备安装与调试均达到世界先进水平。这是中国首次为国外专业钻井公司自主设计建造的深水自升式钻井平台。该座钻井平台全部实现自动控制。其悬臂梁可以外伸 23 m，钻台可以左右移动 5 m。平台一次定位能钻 40 多口井，可在全球范围内 122 m 水深以内进行作业。能抵御百年一遇风暴和在零下 20 ℃环境正常作业。钻井深度可达 9144 m。通过此项工程，掌握了变频系统、自动化控制钻井设备技术等核心技术，完全具有自主知识产权。

圆筒形海洋钻探平台

2009 年 6 月 28 日，世界首座圆筒形超深水海洋钻探储油平台在位于南通的江苏启东中远海洋工程基地建成并正式命名。标志着我国海洋工程装备设计与建造能力已跻身世界先进水平。该平台属于当今世界海洋石油钻探平台中技术水平最高、作业能力最强的高端领先产品。平台总造价近 6 亿美元，工作水深可达 3000 m 以上，钻井深度约 12000 m，配置了全球最先进的 DP-3 动态定位系统和系泊系统，是世界首座兼具钻探和储油功能的平台，拥有 15 万桶原油的存储能力。独特的圆筒形外观使其对恶劣海域环境的适应能力更强，可以适应零下 2℃的低温条件。其甲板可变载荷达 15000 t，生活楼可容纳 150 人居住，居住舱室达到 45 dB 超静音标准，生活设施可比五星级酒店，而平台的设计和主体建造仅用 24 个月，比国际同类产品的建造周期缩短近半年。

第十四章
铁路车辆

中华人民共和国成立前，绝大部分铁道运输设备依赖国外进口。中华人民共和国成立后，中国逐步建立起自己的机车车辆工业，但仍满足不了铁道运输发展的需要。1986 年，铁道部贯彻中央指示，痛下“宁可少修一条线，也要加快机车车辆工业发展”的决心，使机车车辆工业得到较好发展。60 多年来，铁路运输，由蒸汽机车时代发展到内燃和电力机车时代，又发展到现在的高速动车组时代，从而支持路网质量发生了巨大的变化，由时速 60 km 以下的低速铁路，发展到 120 km 的常速铁路，又提速到 140～160 km，2008 年 8 月又建成 200～350 km 的高速铁路。

机车制造。1952 年制造出中国第一台蒸汽机车，1958 年开始自制内燃机车，1960 年开始自制电力机车，牵引动力从蒸汽到内燃、电力，机车功率和单轴功率不断提高，形成了比较完整的机车车辆系列；1988 年停止生产蒸汽机车，标志着中国铁路全面进入了内燃、电力牵引的时代。20 世纪 90 年代以来，大连机车厂研制的东风 4B 型内燃机车，株洲电机车厂的韶山 4 型大功率（640 kW）货运机车水平不俗，韶山 8 型电机车和东风 11 型内燃机车成为牵引时速 160 km 准高速客车的主型机车。

客车制造。1994 年开发了准高速双层及 25 型新型客车，实现了时速 160 km 行车，实现了客车增容、提速、上水平的跨越。

货车制造。1949—1957 年为仿制国外产品阶段，1967 年以后为自行开发阶段。实行了三次大的升级换代：1956—1957 年，实现了载重由 30 吨级向 50 吨级升级换代；1976—1978 年，实现了由 50 吨级向 60 吨级的第二次升级换代；2005—2006 年，实现了载重由 60 吨级向 70 吨、时速由 70～80 km 向 120 km 第三次大的升级换代。提速、重载并举创世界新纪录，还研制开发了载重 80 吨级 C80 型铝合金运煤敞车及 C80B 型不锈钢运煤敞车等高端产品，满足大秦线开行 2 万吨级重载单元列车的运输要求，使中国铁路重载运输技术进入世界先进行列。

2000 年，中国铁路机车车辆工业总公司与铁道部“脱钩”，改组为中国南方机车车辆工业集团公司（简称南车集团）和中国北方机车车辆工业集团公司（简称北车集团）。管理体制发生了历史性的变革，形成国内铁路机车车辆市场的竞争性格局。

21 世纪以来，中国机车车辆制造业，按照“引进先进技术、联合设计生产、打造中国品牌”的要求，坚持“先进、成熟、经济、适用、可靠”的基本方针，低成本引进了法国、日本、加拿大、德国公司的时速 200 km 及 300 km 以上动车组技术以及法国、德国、美国公司的大功率电力、内燃机车技术，成功地实现了国产化。客运动车组和货运重载方面都取得了长足进步。

动车组列车。通过再创新，设计制造具有自主知识产权的时速 250 km 的长编组座车和卧铺动车组、时速 300～350 km 及以上动车组，形成高速动车组系列产品。2007 年 4 月 10 日上午 8 时 40 分，京广铁路许昌至安阳段首次试用了国产时速 200 km 及以上“CRH”动车组，这是中国第一列动车组（“CRH”为“China Railway High-speed”的缩写，意为“中国高速铁路”）。CRH2 型时速 300～350 km 级动车组于 2007 年 11 月在南车集团四方公司成功下线；CRH3 型时速 350 km 动车组（最高试验速度达 394.3 km/h，处于世界领先地位），是引进德国技术由北车集团唐山机车车辆厂制造，于 2008 年 4 月 11 日下线，8 月 1 日开始在京津城际高速铁路运行，是全球商业运行的最高速。具有自主知识产权的时速 380 km/hCRH 动车组于 2010 年 4 月在北车集团下线，刷新了世界高速动车组的纪录。

通过京津城际铁路建设与运营实践，初步形成了中国时速 350 km 高速铁路技术标准体系，是全球商业运行的最高速。2009 年以来已成功开通了武（昌）广（州）和郑（州）西（安）、京沪（上海）、哈（哈尔滨）大（大连等）高速铁路。

大功率交流电机车。南车株机公司于 2006 年 11 月与国外公司联合设计生产出具有世界先进技术水平的 HXDI 型 9600 kW 八轴大功率交流电机车批量下线，在大秦线进行 2 万 t 牵引。通过八轴机车技术引进消化吸收再创新，2009 年 1 月，拥有自主知识产权的大功率六轴 9600 kW 电力机车又在株洲下线，该车型是世界上最先进的大功率机车。

南车集团四方机车公司 2007 年 11 月研制成功的 CRH2 型时速 300～350 km 动车组

南车集团株洲机车厂 HXD1B 型 9600 kW 6 轴大功率交流传动电力机车，运行时速 120 km

南车集团株洲电力机车厂制造的 9600 kW 8 轴大功率交流传动货运电力机车，运行时速 120 km，已于 2007 年在大秦线投入运行

北车集团大连机车厂 HXD3B 庞巴迪 9600 kW 6 轴大功率交流传动货运电力机车，运行时速 120 km

北车集团长客公司 CRH5 型 200～250 km/h 动车组，首批动车组于 2007 年 4 月 18 日在全国铁路第六次大提速中正式投入运营

时速 200 km 以上的动车组

株洲机车厂制造的出口伊朗电力机车

大连机车厂制造的出口马来西亚的内燃机车

浦镇厂制造的南京地铁车辆

大连机车厂制造的城市轨道交通车辆

第十五章
航天工业

1956年1月，中共中央发出“向科学技术进军”的伟大号召。同年10月，中国第一个导弹研究机构——国防部第五研究院诞生，拉开了中国航天科技工业创业和发展的序幕。50多年来，经过努力奋斗，已经具备一定规模，成为具有战略意义的高科技产业，跨入世界航天先进行列。

航天工业成就概览表（1960—2009年）

年 份	成 就
1960年11月5日	中国第一枚仿制近程导弹“东风”1号发射成功
1966年10月27日	导弹核武器试验成功，中国有了自己的导弹核武器
1970年4月24日	“长征”1号火箭成功发射中国第一颗“东方红”1号卫星，中国成为世界上第五个独立研制和发射卫星的国家，宣告中国进入航天时代
1980年5月18日	“东风”5号洲际导弹飞行试验成功，中国成为世界上第三个进行洲际导弹全程飞行试验的国家
1984年4月8日	中国第一颗地球静止轨道通信卫星由“长征”3号火箭成功发射并准确定点，成为世界上第三个掌握液氢液氧发动机技术，第二个掌握低温发动机高空二次点火技术和第五个能独立研制发射静止轨道通信卫星的国家
1988年9月7日	“长征”4号甲火箭发射“风云”1号气象卫星成功，中国成为世界上第三个独立研制发射太阳同步轨道卫星的国家
1999年11月20日	“神舟”1号试验飞船成功，发射成功回收，随后在2001—2002年又成功发射和回收三艘“神舟”无人飞船
2003年10月15日	中国第一艘载人飞船“神舟”5号，载着航天员杨利伟进入太空成功，中国成为世界上第三个能独立开展载人航天活动的国家
2008年9月25—28日	“神舟”7号载人航天飞行任务成功，并首次成功实验空间出舱活动和科学实验，成为世界上第三个掌握独立出舱技术的国家
2007年10月24日—2009年3月1日	“嫦娥”1号卫星发射成功，2009年3月1日完成预定探测工程，中国首次月球探测成功。标志着中国已经进入具有深空探测能力的国家行列

第一节　导弹武器装备

1966 年 10 月 27 日，导弹原子弹结合飞行试验获得圆满成功

国庆 35 周年阅兵式上的导弹方队

中国航天科技工业从研制导弹武器装备起步。1960 年 11 月 5 日，中国第一枚仿制的近程地地导弹“东风”1 号（仿苏 P2 导弹）试射成功，这是中国军事装备史上一个重要转折点。中国自行设计的“东风”2 号导弹，1962 年 3 月 21 日发射失败，直到 1964 年 6 月 29 日才发射成功，从此中国导弹走上独立研制之路，逐步形成工业生产能力。1966 年 10 月 27 日导弹核武器试验成功，中国拥有了自己的导弹核武器。从 1966—1971 年“东风”2 号甲中近程导弹、“东风”3 号中程导弹和“东风”4 号中远程导弹相继研制成功，航天科技工业体系基本形成。1980 年 5 月 18 日，“东风”5 号洲际导弹飞行试验成功，中国成为世界上第三个进行洲际导弹全程飞行试验的国家。进入 21 世纪，新型远程地地导弹得到重大改进。经过 50 多年的建设和发展，中国的战略战术导弹，品种比较齐全，功能比较完备，已成为巩固国防、保卫祖国安全的重要保障。

国庆 50 周年阅兵式上的导弹方队

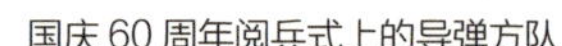

国庆 60 周年阅兵式上的导弹方队

第二节　运载火箭和人造卫星

1965年，中国开始实施第一颗人造地球卫星工程。1970年4月24日，“长征”1号火箭在酒泉卫星发射中心成功发射“东方红”1号卫星，中国成为世界上第五个能独立研制和发射卫星的国家[①]，宣告中国进入航天时代。1975年11月20日，“长征”2号火箭发射返回式卫星获得成功，三天后卫星成功收回，中国成为世界上第三个掌握卫星回收技术的国家。1975年4月，国家批准卫星通信工程，至1984年4月8日，第一颗地球静止轨道通信卫星在西昌卫星发射中心由“长征”3号火箭成功发射并准确定点，中国成为世界上第三个掌握液氢液氧发动机技术，第二个掌握低温发动机高空二次点火技术和第五个能独立研制发射静止轨道通信卫星的国家。1977年11月，国家批准“风云”1号气象卫星工程,1988年9月，“长征”4号甲火箭在太原卫星发射中心成功发射，中国成为世界上第三个独立研制发射太阳同步轨道卫星的国家。20世纪90年代，中国除发射新一代通信广播卫星、气象卫星和地球资源卫星，研制成功第一枚大型捆绑式火箭外，还开始实施了载人航天工程，用7枚“长征”2号F火箭，先后完成了4艘无人试验飞船和3艘载人飞船的成功发射和成功回收，载人航天技术取得突破。进入21世纪，中国空间技术又有很大发展，初步具备了满足深空探测要求的测控能力。

中国研制的长征系列运载火箭，具备了发射近地轨道、太阳同步轨道和地球静止轨道空间飞行器能力，成为中国为数不多的具有自主知识产权和较强国际竞争力的高科技品牌。截至2009年4月，中国自己研制的14种长征系列运载火箭，分别从酒泉、西昌和太原3个卫星发射中心进行了117次发射，成功110次，成功率94%以上，成功地发射了122颗国内外卫星和7艘飞船。自1996年10月以来，长征系列运载火箭连续75次发射成功，在国际上赢得了很高的信誉。

---

①中国是第五个能独立研制和发射卫星的国家。按时间顺序为：苏联（1957年10月4日）、美国（1958年）、法国（1965年）、日本（1970年）、中国（1970年4月24日）、英国（1975年）、印度（1980年）、以色列（1988年）、俄罗斯（1992年）、乌克兰（1992年）、伊朗（2009年）。

1970 年 4 月 24 日，“长征”1 号运载火箭成功发射我国第一颗人造地球卫星“东方红”1 号

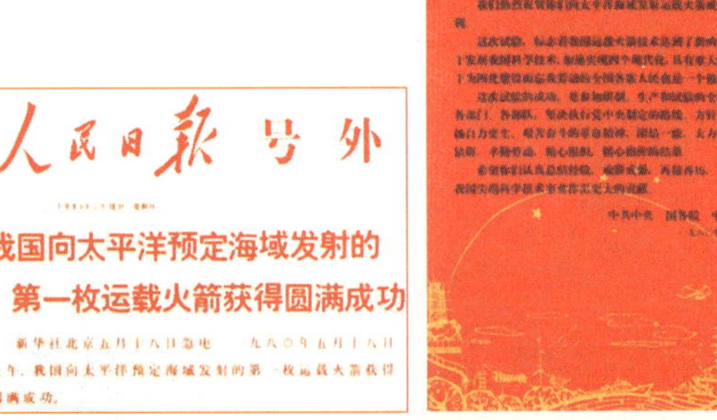

贺电

人民日报 号外

我国向太平洋预定海域发射的
第一枚运载火箭获得圆满成功

新华社北京五月十八日急电 一九八〇年五月十八日上午，我国向太平洋预定海域发射的第一枚运载火箭获得圆满成功。

1980 年 5 月 18 日，我国向太平洋预定海域发射的第一枚运载火箭获得圆满成功

第三节　载人航天工程和月球探测工程

载人航天是衡量一个国家综合国力的重要标志。1992 年，中国载人航天工程正式列入国家计划。1999 年 11 月，“神舟” 1 号试验飞船成功发射和回收，中国载人航天技术取得重大突破。2001—2002 年，中国又成功发射和回收了 3 艘“神舟”号无人飞船，为实现载人飞行奠定了基础。2003 年 10 月 15 日，中国第一艘载人飞船“神舟” 5 号载着中国第一名航天员杨利伟进入太空成功，中国成为世界上第三个能够独立开展载人航天活动的国家。2005 年 10 月、2008 年 9 月，“神舟” 6 号、“神舟” 7 号实现两名、三名航天员飞行成功，“神舟” 7 号首次成功实施空间出舱活动和科学实验，成为世界上第三个独立掌握出舱关键技术的国家。

月球探测工程。2004 年 1 月国务院批准立项，2007 年 10 月 24 日嫦娥一号卫星在西昌发射中心成功发射，2009 年 3 月 1 日圆满完成多项预定探测工程。中国首次月球探测成功，是继“两弹一星”工程、载人航天工程取得成功后，中国航天事业发展的又一重要里程碑。标志着中国已经进入世界上具有深空探测能力的国家行列。

2003 年 10 月 15—16 日，我国首次载人航天飞行任务取得圆满成功，图为“长征” 2 号 F 运载火箭发射“神舟” 5 号飞船和航天员杨利伟

2005年10月12—17日，“神舟”6号载人航天飞行任务取得圆满成功，图为“长征”2号F运载火箭发射“神舟”6号飞船和航天员费俊龙、聂海胜

2008 年 9 月 25—28 日，“神舟”7 号载人航天飞行任务取得圆满成功，图为“长征”2 号 F 运载火箭发射“神舟”7 号飞船和航天员翟志刚、刘伯明、景海鹏及航天员出舱

我国首次月球探测工程取得圆满成功。图为2007年10月24日“嫦娥”1号卫星在西昌卫星发射中心成功发射及我国首次月球探测工程第一幅月面图像

第十六章
文化办公设备

中国文化办公设备制造行业起步于20世纪50年代，但主要是1978年改革开放后逐步发展起来的。现已发展成为以三资企业为主导的多种经济类型并存的、以加工贸易为主的外向型高新技术产业。中国已成为世界照相机、数码照相机、数字复印机、数字多功能复合机、碎纸机等产品的生产和出口大国。

文化办公行业根据中央“以市场换技术”的方针，走出一条引进技术、开放市场、合作生产、合资办厂的发展之路，全面提升了行业的技术水平和生产能力，缩短了与国外的差距。照相机行业虽曾在“文化大革命”时期大发展，但技术上没有过关。照相机和复印机都是20世纪80年代初期开始引进国外先进制造技术，经过消化吸收，到80年代后期初步形成具有一定规模的产业。由于自主开发能力不足，跟不上国外产品更新的速度，为摆脱困境，不少企业选择了与外商合资、贴牌生产、进料加工和来料装配等方式发展生产，使中国文化办公设备制造行业发展为新兴产业。2007年与1978年相比，企业从65个增加到439个，职工人数从3.53万人增加到23.45万人，分别增加5.75倍和5.64倍。工业总产值从2.09亿元提高到1450.86亿元；利润总额从0.37亿元提高到55.76亿元；分别增长693倍和150倍。

产品产量快速增长。2007年与1978年相比，照相机从17.91万台增加到8630.46万台，其中数码相机从2000年的410万台增加到7493.47万台，复印机从470台增加到452.36万台，均居世界前列。已形成数码相机8000万台、复印机500万台、光导鼓3800万台、墨粉1.6万t的年生产能力。国产文化办公设备生产已融入世界市场，全球数码相机年产量的60%、复印设备的55%、喷墨盒的30%、光导鼓的12%、墨粉盒的12%均在中国制造。

全行业主要产品实现了从模拟技术向数字技术的全面转变。传统的胶片照相机、静电复印机、胶片电影放映设备等产品已被相关的数码产品取代，数码产品已占行业的主导地位。

文化办公设备生产技术已国际化，产品的发展与世界同步。如数码相机实现了高像素、超薄、水印、防抖、脸部识别、场景识别、阴影自动识别、双十字自动对焦、超声波除尘、多媒体功能等技术，开发出从35万像素、500万像素、800万像素到1200万像素的数码相机，1000万像素、1160万像素和1600万像素三代数码相机。复印机的发展主要体现在功能的不断扩大、自动化和智能水平不断提高，彩色化、复合化、多功能化已成为产品发展的主要趋势，这些方面保持与国际同步发展。

文办设备行业是外向型行业，据 2004 年全国经济普查数据，行业出口率高达 84.51%。进出口贸易发展很快，2007 年与 1978 年相比，进出口贸易总额从 0.19 亿美元增加到 303.4 亿美元，增长 1596 倍，其中出口额从 0.01 亿美元增加到 217.9 亿美元，增长 21789 倍。出口产品结构不断改善，2007 年数码照相机出口 77.65 亿美元，占照相机出口额的 98.9%；数字复印机和多功能一体机出口 41.86 亿美元，占复印机出口额的 98.8%。

中国文化办公设备进出口额情况表（1978—2007年）

（单位：亿美元）

项目/年份	1978	1980	1985	1990	1995	2000	2002	2005	2007
进出口总额	0.19	0.28	3.93	1.73	19.47	45.81	53.61	149.24	303.38
进口额	0.18	0.26	3.91	0.93	7.13	16.75	16.20	33.73	85.46
出口额	0.01	0.02	0.02	0.80	12.34	29.06	37.41	115.5	217.92

20 世纪 70 年代，我国生产的座式 35 mm 电影放映机

1964 年上海生产的“海鸥”4A 型 120 双反相机

1969 年上海照相机厂生产的“东风”120 单反相机

1971 年上海照相机二厂制造的“红旗”20 型 135 单反相机及与之配套 3 只专用镜头是当年照相机极品

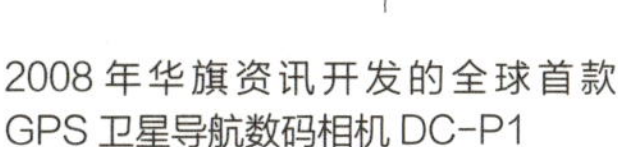

2008 年华旗资讯开发的全球首款 GPS 卫星导航数码相机 DC-P1

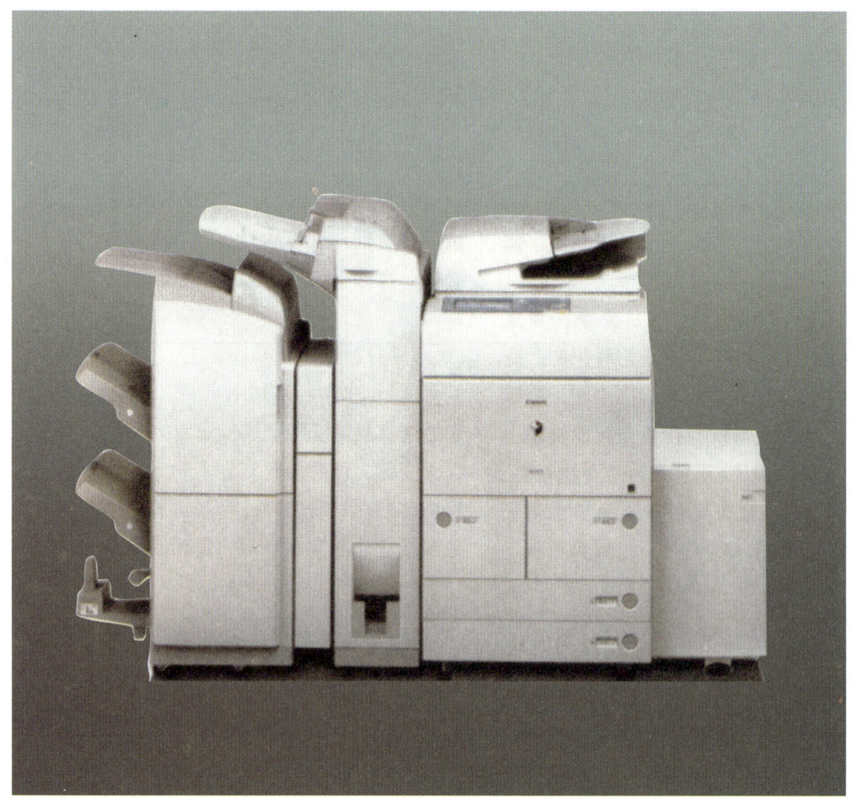

天津佳能公司制造的佳能多功能数码复印机

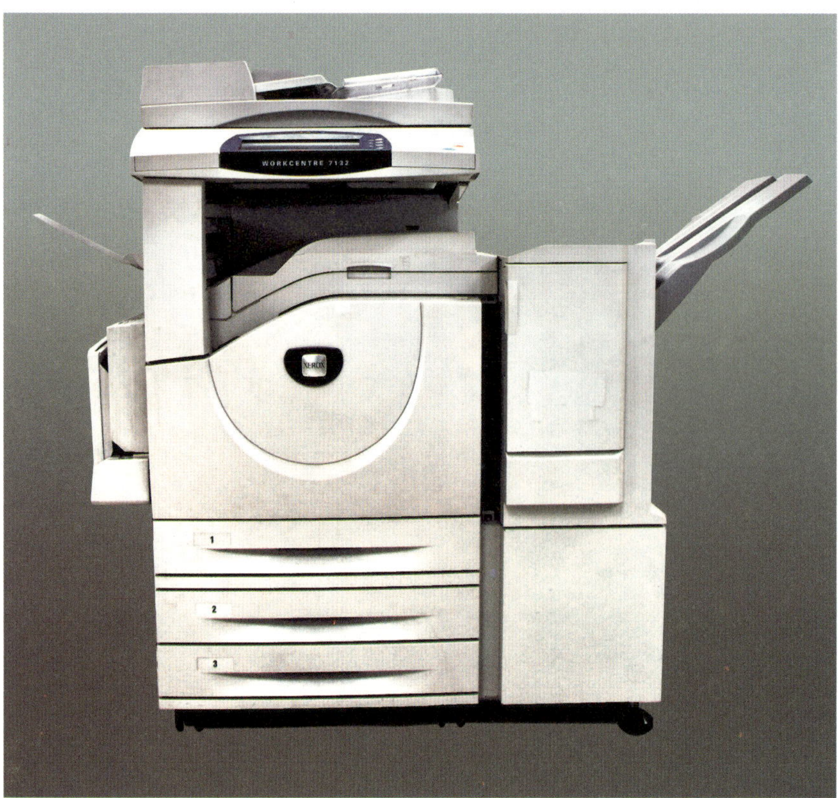

2008 年上海富士施乐公司制造的 Workcentre7132 彩色多功能复印机

参考文献

[1] 卢嘉锡，席泽宗. 彩色插图中国科学技术史［M］. 北京：中国科学技术出版社，祥云（美国）出版公司，1997.

[2] 卢嘉锡，王兆春. 中国科学技术史·军事技术卷［M］. 北京：科学出版社，1998.

[3] 卢嘉锡，席飞龙. 中国科学技术史·交通卷［M］. 北京：科学出版社，2004.

[4] 卢嘉锡，陆敬严，华觉明. 中国科学技术史机械卷［M］. 北京：科学出版社，2000.

[5] 卢嘉锡，陈美东. 中国科学技术史·天文学卷［M］. 北京：科学出版社，2003.

[6] 卢嘉锡，杜石然. 中国科学技术史·通史卷［M］. 北京：科学出版社，2003.

[7] 卢嘉锡，赵承泽. 中国科学技术史·纺织卷［M］. 北京：科学出版社，2002.

[8] 卢嘉锡，丘光明. 中国科学技术史·度量衡卷［M］. 北京：科学出版社，2001.

[9] 卢嘉锡，潘吉星. 中国科学技术史·造纸与印刷卷［M］. 北京：科学出版社，1998.

[10] 中国科学技术馆. 中国古今科技图文集［M］. 北京：中国科学技术出版社，2005.

[11] 中国机械工业年鉴编辑委员会. 中国机械工业 60 年图鉴［M］. 北京：机械工业出版社，2010.

[12] 中国机械工业联合会，中国机械工业企业管理协会. 中国机械工业改革开放 30 年辉煌成就［R］. 北京：中国机械工业联合会，2008.

[13] 姜鸣. 龙旗飘扬的舰队：中国近代海军兴衰史［M］. 北京：三联书店，2002.

[14] 李滔，陆洪洲. 中国兵工企业史［M］. 北京：兵器工业出版社，2003.

[15] 纪江红. 中华上下五千年［M］. 北京：北京出版社，2003.

[16] 周瀚光. 中国科技史［M］. 上海：华东师范大学出版社，2001.

[17] 冯国超. 中国通史［M］. 北京：光明日报出版社，2003.

[18] 齐豫生. 中国通史彩图版［M］. 长春：吉林摄影出版社，2000.

[19] 周继烈，姚建华. 机械制造工程实训［M］. 北京：科学出版社，2005.

[20] 机电产品相关贸易壁垒报告［R］. 商务部机电产品进出口公司，2003.

[21] 陈效曾. 中国汽车工业专业史［M］. 北京：人民交通出版社，1996.

[22] 宋晓超. 辉煌的三十年［M］. 北京：中国统计出版社，2008.

[23] 朱维盛. 新中国五十年［M］. 北京：中国统计出版社，1999.
[24] 郑斯林. 共和国辉煌五十年［M］. 北京：中国经济出版社，1999.
[25] （日）中山秀太郎，著. 世界机械发展史［M］. 石玉良，译.北京：机械工业出版社，1986.
[26] 刘仙洲. 中国机械工程发明史·第一篇［M］. 北京：科学出版社，1962.
[27] 周伟. 中国兵器史稿［M］. 天津：百花文艺出版社，2006.
[28] 王振德. 兵器百科全书［M］. 桂林：广西师范大学出版社，2006.
[29] 吴熙敬. 中国近现代技术史［M］. 北京：科学出版社，2000.
[30] 张彦宁. 中国企业史［M］. 北京：企业管理出版社，2002.
[31] 李庄. 共和国的记忆［M］. 北京：人民出版社，1994.
[32] 周日新. 神鹰凌空——中国航空史话［M］. 北京：北京航空航天大学出版社，2003.
[33] 汪海波. 新中国工业经济史：1979—2000［M］. 北京：经济管理出版社，2000.
[34] 汪海波. 新中国工业经济史［M］. 北京：经济管理出版社，1986.
[35] （美）费正清（John King Fairbank），（美）麦克法夸尔（Macfarquhar，R.）. 剑桥中华人民共和国史：1949—1965［M］. 王建朗等译. 上海：上海人民出版社，1990.
[36] （美）麦克法夸尔，（美）费正清. 剑桥中华人民共和国史——革命的中国的兴起：1949—1965［M］. 谢亮生等译. 北京：中国社会科学出版社，1990.
[37] （美）麦克法夸尔，（美）费正清. 剑桥中华人民共和国史：1966—1982［M］. 金光耀等译. 上海：上海人民出版社，1992.
[38] （美）麦克法夸尔，（美）费正清. 剑桥中华人民共和国史——中国革命内部的革命：1966—1982［M］. 俞金戈等译. 北京：中国社会科学出版社，1992.
[39] 薄一波. 若干重大决策与事件的回顾（上卷）［M］. 北京：中共中央党校出版社，1991.
[40] 薄一波. 若干重大决策与事件的回顾（下卷）［M］. 北京：中共中央党校出版社，1993.
[41] 人民出版社. 光辉的成就——中华人民共和国建国35周年［M］. 北京：人民出版社，1984.
[42] 周恩来. 伟大的十年［M］. 北京：人民出版社，1959.
[43] 清庆瑞. 抗战时期的经济［M］. 北京：北京出版社，1995.
[44] 强重华. 抗日战争时期重要资料统计集［M］. 北京：北京出版社，1997.
[45] 郭祖玉. 军事科技发展史［M］. 北京：军事谊文出版社，1998.
[46] 中国电工技术学会中国电器工业发展史专业委员会. 中国电器工业发展史［M］. 北京：机械工业出版社，1995.
[47] 图说中国历史编委会. 图说中国历史［M］. 北京：中央编译出版社，2007.
[48] 白寿彝. 中国通史［M］. 上海：上海人民出版社，2007.
[49] 中国内燃机工业协会组. 中国内燃机工业诞辰一百周年纪念文集［G］. 2008.
[50] 景晓村. 当代中国的机械工业［M］. 北京：中国社会科学出版社，1990.
[51] 中国历史大辞典编委会. 中国历史大辞典［M］. 上海：上海辞书出版社，2000.
[52] 邱梅贞. 中国农业机械技术发展史［M］. 北京：机械工业出版社，1993.

[53] 张小平. 中华人民共和国 1995 年第三次全国工业普查资料汇编［M］. 北京：中国统计出版社，1997.

[54] 陈坚. 最新彩图袖珍兵器百科［M］. 南宁：接力出版社，2005.

[55] 郑祺耀. 机械工业六十年史［M］. 台北：台湾区机械工业同业协会，2005.

[56] 董光璧. 中国近现代科学技术史论纲［M］. 长沙：湖南教育出版社. 1992.

[57] 吴连赏. 台湾地区工业发展的过程及其环境结构的变化［M］. 台北：台湾文史哲出版社，1991.

[58] 何东君. 中华人民共和国改革开放 30 年年鉴［M］. 北京：新华出版社，2008.

[59] 姚开建. 改变中国（中国的十个“五年计划”）［M］. 北京：中国经济出版社，2003.

[60] 房维中. 中华人民共和国经济大事记［M］. 北京：中国社会科学出版社，1984.

[61] 王佳宁. 中国经济改革 30 年［M］. 重庆：重庆大学出版社，2008.

[62] 汪敬虞. 中国近代工业史资料［M］. 北京：科学出版社，1957.

[63] 孙毓棠. 中国近代工业史资料［M］. 北京：中华书局，1957.

[64] 陈真，姚洛，逄先知. 中国近代工业史资料［M］. 北京：三联书店，1961.

[65] 北京师范大学，中国人民大学政治经济系. 中国近代经济史［M］. 北京：人民出版社，1976.

[66] 中国社会科学院近代史研究所《中国近代史稿》编写组. 中国近代史稿［M］. 北京：人民出版社，1981.

[67] 庄前鼎，刘仙洲. 三十年来之中国机械工程［R］. 中国工程师学会，1946.

[68] 王世铨. 三十年来中国之造船工程［M］. 中国工程师学会，1946.

[69] 钱昌祚. 三十年来中国之航空工程［M］. 中国工程师学会，1946.

[70] 恽震. 三十年来中国之电机制造工业［M］. 中国工程师学会，1946.

[71] 顾毓瑔. 三十年来中国之机械工业［M］. 中国工程师学会，1946.

[72] 杨占昌. 中国兵器工业发展历史梗概. 兵工学会兵工史编辑部编印，1984.

[73] 孙云龙. 延安兵工厂的始末. 兵器工业部编印《军工战歌》，1984.

[74] 吴东才. 黄崖洞兵工厂. 兵器工业部编印《军工战歌》，1984.

[75] 上海工商行政管理局，第一机电工业机器工业史料组. 上海民族机器工业［M］. 北京：中华书局，1966.

[76] 上海经济研究所. 江南造船厂厂史［M］. 南京：江苏人民出版社，1983.

[77] 张果为. 台湾经济发展［M］. 台北：正中书局，1970.

[78] 周任，等. 台湾经济［M］. 北京：中国财政经济出版社，1980.

[79] 张柏春. 中国近代机械简史［M］. 北京：北京理工大学出版社，1992.

[80] 黄开亮. 中国机械工业技术发展史［M］. 北京：机械工业出版社，2001.

[81] 李治，屈贤明. 2006—2007 年中国装备制造业发展报告［M］. 北京：中国计划出版社，2008.

[82] 徐从才. 汽车与装备制造业发展研究［M］. 北京：中国物资出版社，2006.

[83] 中国经济年鉴编辑委员会. 中国经济年鉴（1981—2009）[M]. 北京：中国经济出版社.

[84] 程栋，霍用灵，刘树勇. 20世纪中国史（1980—1989）[M]. 广州：广东旅游出版社，1999.

[85] 蔡桂林. 炎黄天梦——中国航天发展50年纪实[M]. 桂林：漓江出版社，2003.

[86] 孟赤兵，李周书. 神鹰临空——中国航空史话[M]. 北京：北京航空航天大学出版社，2003.

[87] 舰船知识杂志. 2003—2009.

[88] 航空知识杂志. 2003—2009.

[89] 现代军事杂志. 2003—2009.

[90] 军事历史杂志. 2003—2009.

[91] 世界制造技术与装备市场. 2003—2009.

[92] 国家地理杂志. 2003—2009.

[93] 经济日报. 2003—2009.

[94] 人民日报. 2003—2009.